国有企业改革中的
经理人激励机制研究

童露 杨红英◎著

中国社会科学出版社

图书在版编目（CIP）数据

国有企业改革中的经理人激励机制研究 / 童露，杨红英著 . —北京：中国社会科学出版社，2022.4
ISBN 978 - 7 - 5203 - 9947 - 0

Ⅰ.①国… Ⅱ.①童…②杨… Ⅲ.①国有企业—企业改革—管理人员—激励—研究—中国 Ⅳ.①F279.241

中国版本图书馆 CIP 数据核字（2022）第 047071 号

出 版 人	赵剑英
策划编辑	赵 威
责任编辑	张冰洁
责任校对	师敏革
责任印制	王 超

出　　版	中国社会科学出版社
社　　址	北京鼓楼西大街甲 158 号
邮　　编	100720
网　　址	http://www.csspw.cn
发 行 部	010 - 84083685
门 市 部	010 - 84029450
经　　销	新华书店及其他书店

印刷装订	北京君升印刷有限公司
版　　次	2022 年 4 月第 1 版
印　　次	2022 年 4 月第 1 次印刷
开　　本	710×1000　1/16
印　　张	16.25
插　　页	2
字　　数	251 千字
定　　价	88.00 元

凡购买中国社会科学出版社图书，如有质量问题请与本社营销中心联系调换
电话：010 - 84083683
版权所有　侵权必究

前　言

建立完善的激励机制是解决委托代理问题的核心，也是国有企业应重点解决的问题。自中国共产党十八届三中全会提出国有企业混合所有制改革以来，经理人激励再次成为学术界和企业界讨论的焦点问题之一。经理人激励问题源于所有权与经营权分离后出现的委托代理关系，而国有企业混合所有制改革中的委托代理关系既有一般性，也有特殊性，其特殊性表现在部分经理人兼具"高管"和"高官"的双重身份，如何对其激励应有新的制度安排。在国有企业分类改革背景下，建立竞争性国有企业混合所有制改革中的经理人激励机制具有重要的理论价值和现实意义。

本书基于经济学与管理学视野，从竞争性国有企业混合所有制改革实践入手，借鉴委托代理理论和激励理论的核心观点，提出经理人激励的理论框架，并综合运用理论演绎、定量分析和多案例分析等方法重点论证激励理论的有效性与合理性，在理论框架和实证研究基础上，构建国有企业改革中的经理人激励机制并提出相应的保障条件，为混合所有制改革中经理人激励机制的优化和创新提供参考。

通过对国有企业改革及经理人激励的历史审视和现状分析发现，现阶段竞争性国有企业对经理人的激励以行政激励和半市场化的激励为主，依然存在公司治理不规范、经理人双重身份未得到有效解决、薪酬与企业业绩难有效挂钩、中长期激励机制尚未建立健全、政治监督与约束作用有限、缺乏市场化的惩戒与退出机制等问题，这些问题的存在不利于调动经理人的工作积极性，严重阻碍了混合所有制改革。本书基于理论框架与实证研究结果，从建立规范的公司治理制度、建立经理人身份转化和市场化选聘制度、建立契约化的薪酬激励与股权激励、搭建广阔的事业发展平台、丰富精神激励内容、建立市场化的约束与惩戒机制等方面构建出更为有效的经理人激励机制。本书还从建立健全劳动人事制度、经理人市场和股权激励相关政策法规等方面提出了优化经理人激励机制的保障条件，以进一步激发国有企业混合所有制改革活力。本书拓展了经理人激励的理论框架，而且为完善竞争性国有企业混合所有制改革中的经理人激励提供了数据和实证支持，有助于优化混合所有制改革实践中的经理人激励机制，能够为相关部门制定经理人激励政策提供理论参考。

目　录

绪　论 …………………………………………………………… (1)
　第一节　研究缘起 ………………………………………………… (1)
　第二节　研究界定 ………………………………………………… (4)
　第三节　研究目的及意义 ………………………………………… (12)
　第四节　研究方法与内容 ………………………………………… (15)
　小　结 ……………………………………………………………… (20)

第一章　研究现状 ……………………………………………… (21)
　第一节　文献综述 ………………………………………………… (21)
　第二节　委托代理理论 …………………………………………… (37)
　第三节　激励理论 ………………………………………………… (43)
　小　结 ……………………………………………………………… (55)

第二章　国有企业改革与经理人激励的历史审视 ………… (57)
　第一节　放权让利与精神激励 …………………………………… (57)
　第二节　两权分离与承包经营责任制激励 ……………………… (60)
　第三节　建立现代企业制度与年薪制激励 ……………………… (62)
　第四节　国资监管与管理层持股激励 …………………………… (65)
　小　结 ……………………………………………………………… (68)

第三章　国有企业混合所有制改革与经理人激励现状分析 ……（69）
　第一节　国有企业混合所有制改革概述 ………………………（69）
　第二节　国有企业经理人激励现状分析 ………………………（76）
　第三节　国有企业经理人激励存在的问题 ……………………（87）
　小　结 ……………………………………………………………（94）

第四章　国有企业混合所有制改革中经理人激励的理论框架 ……（96）
　第一节　经理人激励理论框架构建的基础 ……………………（97）
　第二节　经理人激励理论框架构建 ……………………………（106）
　第三节　基于大样本的定量分析 ………………………………（111）
　小　结 ……………………………………………………………（126）

第五章　基于多案例的经理人激励机制研究 ……………………（128）
　第一节　研究设计 ………………………………………………（129）
　第二节　案例分析 ………………………………………………（139）
　第三节　结果讨论 ………………………………………………（150）
　小　结 ……………………………………………………………（151）

第六章　国有企业混合所有制改革中的经理人激励机制构建 ……（152）
　第一节　公司治理与经理人选聘制度 …………………………（155）
　第二节　契约化的薪酬激励 ……………………………………（167）
　第三节　基于人力资本的经理人股权激励 ……………………（183）
　第四节　事业平台与精神激励 …………………………………（198）
　第五节　经理人约束与惩戒机制 ………………………………（204）
　小　结 ……………………………………………………………（217）

第七章　国有企业混合所有制改革中经理人激励的保障条件 ……（218）
　第一节　建立市场化的经理人用工制度 ………………………（218）
　第二节　建立以业绩评价为主的人事制度 ……………………（220）
　第三节　建立有效激励的利润分配制度 ………………………（221）

第四节　建立健全经理人市场 …………………………………（222）
第五节　完善股权激励的相关政策和法规 ……………………（225）
小　结 ……………………………………………………………（229）

结　论 ……………………………………………………………（230）

参考文献 ………………………………………………………（235）

绪　　论

第一节　研究缘起

一　选题背景

从中国共产党十一届三中全会到十八届三中全会，国有企业改革已经进行了三十五年。在这三十五年中，国有企业改革大致经历了放权让利、两权分离、建立现代企业制度、国资监管和深化改革五个阶段。经过多年的改革与发展，国有企业依然存在法人治理结构不规范、企业党建工作与现代企业要求不相适应的问题。[①] 为进一步深化改革，探索建立中国特色的国有企业公司治理制度，中国共产党十八届三中全会通过的《中共中央关于全面深化改革若干重大问题的决定》要求推动国有企业完善现代企业制度，准确界定不同国有企业功能，健全国有企业公司法人治理结构，合理增加市场化选聘比例，建立长效激励约束机制。同时，中共中央、国务院于2015年8月发布的《关于深化国有企业改革的指导意见》和9月国务院发布的《关于国有企业发展混合所有制经济的意见》中也要求国有企业实施分类改革，在混合所有制改革中建立市场导向的选人用人机制和激励约束机制，畅通现有经营管理者身份转换通道，对经理人实行任期制和契约化管理，按照市场化原则决定薪酬，可以采取多种方式探索任期激励和中长期激励机制。因此，建立市场化的激励约束机制是竞争性国有企业混合所有制改革亟须解决的实际问题，也是值

---

① 雪明：《构建中国特色现代国有企业制度》，国资委网站摘自《学习时报》，http://www.sasac.gov.cn/n1180/n1271/n20515/n2697206/14401516.html，2012年4月10日。

得学术界探讨的理论问题。

目前，国有企业改革进入了"分类改革与治理"的新时期，建立和完善职业经理人制度是目前国有企业改革的迫切需求[①]。在新一轮改革中，处于竞争性行业和领域的国有企业是混合所有制改革的突破口，建立适应混合所有制改革和发展需要的长效激励约束机制是关键。基于以上分析，本书在国有企业分类改革的基础上，集中讨论竞争性国有企业混合所有制改革中的经理人激励问题，从多个方面构建经理人激励机制理论，以期为中国国有企业经理人制度的建立和完善以及进一步促进国有企业改革提供思路。

二　问题提出

当前，国有企业改革已经进入深化改革和攻坚阶段，建立和完善经理人激励约束机制是深化国有企业混合所有制改革、完善公司治理和实现国民共进共赢的重要内容，也是理论界应讨论的现实课题。经理人激励机制问题的提出源于企业所有权与经营权的分离，两权分离使资本所有者与经营管理者之间形成了所谓的委托代理关系。在委托代理关系中，委托人与代理人具有不同的目标和利益诉求，两者之间存在信息不对称的情况。代理人为实现自身利益可能做出违背委托人意愿的行为，使两者的目标相背离。为解决信息不对称的问题，就需要委托人通过契约的方式建立一种激励机制，使代理人做出有利于自身利益和委托人利益的行为和努力。

混合所有制改革中的经理人激励问题归根结底是委托代理关系的存在，该委托代理关系既有一般性也有特殊性。混合所有制改革是不同所有制资本的混合，主要是国有资本与非国有资本之间的混合，这种混合使委托人的身份变得多样而复杂。不同所有制性质和身份的委托人，决定了其目标和利益诉求有所不同。不同委托人之间的利益和目标冲突可

[①] 黄群慧、余菁：《新时期的新思路：国有企业分类改革与治理》，《中国工业经济》2013年第11期；高明华：《论国有企业分类改革和分类治理》，《行政管理改革》2013年第12期；杨瑞龙：《国有企业的重新定位及分类改革战略的实施》，《国企》2013年第7期；金碚、刘戒骄、刘吉超、卢文波：《中国国有企业发展道路》，经济管理出版社2013年版，第25页。

能使代理人左右为难,难以独立进行经营管理活动。此外,混合所有制改革中的经理人部分来自国有企业中具有行政职务的经营管理者,这部分人兼具"高管"和"高官"的身份,如何对其激励需要有新的制度安排。为解决混合所有制改革中委托代理关系的一般性和特殊性问题,使经理人利益与国有股东和非国有股东利益保持一致,有必要在混合所有制改革中建立有效的经理人激励机制。

混合所有制改革中经理人激励机制的建立还应区分不同类别的国有企业。不同类别的国有企业实施混合所有制改革,应该有不同的激励机制。目前,国有企业经理人激励机制并不完善,未根据企业类别建立不同的激励机制,激励机制的有效性也因此大打折扣。同时,由于未对国有企业进行分类监管,相应地,对经理人的激励也没有做出区别对待。2015年8月,中共中央、国务院出台的《关于深化国有企业改革的指导意见》和2015年9月《国务院关于国有企业发展混合所有制经济的意见》对国有企业进行了明确的分类,将国有企业分为商业类和公益类两大类,商业类又分为充分竞争行业和领域的国有企业以及关系国家安全、国民经济命脉的重要行业和关键领域、主要承担重大专项任务的国有企业,不同类别的国有企业,混合所有制改革的方式也存在较大差异。因此,在分类实施混合所有制改革的背景下,建立有针对性和更加有效的经理人激励机制是目前亟须解决的问题。在建立经理人激励机制过程中,还有一些问题应得到解决:如何建立规范的公司治理?在委托人多元化的情况下,如何对不同身份来源的经理人实施激励,如何在混合所有制改革中形成有效的约束机制,又不打击经理人的积极性,这些问题都是国有企业混合所有制改革亟须解决的问题。

基于以上问题,本书试图从竞争性国有企业入手,讨论其混合所有制改革中的经理人激励问题,通过构建有效的经理人激励理论和机制保证混合所有制改革朝着正确的方向前进,期望对竞争性国有企业混合所有制改革中的经理人激励实践提供借鉴和参考。

第二节 研究界定

一 竞争性国有企业

"国有企业属于全民所有,是推进国家现代化、保障人民共同利益的重要力量,是我们党和国家事业发展的重要物质基础和政治基础。"[①] 国有企业包括国有独资企业、国有控股企业和国有参股企业等多种形式。根据国有企业提供的产品性质及所处行业的差别分为竞争性国有企业和非竞争性国有企业,根据国有企业的性质和承担的社会责任可以分为公益性国有企业和竞争性国有企业[②]。国资委副主任邵宁认为,可以将国有大企业分为功能性和竞争性两种,并实行分类改革。[③] 黄群慧、余菁将国有企业分为一般商业性、公共政策性和特定功能性三种类型。[④] 从以上学者的研究可以发现,虽然对国有企业改革的研究从改革开放以来就已经存在,但"竞争性国有企业"的概念是在我国国有企业改革进入"精细化分类改革"(黄群慧、余菁,2013)阶段后才出现的新名词(见表0-1)。

基于学者对国有企业分类改革的广泛关注与讨论,中共中央、国务院在2015年8月24日发布的《关于深化国有企业改革的指导意见》中明确指出,要对国有企业的类别进行划分,结合不同国有企业的作用、现状和发展需要将国有企业分为商业类和公益类两大类。其中,商业类又分为充分竞争行业和领域的国有企业,关系国家安全、国民经济命脉的重要行业和关键领域、主要承担重大专项任务的国有企业,而公益类国有企业以保障民生、服务社会、提供公共产品和服务为主要目标。国有企业的具体分类如下(见表0-2)。

---

① 《中共中央国务院关于深化国有企业改革的指导意见》,新华网,http://news.xinhuanet.com/fortune/2015-09/13/c_1116547080.htm,2015年9月13日。

② 金碚、刘戒骄、刘吉超、卢文波:《中国国有企业发展道路》,经济管理出版社2013年版,第25页。

③ 邵宁:《关于国企改革发展方向的思考》,《上海国资》2011年第18期。

④ 黄群慧、余菁:《新时期的新思路:国有企业分类改革与治理》,《中国工业经济》2013年第11期。

表 0-1　　　　　　　　　竞争性国有企业概念界定

学者或机构	年份	定义	代表行业或企业	备注
黄群慧、余菁	2013	竞争性国有企业是以国有资产保值增值为核心考核指标的"市场盈利"导向，应该按照《公司法》来运行，其股权可以相对多元化，主要关注经济目标，而非社会目标	一汽、东风汽车、哈尔滨电气集团、鞍钢集团等工业制造、综合贸易服务、建筑工程企业	黄群慧、余菁：《新时期的新思路：国有企业分类改革与治理》，《中国工业经济》2013年第11期
杨瑞龙	2013	竞争性国有企业是指那些国家投资建成的、基本不存在进入与退出障碍、同一产业部门内存在众多企业、企业产品基本上具有同质性和可分性、以利润为经营目标的国有企业	主要分布在制造业、建筑业、商业、服务业等领域	杨瑞龙：《国有企业的重新定位及分类改革战略的实施》，《国企》2013年第7期
高明华	2013	竞争性国有企业以追求利润最大化为首要目标，没有任何强制性社会公共目标	电信、汽车、电子、钢铁、医药、金融、建筑等	高明华：《论国有企业分类改革和分类治理》，《行政管理改革》2013年第12期
金碚、刘戒骄等	2013	不负有特殊社会功能和不具备公益性质的竞争领域的企业，对其考核以经济目标为主、社会目标为辅	包括宝钢、中粮、一汽、中国建材等企业	金碚、刘戒骄、刘吉超、卢文波：《中国国有企业发展道路》，经济管理出版社2013年版，第68—69页
上海市政府	2013	以市场为导向，以企业经济效益最大化为主要目标，兼顾社会效益，努力成为国际国内行业中最具活力和影响力的企业	—	《关于进一步深化上海国资改革促进企业发展的意见》（即"上海国资国企改革20条"）

资料来源：笔者研究整理。

表0-2　　　　　　　　　国有企业分类与代表性行业

一级分类	二级分类	代表性行业或领域
商业类国有企业	充分竞争行业和领域的国有企业	以国有资产保值增值、提高经济效益和创新商业模式为主要目标的行业
	关系国家安全、国民经济命脉的重要行业和关键领域、主要承担重大专项任务的国有企业	重要通信基础设施、枢纽型交通基础设施、重要江河流域控制性水利水电航电枢纽、跨流域调水工程等领域
		重要水资源、森林资源、战略性矿产资源等领域
		江河主干渠道、石油天然气主干管网、电网等领域
		核电、重要公共技术平台、气象测绘水文等基础数据采集利用等领域
		国防军工等特殊产业，从事战略武器装备科研生产、关系国家战略安全和涉及国家核心机密的核心军工能力领域
		其他服务国家战略目标、重要前瞻性战略性产业、生态环境保护、共用技术平台等重要行业和关键领域
公益类国有企业	—	水电气热、公共交通、公共设施等提供公共产品和服务的行业和领域

资料来源：根据中共中央、国务院发布的《关于深化国有企业改革的指导意见》和国务院发布的《关于国有企业发展混合所有制经济的意见》整理。

因此，结合国有企业改革现状，以及相关研究成果，本书中的竞争性国有企业是指除自然垄断行业、公共产品和服务行业、涉及国家安全行业以外的所有企业。竞争性国有企业在完全竞争的市场中生产与发展，以追求利润最大化为首要目标，不需过多关注社会目标，这类企业以市场需求为导向，按照市场机制参与竞争。竞争性国有企业是混合所有制改革的重点领域，也是在公司治理结构、运行规则、选人用人机制、激励约束机制等方面能够有所创新和改善的领域。

二　经理人

在对经理人进行定义之前，需要对企业家、职业经理人和经理人三个概念之间的区别和联系进行详细的阐释，以明确本书的关键概念。

(一) 企业家

企业家原本是指创业者通过自己的努力和奋斗，做大做强企业，并拥有大量财富的社会群体。企业家具有特殊的能力和素质，在充满竞争和风险的市场中制定决策，并承担经营风险，其工作是非流程化的，具有相当大的挑战性。比如，苹果公司的创始人史蒂夫·乔布斯、微软的创始人比尔·盖茨、福特汽车的创始人亨利·福特，以及长江实业的李嘉诚、阿里巴巴的马云、新希望集团的刘永好等，都是杰出企业家的代表。根据彼得·德鲁克在《创新与企业家精神》一书中的理解，企业家就是为了一个值得去做的目标，而不愿意过舒服日子的人。张维迎和盛斌则认为，企业家是在捕捉发展机会的基础上，组织资本、劳动力、资源、技术等生产要素，从事创造性劳动并探索新的事业，最终目的是追求长期稳定的利润[1]。

企业家独一无二的特质是具有企业家精神。周其仁认为，企业家精神包括事业企图心、自信心、竞争意志力、敬业精神、宗教信仰、人生理念和对潜在赢利机会的敏感和直觉等[2]。而张维迎和盛斌认为，企业家包括冒险精神、创新精神、不满足精神和英雄主义精神[3]。李义平在对熊彼特的《经济发展理论》、凡勃仑的《企业论》和马克斯·韦伯的《新教伦理与资本主义精神》进行论述的基础上提出，企业家的功能或者企业家精神是创新与合作，具有战略眼光，根据市场变化及时组织各种资源，在讲究诚信的基础上实现盈利并降低运行成本，对事业的追求是企业家的不竭动力，货币只是事业成功的标志[4]。

(二) 职业经理人

职业经理人是社会分工所催生的新的社会职业，其历史可以追溯到18世纪末的中国。当时，各种业态开始兴起，出现了"掌柜"与"东家"的分工，其中"掌柜"就是职业经理人的雏形。现代职业经理人起源于19世纪50年代的美国，铁路的出现和发展成为现代管理的开端，铁

---

[1] 张维迎、盛斌：《企业家——经济增长的国王》，上海人民出版社2014年版。
[2] 周其仁：《大型乡镇企业研究：横店个案笔谈》，《经济研究》1997年第5期。
[3] 张维迎、盛斌：《企业家——经济增长的国王》，上海人民出版社2014年版。
[4] 李义平：《论企业家及其产生的社会基础》，《管理世界》2002年第7期。

路管理部门也是第一个现代工商企业。技术革新使得铁路大规模运输成为可能,但铁路运输的管理、设施设备的建设和维护需要相当规模的管理组织,管理工作不仅繁多而且复杂,需要特别的技巧及训练才能胜任,只有专职的支薪经理才是适当人选,经营这些企业的高层经理人员就成了美国首批现代企业的管理者①。随着西方国家公司数量和规模的扩大,公司需要大量的专业化管理人才,并形成了职业经理阶层和职业经理人市场。

根据职业经理研究中心、北京师范大学心理学院、国务院发展研究中心企业研究所制定的职业经理人相关术语标准,职业经理人是指"受雇于企业,担任不同层级的领导和管理职务,承担相应的义务和责任,从事企业经营管理活动,以此为职业的人才"②。职业经理人既包括已经担任企业经理职位的实现了职业化、市场化和专业化的企业经营管理人员,也包括已经职业化、市场化的具有社会认可的职业经理人资质、谋求担任企业经理职位的经营管理人员。职业经理人一般具有四个特征:一是企业的雇员,二是企业的高管,三是具有特殊职业能力的高端人才,四是能够在经理人市场中自由流动。

职业经理人与企业家有很大不同,职业经理人的主要工作是例行公事,专业知识和处理公文的能力是最重要的,这些知识和能力可以通过后天的学习获得;企业家需要具有想象力、判断力和果断力。这些能力很难通过后天的培养获得。③ 企业家通过发挥企业家精神实施创造性劳动,不断探索未来并开创新的事业,职业经理人一般安于守成、重复经营,为企业提供服务性的劳动。企业家除了具备天生的能力外,还需具备特殊的企业家精神,这是企业家与职业经理人最本质的区别。

(三)经理人

基于上述对职业经理人和企业家概念的分析,本书所指的经理人不

---

① [美]小艾尔弗雷德·钱德勒:《看得见的手——美国企业的管理革命》,重武译,商务印书馆1987年版,第97页。

② 参见中华人民共和国国家质量监督检验检疫总局、中国国家标准化管理委员会发布《职业经理人相关术语》(GB/T 26999-2011)。

③ 张维迎:《理解公司:产权、激励与治理》,上海人民出版社2014年版,第161页。

是单纯意义上的受雇于企业的职业经理人，也不是作为企业创始人的企业家，而是兼具两者的特点（见图0-1）。经理人不仅具备职业经理人的四个基本特征，还具备一定的企业家精神。经理人和企业家之间有明显的区别，但也存在联系。比如，通用电气公司前总裁杰克·韦尔奇、IBM前总裁郭士纳、中集集团的总裁麦伯良、万科的前总裁郁亮等人最初都是以职业经理人的身份加入企业，最后成为社会认可的企业家。也就是说，经理人作为企业的"打工者"，即具备职业经理人的专业素质和能力，又在工作中体现出一定的企业家精神，把为企业服务当作自己的事业，能够为国家、社会和企业创造财富。因此，竞争性国有企业混合所有制改革中的经理人激励与一般职业经理人激励存在差异，这些差异主要体现在通过股权激励、事业平台激励激发经理人的企业家精神等方面。

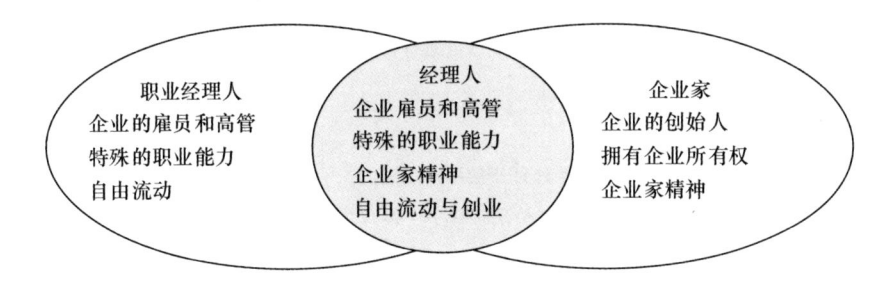

图0-1 经理人与职业经理人和企业家的关系

从经理人人群划分上看，经理人一般是指包括董事、监事、总经理、财务总监等在内的高级管理人员，这是从广义的角度对经理人进行划分。从狭义的角度来看，经理人是指除了董事、监事以外的高级管理人员，包括总经理、副总经理、财务总监等企业高层管理人员。本书所指的"经理人"是狭义上的经理人，这部分高层管理人员除了具备基本的职业素养和能力外，还须具备一定的企业家精神，其主要职责是执行董事会决议并受到董事会、监事会和外部市场的监督与约束。

三　激励

"激励"一词在管理学和经济学中有不同的解释，激励在管理学中的英文表示为"motivation",译为"激励",一般分为两个层次：一是物质激励;二是精神激励。激励在经济学中的英文表示为"incentive",译为"刺激"。在与四川大学陈维政教授的商榷中,陈教授认为"incentive"在组织中一般指经济性刺激,也就是管理学中的物质激励,是一种较低层次的激励。以下是不同学者对"激励"一词的定义和解释(见表0-3)。

表0-3　　　　　　　　学者对激励的定义和解释

学者	年份	定义	来源
阿特金森	1964	对行动的方向、活力和持久性的即时影响	Atkinson, J. W., *Introduction to Motivation*, Princeton, N. J.: Van Nostrand, 1964
弗鲁姆	1964	控制人们在多种可选自愿行为中作出选择的过程	Vroom, V. H., *Work and Motivation*, New York: Wiley, 1964
坎贝尔和普理查德	1976	激励与一系列自变量和因变量的关系有关,这些关系解释了个体行为的方向、广度和持久性,同时智能、技能、对任务的理解和外部环境的限制也会对个体行为有持久影响	Campbell, J. P., R. D. Pritchard, "Motivation Theory in Industrial and Organizational Psychology", M C Dunnette, *Handbook of Industrial and Organizational Psychology*, Chicago: Rand McNally, 1976, 63-130
罗宾斯	1997	为通过高水平的努力实现组织目标的意愿,而这种努力以能够满足个体的某些需要为条件	罗宾斯:《组织行为学(第七版)》,孙建敏、李原等译,中国人民大学出版社1997年版,第166页
姚凯、李凯风、陶学禹	1998	激励是通过高水平的努力来实现组织的意愿,而这种努力以能够满足个体某些需要和动机为条件	姚凯、李凯风、陶学禹:《激励理论发展的新趋势》,《经济学动态》1998年第7期,第46页
梁巧转、马建欣	2000	激励是管理的一项重要职能,是为刺激他人或自己完成预期的行为过程而采取的行动,其结果是让个人对工作产生满足感和公平感	梁巧转、马建欣:《不同激励机制的有效性》,《管理科学》2000年第1期

续表

学者	年份	定义	来源
海因茨·韦里克、哈罗德·孔茨	2004	激励涉及驱动因素、愿望、需要、欲望以及其他影响力，实质上是管理者激励下属，满足下属的驱动力和愿望，并引导下属按希望的方式去行动	海因茨·韦里克、哈罗德·孔茨：《管理学：全球化视角（第11版）》，马春光等译，经济科学出版社2004年版，第283页
李一	2005	激励就是激发与鼓励的意思，俗称调动积极性，它有提升积极性、维持积极性、保护积极性的功能	李一：《探析源于中国本土文化的激励理论》，《领导科学》2005年第13期，第44—45页
安德鲁·杜布林	2007	能够激发行为、引导行为的方向，并且使行为持续发生的动力	安德鲁·杜布林：《心理学与工作（原书第6版）》，中国人民大学出版社2007年版，第115页
信德俭	2008	激励是指通过一定的措施与手段，激发人的动机，鼓励人的工作行为	信德俭：《明清晋商管理思想》，中国社会出版社2008年版，第76页

资料来源：梁巧转、马建欣：《不同激励机制有效性的系统分析》，《系统工程理论与实践》1999年第5期。

哈罗德·孔茨认为，激励包括激发和约束两个方面，奖励和惩罚是两种最基本的激励措施。激励既有激发诱导之义，也有约束之义，前者通过奖励等方式诱导期待行为的发生，称为正激励；后者以惩罚的方式对人的行为加以规范，防止不希望的行为发生，称为负激励[①]。钱颖一将激励比作汽车的发动机，而约束则是汽车的制动装置，只有当两者都具备了才能上路，两者缺一不可[②]。激励是运用经济的和非经济的方式调动生产经营主体的积极性，约束是通过外部的制衡和内部的约束对行为主

---

① 参见李中义《国有企业经营者薪酬激励制度变迁与模式选择》，《经济体制改革》2009年第5期。

② 钱颖一：《激励与约束》，《经济社会体制比较》1999年第5期。

体进行约束。① 简单来说，对人的激励是鼓动希望的行为，抑制不希望的行为。激励的内容就是把人力资本开发利用的市值信号（现在的或预期的）传导给有关的个人，由他/她决策在何种范围内、以多大的强度来利用其人力资本的存量，进而决定其人力资本投资的未来方向和强度。② 约束的本质是对员工的行为进行限定，使其符合企业管理要求的一种行为控制。约束包括硬约束和软约束两种。硬约束包括规章制度，软约束包括文化氛围或心理氛围。③

本书研究的经理人激励问题是公司治理的一个重要内容，这必然要结合管理学和经济学的相关概念和理论进行交叉研究。因此，本书基于管理学和经济学的视角对激励的概念进行定义，认为激励不仅包括正面的经济性刺激和精神奖励，还包括负面的软约束和硬约束，而经理人激励有别于一般员工的激励，应体现经理人的特有人力资本价值，激励经理人为企业和社会创造更大的价值。在竞争性国有企业混合所有制改革中，经理人激励具有更加广泛的内涵，不仅包括传统的物质激励和精神激励，还包括有助于经理人履职和职业成长的制度环境，以及当经理人业绩表现不符合预期时的惩戒与退出机制，由此构成较完整的激励机制。

第三节　研究目的及意义

一　研究目的

基于对国有企业改革相关政策的分析，国有企业改革已经进入深化改革阶段，但一些竞争性国有企业仍存在现代企业制度不健全、管理混乱、国有资本效率运行低下、缺乏有效的经理人制度和市场化激励机制等问题。积极稳妥发展混合所有制经济，建立经理人长效激励约束机制是国有企业改革需解决的重要问题。

---

① 谢金生：《加强对国有企业管理者的激励与约束》，《理论前沿》1999 年第 7 期。
② 周其仁：《市场里的企业：一个人力资本与非人力资本的特别合约》，《经济研究》1996 年第 6 期。
③ 信德俭：《明清晋商管理思想》，中国社会出版社 2008 年版，第 83 页。

基于以上背景，本书的主要研究目的如下。

第一，借鉴委托代理理论和激励理论的核心观点，从多方面提出竞争性国有企业混合所有制改革中的经理人激励理论，以定量分析和多案例分析法对理论框架进行论证和完善，由此建立一套较为完善的经理人激励机制供国有企业混合所有制改革参考和借鉴。理论来自实践，也可以指导实践，经理人激励理论的创新将有助于指导激励机制的优化。

第二，针对混合所有制改革中的实际问题，从制度角度拓宽经理人激励理论的适用范围。混合所有制改革中的经理人激励，不单是物质激励和精神激励的问题，而且涉及经理人身份转化和公司治理等问题，这势必要从制度视角来讨论该问题。因此，本书希望从制度视角拓展经理人激励理论，建立有效的身份转化制度和市场化的选聘制度，进一步规范混合所有制改革中的公司治理，为经理人履行职责和事业成长提供良好的制度环境。

第三，在激励理论基础上构建更为有效的激励机制，以充分体现经理人的人力资本价值。竞争性国有企业对经理人的激励以行政激励和半市场化的激励为主，难以充分体现经理人的人力资本价值和经营管理才能。混合所有制改革应采取更为有效的激励方式提升经理人的努力程度，本书希望通过定量分析和对案例分析完善经济性激励和社会性激励，为混合所有制改革中经理人激励机制的优化和创新提供有益参考。

第四，从多方面构建约束与退出机制，使混合所有制改革中的经理人激励机制形成一个完整的闭环。混合所有制改革中的经理人激励不同于一般意义上的激励，其作为一个更加广泛的概念，既要有来自物质和精神两方面的激励，还需要有惩戒和退出机制。作为激励的另一个方面，约束和惩戒能够起到规范经理人行为的作用。

二 研究意义

（一）理论意义

本书以竞争性国有企业混合所有制改革为切入点，对经理人激励进行跨学科研究，希望通过委托代理理论和激励理论之间的内在联系，提出竞争性国有企业混合所有制改革中的经理人激励理论，以此构建更为完善的激励机制。经济学上的激励理论以委托代理关系为前提，从公司治理的角度来解决企业的所有权、控制权与激励问题。组织行为学和管理学上的激励理论以人的需求为基础，从物质和精神两方面给予人工作的动力。本书首先以委托代理理论为基础，解决竞争性国有企业混合所有制中经理人双重身份和公司治理问题，为经理人激励提供良好的制度环境，通过经理人选聘和公司治理制度的完善来对经理人实施制度性激励。其次在传统物质激励和精神激励的基础上，探讨更为有效的薪酬激励、股权激励和事业平台激励，以此完善混合所有制改革中经理人激励的内容，体现经理人特有的人力资本价值与经营管理才能。再次从市场、政策法规、自我道德和文化环境等方面讨论混合所有制改革中的约束、惩戒与退出机制，使激励充分发挥正激励和负激励的作用，以此形成较完整的激励机制。因此，本书将制度性激励、薪酬激励、股权激励、事业平台与精神激励、约束与惩戒机制作为混合所有制改革中经理人激励的主要内容，以此构建较为完整和有效的经理人激励机制。

（二）现实意义

第一，在现代企业制度建设中，帮助改善竞争性国有企业混合所有制改革中的公司治理环境。在竞争性国有企业改革过程中，现代企业制度的建立和实施存在较大困难，即使大部分国有企业建立了董事会、监事会、股东会、薪酬委员会、风险控制委员会，形成了完善的权力制衡机构，但事实上缺乏有效的治理机制，完善的治理结构也形同虚设。企业治理机制包括运行规则、选用人机制、激励机制、监督机制和究责机制，如果没有完整有效的治理机制，国有企业的公司制改革也将是镜中月水中花。因此，本书将借助委托代理理论完善竞争性国有企业混合所有制改革中的治理结构和机制，帮助建立规范、科学、有效的选人用人机制，为经理人激励机制的实施创造良好的制度环境。

第二，在混合所有制改革中，帮助建立更为有效的经理人激励机制。经理人作为特殊人力资本，具有自由流动、稀缺性等特点，在市场经济条件下竞争性国有企业与其他性质的企业将在公开市场上竞争经理人，科学有效的激励机制将提高企业在经理人市场中的竞争力。目前国家高层已经完成国有企业改革路线图的制定，多家竞争性国有企业正积极推进混合所有制改革试点工作，这有利于打破由国资委直接决定国企负责人薪酬的做法，建立一种董事会对经理人实行市场化激励的制度，解决目前竞争性国有企业经理人激励不足的问题。本书试图从多方面构建较为完善的经理人激励机制，对经理人实施有效的激励和约束。

第三，在混合所有制改革中，有助于提高国有企业竞争力与活力。竞争性国有企业发展混合所有制，将吸引社会资本参与国有企业改革，建立并完善市场化的激励机制，这也将吸引更多、更优秀的经理人和企业家投身国有企业。引入社会资本和外部经理人犹如在国有企业中引入了"沙丁鱼"，会产生"鲇鱼效应"，激发国有企业的活力。建立市场化的激励机制，不仅能体现经理人的人力资本价值，还能提升国有企业的市场竞争力。

第四节 研究方法与内容

一 研究方法

（一）定性分析

以往的学者对国有企业改革和经理人激励研究提供了丰富的文献资料和理论基础，对本书研究具有理论借鉴和参考价值。本书通过文献研读对混合所有制改革和国有企业经理人激励的研究成果进行定性归纳和分析，并对国内外的激励理论和委托代理理论进行回顾，结合混合所有制改革实践对传统激励理论进行拓展和延伸，构建竞争性国有企业混合所有制改革中的经理人激励理论，并为激励机制的构建奠定理论基础。此外，本书从历史审视的角度对国有企业改革的政策和文献进行梳理，分析国有企业历次改革中经理人激励的现状与问题，并分析总结竞争性国有企业混合所有制改革中经理人激励需解决的问题，针对问题构建具有针对性的激励机制。

（二）定量分析

在定量分析中，运用统计学上的多元回归分析方法构建相应的数理模型，比较竞争性国有企业与民营企业在经理人激励的差异，为竞争性国有企业混合所有制改革中的经理人激励提供建议。搜集竞争性国有企业和民营企业公司年报等相关资料，对资料数据进行分类、整理和统计分析，在控制其他一系列因素的基础上，进一步考察经理人薪酬、代理成本、薪酬差距、股权激励与企业绩效之间的变动规律，并将竞争性国有企业与民营企业经理人激励效果进行对比分析。结合案例分析结果和理论分析框架构建竞争性国有企业混合所有制改革中的经理人激励机制。

（三）多案例分析

案例研究是一种经验性研究，是实证分析的重要方法，主要在于回答"为什么"和"如何"的问题。根据研究任务不同，可以将案例研究分为探索型案例、描述型案例、解释型案例和评价型案例，按案例的数量分为单一案例和多重案例。[①] 本书采用多重案例的分析方法，选取具有代表性的竞争性国有企业作为研究对象，通过深度访谈和搜集公开资料的方式获取案例企业资料数据，对案例企业混合所有制改革前后的公司治理制度情况、经理人激励机制和企业绩效进行对比分析，进一步论证本书构建的激励理论，最后结合定量分析结果从多方面构建经理人激励机制，最终得出研究结论。

二 研究内容

绪论对国有企业改革的政策背景进行梳理，明确研究问题和本书涉及的核心概念，并详细阐述本书的研究目的、研究意义、研究方法、研究内容和技术路线。

第一章对国内外经理人激励的研究文献和激励理论进行梳理，首先分别从混合所有制改革研究和国有企业经理人激励研究两个方面对经理人激励研究进行了较为详细的文献述评，其次分别从管理学和经济学的

[①] 孙国强：《管理研究方法》，上海人民出版社2007年版。

角度对激励理论进行了梳理，以此明确本书的理论基础。

第二章从历史研究的视角出发，分析了改革开放以来中国国有企业改革的历程，以及各阶段中经营管理者激励约束方式的调整。本章将国有企业改革分为放权让利、两权分离、建立现代企业制度和国资监管四个阶段，与此对应的经营管理者激励约束方式为精神激励、承包经营责任制、年薪制、管理层持股。

第三章通过对国有企业分类改革相关政策和改革实践的讨论，分析了竞争性国有企业混合所有制中经理人激励的现状与问题。目前，竞争性国有企业主要通过行政任命的方式选拔经理人，并对其实施政治晋升、在职消费和政治监督等激励约束方式。这些方式不能满足混合所有制改革的需要。在混合所有制改革中，必须解决经理人双重身份的问题，将经理人薪酬与企业绩效挂钩，建立中长期激励机制，实现激励与约束平衡，并建立经理人约束与退出机制。

第四章首先通过理论研究提出了混合所有制改革中经理人激励的理论框架，然后通过定量分析提出了更为有效的经济性激励。本章从分析混合所有制改革中的经理人角色、职能、需求、人性假设和行为入手，构建了以制度性激励、经济性激励和社会性激励为主的经理人激励理论框架。在激励理论框架的基础上，对经理人经济性激励进行定量分析，通过对比竞争性国有企业与民营企业在薪酬激励和中长期激励方面的差异，为完善竞争性国有企业混合所有制改革中的激励机制提供了实证检验。

第五章采用多案例分析的方法，对理论框架中的制度性激励、经济性激励和社会性激励进行了论证，并讨论了研究结果。本章选取混合所有制改革实践中具有代表性的竞争性国有企业作为案例分析对象，从公司治理、经理人选聘、薪酬与股权激励、事业平台与精神激励、约束与退出机制等方面剖析了案例企业混合所有制改革的经验，以检验前文构建的理论框架，并通过案例分析提出更加完善的激励机制。

第六章在理论框架和实证研究的基础上，构建了竞争性国有企业混合所有制改革中的经理人激励机制。基于前文的理论框架、定量分析和多案例分析，本章从公司治理制度、经理人选聘制度、契约化的薪酬激励、股权激励、事业平台与精神激励、约束与惩戒等方面构建了竞争性国有企业混合所有制改革中的经理人激励机制，这些内容作为一个完整的体系，互为补充和前提。

第七章为竞争性国有企业混合所有制改革中经理人激励的保障条件。为有效发挥经理人激励机制的作用，本章从劳动人事制度、经理人市场和政策法规方面提出了相应的建议，为经理人激励提供良好的市场、制度和政策法规环境。

最后为研究结论与展望。对本书的研究过程进行系统的梳理，就研究的主要结论和可能的创新点进行总结和讨论，最后剖析研究不足和进行展望。

三 技术路线

本研究涉及经济学、管理学等学科的委托代理理论和激励理论，力图通过跨学科研究来构建一套适应竞争性国有企业混合所有制改革需要的经理人激励机制。第一，在文献研读的基础上，分析过去国有企业改革各阶段中的经理人激励方式，并根据目前国有企业改革的具体方案和要求，分析竞争性国有企业混合所有制改革方式与经理人激励的现状与问题；第二，通过对混合所有制改革中经理人角色职能、经理人需求、经理人人性假设和行为分析，构建经理人激励理论框架，并通过定量分析和多案例分析论证理论框架的有效性和可行性；第三，在理论框架、定量分析和多案例分析的基础上，主要从制度性激励、薪酬激励、股权激励、事业平台与精神激励、约束与惩戒等方面构建竞争性国有企业混合所有制改革中的经理人激励机制；第四，为了更好地发挥经理人激励机制的作用，从劳动人事制度、经理人市场和政策法规三方面提出保障条件，最后归纳研究结论。为进一步厘清研究思路，本书的研究技术路线图如下所示（见图0-2）。

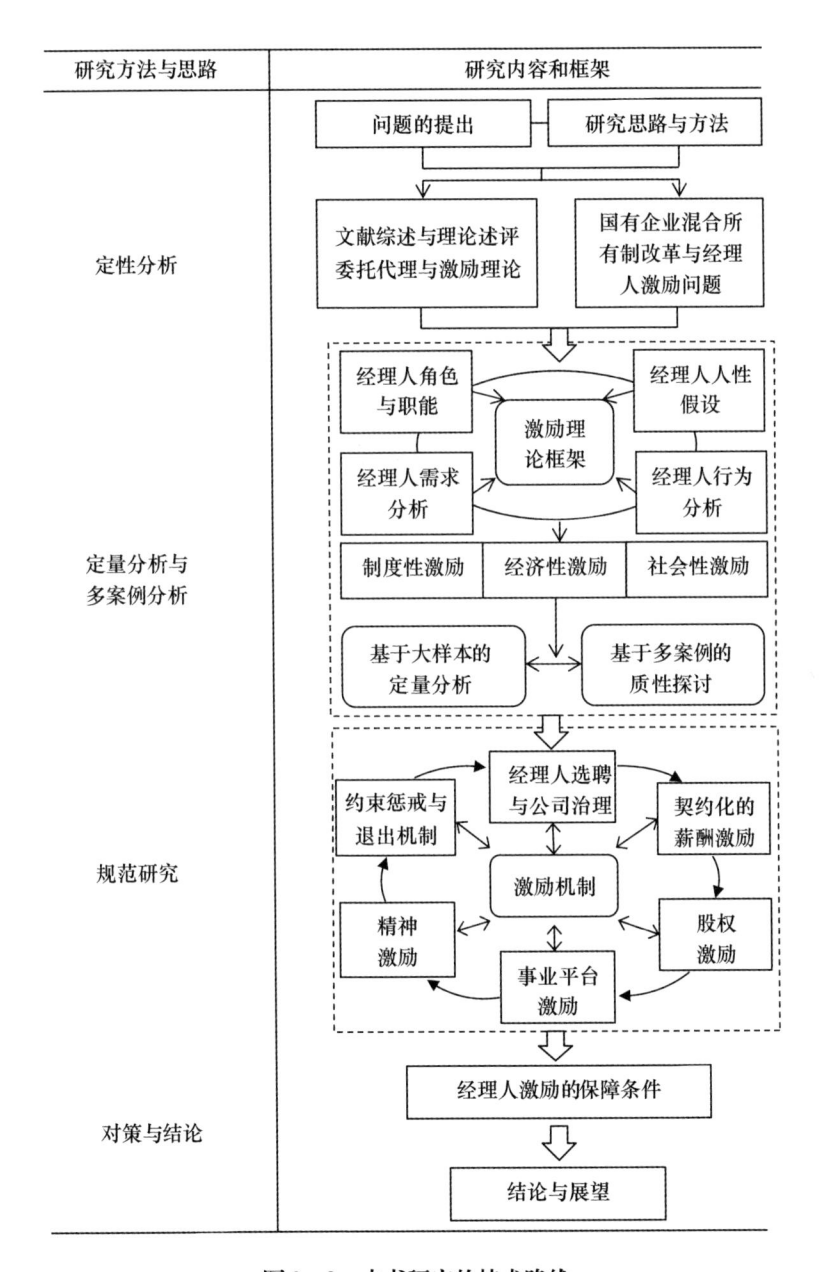

研究方法与思路	研究内容和框架
定性分析	问题的提出 → 研究思路与方法 ↓ 文献综述与理论述评 委托代理与激励理论 ←→ 国有企业混合所有制改革与经理人激励问题
定量分析与多案例分析	经理人角色与职能、经理人人性假设、经理人需求分析、经理人行为分析 ←→ 激励理论框架 ↓ 制度性激励 经济性激励 社会性激励 ↓ 基于大样本的定量分析 ←→ 基于多案例的质性探讨
规范研究	经理人选聘与公司治理、契约化的薪酬激励、股权激励、事业平台激励、精神激励、约束惩戒与退出机制 ←→ 激励机制
对策与结论	经理人激励的保障条件 ↓ 结论与展望

图 0-2 本书研究的技术路线

小　　结

本章首先对国有企业混合所有制改革的政策背景进行了分析，从委托代理关系的一般性和特殊性两方面指出，建立更为有效的经理人激励机制是混合所有制改革应解决的关键问题。在此基础上，对本书涉及的竞争性国有企业、经理人和激励三个关键概念进行了界定，以此明确研究对象和边界。本书的主要目的是针对竞争性国有企业面临的实际问题，借鉴委托代理理论和激励理论的核心观点提出混合所有制中的经理人激励理论和机制，帮助改善制度环境并提升国有企业竞争力与活力。本章还对研究方法和研究内容进行了论述，采取定性分析、定量分析和多案例分析的方法从经理人激励现状与问题分析、理论框架构建、实证检验、机制构建和保障条件等方面进行较全面的研究，最后通过技术路线图的方式对研究内容和研究方法进行了描述，以进一步厘清本书的研究思路和逻辑框架。

第一章

研究现状

第一节 文献综述

一 混合所有制研究

本书以"混合所有制"为检索词在 CNKI 期刊数据库中检索发现（来源类别：SCI 来源期刊和 CSSCI 期刊），以"混合所有制"为篇名的期刊论文共有 217 篇，具体分布年份如图 1-1 所示。

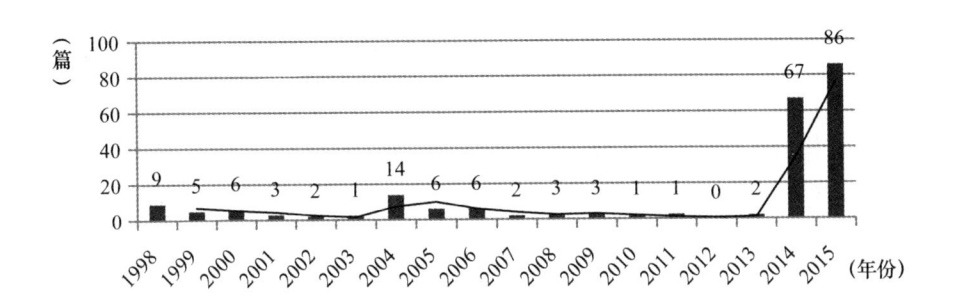

图 1-1 混合所有制改革研究年度分布（1998—2015 年）

从图 1-1 可以看出，关于混合所有制的讨论主要集中在三个阶段：一是中共十五大以后的 1998—2003 年，该阶段讨论的焦点集中在什么是混合所有制经济，以及混合所有制经济的主要实现形式等方面；二是中共十六届三中全会以后的 2004—2011 年，该阶段再次对混合所有制经济的地位进行了讨论，并开始从产权制度讨论企业的治理问题；三是 2013 年中共十八届三中全会提出混合所有制是解决基本经济制度的重要形式以来，学者们将研究重点放在了微观的混合所有制企业。

(一) 正式提出混合所有制经济阶段

1997年中共十五大报告指出，"公有制经济不仅包括国有经济和集体经济，还包括混合所有制经济中的国有成分和集体成分"。由此引发了学术界对混合所有制经济的讨论。黄群慧、陈伯庚、方辉振、王华荣等从主要形式、必然性、特点、功能作用等方面对混合所有制经济作了初步探讨[1]。陈伯庚认为，混合所有制经济是社会主义初级阶段的必然产物，包括股份制经济、股份合作制经济、城乡联合经济等多种经济形式，这些经济形式对于完善所有制结构、推进现代企业制度建立和促进生产力的发展具有重大作用[2]。朱光华、段文斌等在《过渡经济中的混合所有制——公有制与其它经济成分关系研究》一书中指出，"各种所有制之间彼此渗透、相互融合是混合所有制存在的基础"[3]，并对混合所有制经济生成和发展机制进行了详细论述。李亚光认为，凡是非单一所有制性质的企业都是混合所有制经济，混合所有制经济与传统国有经济和私有经济的区别在于投资主体的不同，混合所有制经济由多个不同所有制经济投资主体组成，应解放思想，为混合所有制经济的发展营造宽松和公平竞争的环境[4]。曾国平、刘渝琳提出，混合所有制对生产力具有保护作用和推动作用，混合所有制是我国所有制理论的重大创新，将成为我国所有制结构的主体[5]。戴文标认为，所有制关系不仅包括公有和私有两种形式，还包括以小农经济、个体手工业经济、股份制经济为主的混合所有制形式[6]。高远洋认为，企业混合所有权是企业股东、债权人、管理者、

---

[1] 参见黄群慧《新时期如何积极发展混合所有制经济》，《行政管理改革》2013年第12期；陈伯庚：《混合所有制经济探索》，《华东师范大学学报》（哲学社会科学版）1998年第1期；方辉振：《"混合所有制经济"论》，《江淮论坛》1998年第1期；王华荣：《论混合所有制经济》，《经济问题》1998年第9期。

[2] 陈伯庚：《混合所有制经济探索》，《华东师范大学学报》（哲学社会科学版）1998年第1期。

[3] 参见贾根良《混合所有制研究：现实主义方法论的新探——评〈过渡经济中的混合所有制〉》，《天津社会科学》2000年第6期。

[4] 李亚光：《试论发展混合所有制经济》，《财经研究》1999年第8期。

[5] 曾国平、刘渝琳：《论混合所有制的滥觞与发展》，《经济问题探索》2000年第8期。

[6] 戴文标：《论混合所有制形式的性质》，《浙江学刊》2001年第4期。

员工和政府等参与者对企业的剩余索取权，这既是企业利益分配问题，也是企业激励问题。他将以上参与者纳入企业博弈分析，构建了相关的理论分析框架和数学模型，以解决企业混合所有制改革中遇到的问题[1]。张高丽通过对深圳市中兴通讯股份有限公司的调查指出，混合所有制是公有制的有效实现形式，并提出"国有控股、授权（民营）经营"的混合所有制发展模式。中兴通讯通过体制创新建立了科学的公司治理结构和激励约束机制，以及经营管理者的市场化选择机制，通过员工持股和期权制在国家、经营者和员工三者之间建立利益共同体，把企业管理融入激励约束机制之中，使国有经济不断发展壮大[2]。李涛对国有股权在混合所有制公司中的作用和股权比例如何调整进行了研究，他指出，减持国有股份不能"一刀切"，而应该根据公司业绩，对业绩差的企业进行减持[3]。曹立以所有制与市场经济的内在关联性的研究视角出发，从理论上对混合所有制产生的历史渊源、现实运行及发展方向进行了较系统的阐述，他认为混合所有制的关键是国有企业与市场经济的结合，国有企业需要在管理制度和分配制度上有所创新。在管理制度上，要从"政权本位"向"产权本位"转变，实现股份制改造；在分配制度上，要充分体现劳动者的主体地位，劳动力作为生产要素与土地、资本和企业家一起分享利润；在生产要素的配置和使用过程中，既要体现效率，又要体现公平[4]。

（二）大力发展混合所有制经济阶段

2003年中共十六届三中全会报告提出，大力发展混合所有制经济，实现投资主体多元化，使股份制成为公有制的主要实现形式。这种新的提法对混合所有制经济进行了重新定位，并将股份制提到了一个新的高

---

[1] 高远洋：《混合所有权下的企业博弈研究》，博士学位论文，北京航空航天大学，1999年。

[2] 张高丽：《混合所有制：公有制的有效实现形式——深圳市中兴通讯股份有限公司调查》，《求是》2001年第18期。

[3] 李涛：《混合所有制公司中的国有股权——论国有股减持的理论基础》，《经济研究》2002年第8期。

[4] 曹立：《混合所有制研究——兼论社会主义市场经济的运行基础》，博士学位论文，中共中央党校研究生院，2002年。

度。一些学者对混合所有制进行了新的论述和解释。邵明朝认为，混合所有制是股份制的特殊表现形式，是多种所有制并存和产权流动的必然结果，具有广阔的发展空间①。朱光华认为，随着国家政策的变化，学术界对混合所有制经济的探讨逐渐从宏观的性质、作用和表现形式转向更加微观的企业产权制度和治理结构。大力发展混合所有制经济是所有制改革的新亮点和经济发展的增长点，需要建立健全现代产权制度，完善公司法人治理结构、引入竞争机制等②。李正图论述了混合所有制公司制企业中各相关利益者之间不同的交易关系应当与不同的规制结构相匹配，他指出，混合所有制企业的利益相关者包括三个层次：一是包括生产要素所有者、债权人和各种人力资本所有者的所有权层次；二是以股东、董事、经理为主的所有权与经营权分离层次；三是外部的税收、资源、环境、就业等社会主体利益相关者③。顾钰民认为单一所有制向混合所有制的转变使企业的产权关系呈现出所有权分散和经营权集中的特征，合理的治理结构能够使该产权制度具有较高的产权效率和分配效率④。顾钰民从制度经济学角度对混合所有制经济进行了分析，他认为大力发展混合所有制经济能够有效解决所有权分散与经营权集中的问题，以及资本在社会范围内流动的问题，是一种能够提升产权制度效率、经营制度效率、分配制度效率的企业制度⑤。万华炜、程启智认为，一个完整的产权制度包括所有权制度、收益权制度、处置权制度和企业治理结构制度，其中，规范的法人治理结构直接关系到混合所有制企业的有效运作⑥。姚圣娟、马健从股权集中度层面对混合所有制公司的治理问题进行了分析。

---

① 邵明朝：《我国混合所有制经济发展的基础及政策趋向》，《经济学动态》2004 年第 5 期。

② 朱光华：《大力发展混合所有制：新定位、新亮点》，《南开学报》2004 年第 1 期。

③ 李正图：《混合所有制公司制企业的制度选择和制度安排研究》，《上海社会科学》2005 年第 5 期。

④ 顾钰民：《所有权分散与经营权集中——混合所有制的产权特征和效率分析》，《经济纵横》2006 年第 2 期。

⑤ 顾钰民：《混合所有制的制度经济学分析》，《福建论坛》（人文社会科学版）2006 年第 10 期。

⑥ 万华炜、程启智：《中国混合所有制经济的产权经济学分析》，《宏观经济研究》2008 年第 2 期。

他们认为,在股权集中度高的混合所有制企业,国有控股股东容易损害中小股东利益,并出现"内部人控制"的问题,必须通过引入外部投资者减持国有股,在企业内部建立权力制衡机制和独立董事制度;股权中度集中的企业可以带来较高的公司业绩,但存在内耗的问题,应通过建立战略委员会的机制来解决;在股权分散的企业中,所有权较分散,经理人很容易掌握控制权,经理人的监督和激励显得尤为重要,必须加强监事会和审计委员会的建设,对经理人实施多样化的薪酬激励和股权激励。①

(三) 积极发展混合所有制经济阶段

2013年中共十八届三中全会通过的《中共中央关于全面深化改革若干重大问题的决定》提出,"积极发展混合所有制经济。国有资本、集体资本、非公有资本等交叉持股、相互融合的混合所有制经济,是基本经济制度的重要实现形式,有利于国有资本放大功能、保值增值、提高竞争力,有利于各种所有制资本取长补短、相互促进、共同发展"。②从混合所有制改革的实践层面来看,混合所有制经济是一种效率较高的微观经济制度,"对国有企业改革的深化、资源配置效率的提高、企业竞争力的增强起到了重要作用"③,已经成为我国基本经济制度的重要实现形式。尽管不是新鲜事物,但从期刊检索的结果来看,混合所有制经济在中共十八届三中全会以后进一步受到了学术界的广泛讨论。该阶段对混合所有制的研究主要集中在四个方面:一是发展混合所有制经济的内涵和意义;二是国有企业混合所有制改革的实施路径;三是混合所有制改革的问题;四是混合所有制改革与公司治理问题。

黄速建和余菁将混合所有制经济分为宏观的国民经济所有制结构和微观的企业产权结构两个层面。余菁认为在宏观所有制层面上,混合所有制经济不是单一的公有制和非公有制;在企业微观层面上,混合所有

---

① 姚圣娟、马健:《混合所有制企业的股权结构与公司治理研究》,《华东经济管理》2008年第4期。
② 参见黄群慧《新时期如何积极发展混合所有制经济》,《行政管理改革》2013年第12期。
③ 黄速建:《中国国有企业混合所有制改革研究》,《经济管理》2014年第7期。

制是不同所有制资本的融合,单纯的国有资本的混合以及非公有资本的混合都不算混合所有制经济①。企业层面的混合所有制改革能进一步推动公有制经济和非公有制经济的发展,有利于改善公司治理并打破国有资本在一些行业中的垄断②。

根据发展主体的不同,可分为国有企业主导与非公有制企业主导的混合所有制发展路径。国有企业发展混合所有制包括国有经济与其他所有制经济发展成为混合所有制、非国有资本参股国有资本投资项目、员工持股三条路径。其中,员工持股是发展混合所有制经济和建立企业长效激励机制的重要途径③。高明华、杜雯翠等认为,由于经营目标的差异,不是所有类型的国有企业都适合发展混合所有制,只有竞争性国有企业才适合发展混合所有制④。同时,李跃平认为国有企业千差万别,必须通过多类别、多层次、全价值链和双向进入的方式实现混合所有制改革⑤。王再平认为应引入战略投资者,通过整体上市、兼并重组、产业链重组的方式发展混合所有制⑥。宋文阁、刘福东对国有企业改革的历程(1994—2013年)、民营企业对混合所有制改革的欢喜与担忧进行了分析,并指出分类改革、股份制改造、资产证券化、员工持股和管理层持股是混合所有制改革的主要方法,完善资本市场并对混合所有制改革进行统筹安排能够促进改革⑦。

现阶段,国有企业混合所有制改革的核心"应聚焦于完善现代企业制度、使企业成为真正的市场主体,落实法人治理结构,以规范的体制

---

① 余菁:《"混合所有制"的学术论争及其路径找寻》,《改革》2014年第11期。
② 黄速建:《中国国有企业混合所有制改革研究》,《经济管理》2014年第7期。
③ 余菁:《"混合所有制"的学术论争及其路径找寻》,《改革》2014年第11期。
④ 高明华、杜雯翠、谭玥宁、苏然:《关于发展混合所有制经济的若干问题》,《政治经济学评论》2014年第4期。
⑤ 李跃平:《回归企业本质:国企混合所有制改革的路径选择》,《经济理论与经济管理》2015年第1期。
⑥ 王再平:《混合所有制国企改革的新意与实现路径》,《毛泽东邓小平理论研究》2015年第2期。
⑦ 宋文阁、刘福东:《混合所有制的逻辑:新常态下的国企改革和民企机遇》,中华工商联合出版社2014年版。

机制满足市场的要求，从而提升国有企业的活力和核心竞争力"。① 即，如何规范混合所有制企业的公司治理机制，如何提高董事会治理水平和企业家能力是国有企业发展混合所有制经济的核心所在②。高明华从投资者权利、董事会治理、企业家能力、信息披露和负责人薪酬五个方面讨论了国有企业发展混合所有制的公司治理问题，他明确指出，对于国有控股的混合所有制企业，负责人在行政级别待遇和市场化薪酬之间只能二选一，不能交叉使用两种薪酬体系③。张祥建等认为，深化国有企业混合所有制改革需要构建良好的宏观制度环境、变革政府对国有企业的管理模式，并完善企业治理结构和建立激励约束机制，以提高国有经济的控制力和影响力④。高明华、杜雯翠等认为在高管激励和评价方面，要实施市场化的选聘机制和薪酬机制，激励形式应多样化并注重长期激励形式⑤。

经过以上文献梳理和分析发现，理论界对混合所有制的研究经历了从宏观到微观的变化过程，对混合所有制经济的认识也在不断深化。最初，混合所有制经济概念的提出引发了理论界对其是什么的广泛讨论，主要从所有制经济结构讨论了其性质、特点和作用。随着混合所有制改革的进一步发展，以及改革中出现的一些具体问题，学者逐渐将关注重点转向微观的混合所有制企业，讨论其应该是什么以及怎么样的问题，这些问题以混合所有制改革的机制设计为核心，以解决混合所有制企业中存在的委托代理问题。作为公司治理核心内容的经理人激励问题在混合所有制改革中的重要性逐渐凸显，然而，单独讨论该问题的文献资料并不多见。在混合所有制改革研究不断细化和深入的情况下，本书将从

---

① 马连福、王丽丽、张琦：《混合所有制的优序选择：市场的逻辑》，《中国工业经济》2015年第7期。

② 高明华、杜雯翠、谭玥宁、苏然：《关于发展混合所有制经济的若干问题》，《政治经济学评论》2014年第4期。

③ 高明华：《公司治理与国企发展混合所有制》，《天津社会科学》2015年第5期。

④ 张祥建、郭丽虹、徐龙炳：《中国国有企业混合所有制改革与企业投资效率——基于留存国有股控制和高管政治关联的分析》，《经济管理》2015年第9期。

⑤ 高明华、杜雯翠、谭玥宁、苏然：《关于发展混合所有制经济的若干问题》，《政治经济学评论》2014年第4期。

实际需要出发，探讨混合所有制改革中的经理人激励问题。

二 国有企业经理人激励研究

本书以竞争性国有企业混合所有制改革中的经理人激励为主要研究内容，本书所指的"经理人"包括除董事以外的高级管理人员。在以往的研究中，这些高级管理人员被赋予"经理人"、"经营管理者"或"高层管理者"等称谓。因此，在经理人激励的研究综述上本书以"国有企业"和"激励"为篇名关键词对以往的核心期刊文献（SCI来源期刊和CSSCI期刊）进行检索。同样，我们以CNKI期刊数据库为主要文献来源，检索结果如图1-2所示。此外，本书还以"国有企业"为关键词检索对经营者激励相关的文献进行了拓展。

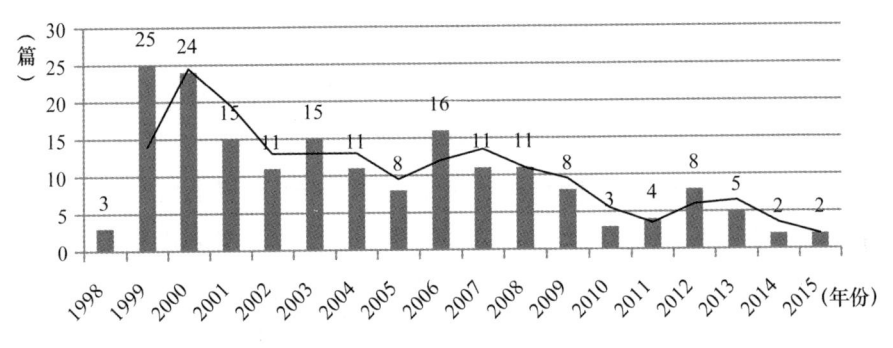

图1-2 国有企业经理人激励研究年度分布（1998—2015年）

从图1-2可以看出，对国有企业经理人激励问题的讨论主要集中在1999—2009年。

（一）物质激励与精神激励研究

1993年，中共十四届三中全会明确提出要推动国有企业逐步建立现代企业制度；1999年，中共十五届四中全会提出要推进国有企业战略性重组，建立和完善现代企业制度。随着国有企业改革的深化，建立规范的现代企业制度成为经济体制改革的关键。然而，在新的阶段，缺乏对企业家的有效激励和约束成了制约国有企业改善效率和进一步发展的新问题①，由此引发了学者对国有企业经营者激励约束的大量讨论。现代企业制度最显著的特征是所有权与经营权分离，这就导致代理问题出现。郑纯选认为国有企业在建立现代企业制度的过程中，激励约束的主体和客体不明确，委托代理链太长，缺乏有效的激励约束机制，需要在明确主体的基础上对经营者实施物质激励和精神激励，并构建、市场、法律、道德、责任、财务等监督约束机制②。在国家经贸委企业研究中心与中国企业联合会研究部做的专题调查中发现，国有企业经营者的物质激励水平总体偏低、激励形式单一、经营者退休金过低、激励机制实施对象不明确、经营者有畏难情绪等问题，因此需要完善年薪制、采取多种激励方式、提高经营者的养老保险和医疗保险，并探索职务消费货币化激励方式。在国有企业经理人激励机制的设计中，存在一个激励与约束的两难悖论：约束过大，会影响经理人的积极性，放宽约束，则会带来经理人的恶意行为，杨江、袁春晓称其为"国企控制权悖论"③。他们认为，解决该悖论难题需要对企业治理机制进行系统化创新，即以部分剩余索取权替代控制权，并加速推进企业外部整体环境的市场化进程。张艳丽和黄群慧认为，企业家的激励约束机制包括报酬激励、控制权激励、声誉或荣誉激励、企业内部和市场竞争的监督约束机制④。黄群慧"在分析每种激励约束机制对企业家行为目标控制的过程和程度的基础上，又将四类机制与企业家的产生机制进行组合分析，认为这种组合决定企业家的管理行为，进而在很大程度上决定企业效率"⑤。国有企业改革中存在的行政干预型公司治理结构、内部人控制和缺乏科学的激励机制等问题成为企业发展的瓶颈，需要在企业家队伍建设中建立市场选拔机制、建

---

① 张艳丽、黄群慧：《企业家的激励约束机制与国有企业改革》，《河北学刊》1999 年第 4 期。
② 郑纯选：《国有企业经营者激励约束机制研究》，《财经研究》1998 年第 5 期。
③ 杨江、袁春晓：《论国有企业经理的激励与约束机制》，《四川大学学报》（哲学社会科学版）1999 年第 2 期。
④ 张艳丽、黄群慧：《企业家的激励约束机制与国有企业改革》，《河北学刊》1999 年第 4 期。
⑤ 参见周叔莲《〈企业家激励约束与国有企业改革〉评介》，《中国工业经济》2001 年第 6 期。

立健全物质利益近期激励机制、以产权为目标的远期激励机制、精神激励和监督约束机制①。

熊胜绪认为，国有企业经营者的物质激励得到了理论界和企业界的重视，而精神激励没有得到足够重视，他从目标管理、授权、荣誉激励和政治晋升激励、参政激励、道德激励和情感激励等方面提出要对国有企业经营者实施精神激励，激发经营者工作斗志和热情②。詹森和墨菲（Jensen and Murphy）的研究发现，经理报酬对企业业绩并不十分敏感。以报酬为主的物质激励难以解决现代企业中的代理问题，而声誉激励往往能够弥补报酬激励的不足，满足人的"精神"需要，对人起到激励作用③。国有企业经营者声誉激励可以从以下几个方面入手：一是形成尊重经营者的社会气氛，提高其声誉需要；二是给予做出贡献的经营者表彰和奖励，扩大其社会知名度；三是改变经营者选拔机制，促使其维护自身形象；四是健全社会保障制度，解除其后顾之忧；五是延迟退休，继续发挥其人力资本；六是发展职业经理市场，改善市场竞争环境；七是建立科学的市场评价体系④。声誉激励也被称作"隐性激励"，当显性激励无法有效发挥作用时，隐性激励将发挥关键作用。李军林、张英杰认为，充分竞争的市场和完备的政府管理制度是显性激励和隐性激励有效实施的制度基础，这些制度基础包括将国有企业变成真正意义上的企业、创造公平的市场竞争环境和氛围、完善企业内部组织制度、建立和完善经理人市场等内容⑤。

（二）股权激励研究

股权激励不仅能够协调高管与股东之间的利益⑥，还能够吸引和保留

---

① 郝梅瑞：《对国有企业经营者激励与约束问题的分析》，《中国工业经济》2000年第7期。

② 熊胜绪：《国有企业经营者的精神激励机制探讨》，《经济管理》2003年第9期。

③ Jensen and Murphy, "Performance Pay and Top - Management Incentives", *Journal of Political Economy*, 1990b, pp. 225 – 264.

④ 李春琦：《国有企业经营者的声誉激励问题研究》，《财经研究》2002年第12期。

⑤ 李军林、张英杰：《国有企业激励机制有效实施的制度基础——一种市场竞争与信号传递的分析视角》，《经济学动态》2009年第4期。

⑥ Lamia Chourou, Ezzeddine Abaoubb, Samir Saadi, "The Economic Determinants of CEO Stock Option Compensation", *Journal of Multinational Financial Management*, No. 18, 2008, pp. 61 – 77.

人才①。股权激励不仅能够解决股东与经理人之间的代理问题，还能够满足公司财务方面的需要，解决公司流动性不足的问题②。国外大部分研究表明，股权激励与企业的市值之间存在较强的正相关关系③。徐海波、李怀祖研究认为，股权激励的对象应该包括三类核心人力资本的员工：一是掌握关键管理技能的经理人，二是掌握核心技术的技术人员，三是有效构建企业内部合作理念的领头人④。国有企业经理人作为掌握关键管理技能的人力资本所有者，其股权激励得到了国内学者的广泛关注。

何德旭认为，企业经营者的激励约束机制的形式多种多样，效果最好的是股票期权激励，在经理股票期权初期，许多配套制度和政策环境还不成熟，需要做到有"股"可"期"，建立真正的企业家市场和培育股票市场，并建立健全一系列相关的法律规章制度⑤。金雪军、余津津认为，股票期权在西方发达国家广泛使用，而中国国有企业改革实施股票期权需要根据我国股票市场和政策法规的实际情况进行"本土化"调整。一是提高薪酬结构的科学性和规范性，二是注意不同行业和地区的特点，三是解决股票来源的问题，四是由股东大会决定股利的分配，只有在资本市场、产品市场、要素市场和法规健全和完善的基础上，股票期权激励才能获得实质性突破⑥。黄群慧利用系统论的思想，分析了国有股减持和经营者股权激励之间的关系，认为解决国有企业股权激励的股份来源、股份数量、价格和具体方案选择等问题，可以协同推进国有股减持与国

---

① Konstantinos Tzioumis, "Why do Firms Adopt CEO Stock Options? Evidence from the United States", *Journal of Economic Behavior and Organization*, No. 68, 2008, pp. 100 – 111.

② David Yermack, "Do Corporations Award CEO Stock Options Effectively?" *Journal of Financial Economics*, No. 39, 1995, pp. 237 – 269.

③ Hall, B. J. and K. J. Murphy, "The Trouble with Stock Options", *The Journal of Economic Perspectives*, No. 17, 2003, pp. 49 – 70; Gabaix, X. and A. Landier, "Why has CEO Pay Increased So Much?", *Working Paper*, 2007.

④ 徐海波、李怀祖：《股权激励对象选择模型分析》，《管理工程学报》2008年第1期。

⑤ 何德旭：《经理股票期权：实施中的问题与对策——兼论国有企业激励约束机制的建立与完善》，《管理世界》2000年第3期。

⑥ 金雪军、余津津：《"股票期权"激励机制与国有企业改革》，《管理世界》2000年第5期。

有股权激励机制的建立,并发挥两者的协同性效应①。程仲鸣、夏银桂基于国有企业与制度变迁对经理人股权激励与企业价值关系进行了分析,发现对国有企业经理人实施股权激励能提升公司价值,而地方国有企业的提升效果更为明显②。其他学者的研究发现,国有企业股权激励与企业绩效之间不存在正相关。俞鸿琳从制度背景出发,采用FE模型对管理者股权和公司价值之间的关系进行了检验,发现国有上市公司管理者持股水平与公司价值存在负相关,原因在于国有企业的股权高度集中,董事会机制不完善,股权激励机制没有发挥应有的激励效应③。为缩小国有企业收入差距,国资委对国有企业经营者的薪酬进行了限制。辛宇和吕长江的研究发现,国有企业对经营者薪酬的管制,使股权激励兼具激励、福利和奖励三种性质,难以发挥股权激励应有的激励效果,在竞争激烈的行业和以盈利为目标的国有企业中,应取消薪酬管制安排,采取市场化的手段来设计股权激励方案。④ 同样,邵帅等的研究发现,国有企业股权激励倾向于福利型,民营企业的股权激励倾向于激励型,激励效果明显好于国有企业,这主要是因为国有企业实施股权激励受到许多政策限制,导致激励不足,这需要减少国家的行政干预,推进国有企业薪酬机制的市场化进程⑤。一些学者认为,控股股东性质对股权激励作用的发挥有重要影响。邹颖等的研究发现,国家控股对于股权激励没有发挥正向作用,反而提高了股权资本成本,在降低国家控股比例的情况下实施股权激励则能够降低股权投资成本⑥。这说明,竞争性国有企业混合所有制

---

① 黄群慧:《论国有股减持与经营者股权激励机制建立的协同推进》,《中国工业经济》2001年第11期。

② 程仲鸣、夏银桂:《制度变迁、国家控股与股权激励》,《南开管理评论》2008年第4期。

③ 俞鸿琳:《国有上市公司管理者股权激励效应的实证检验》,《经济科学》2006年第1期。

④ 辛宇、吕长江:《激励、福利还是奖励:薪酬管制背景下国有企业股权激励的定位困境——基于泸州老窖的案例分析》,《会计研究》2012年第6期。

⑤ 邵帅、周涛、吕长江:《产权性质与股权激励设计动机——上海家化案例分析》,《会计研究》2014年第10期。

⑥ 邹颖、汪平、张丽敏:《股权激励、控股股东与股权资本成本》,《经济管理》2015年第6期。

改革，在降低国有资本控股比例的前提下实施股权激励有助于提升企业绩效。

（三）激励与绩效关系研究

决定经营者报酬的主要指标是企业绩效。党的十六大以后，为改善国有资产监管不力的局面，"业绩考核激励制度"逐步建立起来①。与业绩挂钩的薪酬机制是股东激励 CEO 的常用手段②）。然而，李增泉的实证研究发现，上市公司董事长和总经理的年度报酬与企业绩效不相关，而是与企业规模密切相关，并表现出明显的地区差异③。黄群慧（2002）综合经济学和管理学关于企业绩效和经营者报酬关系的基本观点，提出了一个经营者报酬激励分析框架④。为改善国有企业经营者业绩评价系统并提高经营者报酬制度的激励性，黄群慧认为需要对国有企业进行分类，明确不同性质国有企业的业绩目标，使董事会成为经营者业绩评价主体，以经营者在市场中的相对业绩来实施激励。⑤ 杨蕙馨、王胡峰的研究发现，在资源性行业和竞争性行业，前三名高管年度报酬总额对企业绩效均有显著影响，应采取更加全面的绩效评价指标对国有企业绩效进行衡量⑥。钱岩松、刘银国对国有企业经营者激励与绩效关系的研究发现，国有企业经营者报酬激励缺乏动态性和长期性，对企业经营绩效造成了严

---

① 缪文卿：《国有企业企业家激励制度的变迁——兼与周其仁商榷》，《改革》2006 年第 11 期。

② Murphy, K. J., "Corporate Performance and Managerial Remuneration: An Empirical Analysis", *Journal of Accounting and Economics*, No. 7, 1985, pp. 11 – 42; Lambert, R. A. and D. F. Larcker, "An Analysis of the Use of Accounting and Market Measures of Performance in Executive Compensation Contracts", *Journal of Accounting Research*, Vol. 25, 1987, pp. 85 – 125; Core, J. E., R. W. Holthausen and D. F. Larcker, "Corporate Governance, Chief Executive Officer Compensation, and Firm Performance", *Journal of Financial Ecouomics*, Vol. 51, 1999, pp. 371 – 406.

③ 李增泉：《激励机制与企业绩效：一项基于上市公司的实证研究》，《会计研究》2000 年第 1 期。

④ 黄群慧：《业绩评价与国有企业经营者报酬制度的激励性》，《中国工业经济》2002 年第 6 期。

⑤ 黄群慧：《业绩评价与国有企业经营者报酬制度的激励性》，《中国工业经济》2002 年第 6 期。

⑥ 杨蕙馨、王胡峰：《国有企业高层管理人员激励与企业绩效实证研究》，《南开经济研究》2006 年第 4 期。

重影响，在市场体制不配套的情况下应对经营者实行利润分享制，承认经营者的人力资本产权并调动其积极性[1]。姜付秀等的实证研究发现，国有企业 CEO 的薪酬与会计绩效、解职与会计绩效的敏感性都高于非国有企业，与现有的国有企业经理激励契约更不看重绩效的观点并不一致[2]。张敏等的实证研究表明，国有企业高管薪酬与企业业绩之间的敏感性不强的原因是政府干预所导致的冗员负担对高管激励机制产生了重要影响，这为国有企业高管激励效果不佳、在职消费等隐性激励方式的存在提供了较合理的解释[3]。李军林等认为，国有企业经营者具有"市场参与人"和"政治参与人"的双重特征，"政治参与人"特征能够帮助经营者获取政治晋升，有利于提高企业绩效，然而，政治化的激励导向不利于培养真正的职业经理人，也不利于市场经济体制的完善[4]。推行国有企业负责人业绩考核办法的当务之急是进一步加强监管，大力规范企业家的职位消费，使企业家享受到的"实际控制权激励"与"类剩余索取权激励"相对称[5]。

杨瑞龙、黄群慧等提出，要对国有企业实施分类管理，明确不同国有企业的经营目标[6]。孙少岩、赵岳阳根据是否存在竞争和承担社会政治任务，将国有企业分为垄断性国有企业和竞争性国有企业，这两类企业必须采取适合自身的改革模式。垄断性国有企业应采取市场激励与行政激励相结合的经营者激励机制，竞争性国有企业应采取完全市场化的激

---

[1] 钱岩松、刘银国：《国有企业经营者激励与绩效关系研究——来自深交所国有上市公司的证据》，《经济学动态》2008 年第 12 期。

[2] 姜付秀、朱冰、王运通：《国有企业的经理激励契约更不看重绩效吗?》，《管理世界》2014 年第 9 期。

[3] 张敏、王成方、刘慧龙：《冗员负担与国有企业的高管激励》，《金融研究》2013 年第 5 期。

[4] 李军林、万燕鸣、张英杰：《双重激励下的组织行为——一个关于国有企业（SOEs）的理论》，《经济学动态》2011 年第 1 期。

[5] 缪文卿：《国有企业企业家激励制度的变迁——兼与周其仁商榷》，《改革》2006 年第 11 期。

[6] 杨瑞龙：《国企宜实行分类改革》，《前沿》1997 年第 3 期；黄群慧：《国企发展进入"分类改革与监管"新时期》，《中国经济周刊》2013 年第 11 期；黄群慧、余菁：《新时期的新思路：国有企业分类改革与治理》，《中国工业经济》2013 年第 11 期。

励约束机制。所谓市场化就是要排除政府行政干预，让市场来辨别经营者能力的高低，激励机制必须以企业的市场表现为指标，将经营者收益直接与企业效益挂钩。国有企业的性质决定了其必须向国有股东支付红利，需要根据企业经营情况向国家上缴一定比例的利润。提高国有企业红利上缴比例会压缩企业留存利润，这会损害经理人的个人利益，从而降低企业经营绩效①。丁永健等认为，为解决该问题，应根据行业不同区别对待，提高利润高的垄断企业的红利上缴比例，加强对在职消费行为的监督，通过年薪制、经理人持股等物质激励和晋升激励来弥补委托代理问题中的道德败坏问题。②

基于对国有企业经理人激励的文献分析，如何对经理人实施有效的激励成了学者讨论的核心问题。从国有企业改革的历程来看，在不同时期的政策背景下，学者们讨论的重点存在差异。在现代企业制度建立初期，学者们主要讨论在所有权和经营权分离的情况下如何对经理人实施精神和物质激励。而后的股份制改革使经理人股权激励成为讨论的重点，然后由于实际改革存在困难和相关政策措施不配套等原因，股权激励也就只停留在理论探讨的层面。随着社会公众对部分国有企业高管在体制内拿市场化薪酬的关注，学者们开始讨论国有企业经理人薪酬与绩效的关系，但不同学者对国有企业经营者激励与企业绩效关系研究得出的结论并不完全一致，这就引发了对国有企业分类改革的讨论。以黄群慧、杨瑞龙等为代表的学者认为国有企业改革必须分类实施，不同类型的国有企业需要有不同的激励约束机制，这为进一步讨论国有企业经理人激励问题提供了良好的基础和前提。

三 文献述评

综合以上对混合所有制改革和国有企业经理人激励研究文献的回顾发现以下几点。

---

① 孙少岩、赵岳阳：《垄断性与竞争性国有企业经营者激励机制甄别》，《经济体制改革》2008 年第 4 期。

② 丁永健、王倩、刘培阳：《红利上缴与国有企业经理人激励——基于多任务委托代理的研究》，《中国工业经济》2013 年第 1 期。

第一，国有企业混合所有制改革一直是国家经济体制改革关注的重点领域，也是学者讨论的焦点问题。随着国有企业改革的不断深化，学者们对混合所有制的讨论也从宏观的所有制结构转向微观的企业层面，股权结构、公司治理和经理人激励等问题成了目前讨论的重点和难点。

第二，对实证研究文献的分析发现，国有企业经理人薪酬与企业绩效之间的关系还没有一致的结论，混合所有制改革中如何实施市场化的激励手段需要有进一步探讨；股权激励作为解决委托代理问题的主要激励方式，在国有企业中却兼具激励和福利的作用，难以体现经理人的人力资本价值，要充分发挥股权激励在混合所有制改革中的激励作用，必须有一套相对完善的股权激励机制和政策法规，而现有研究并没有解决这一问题。

第三，从相关理论和政策制度来看，国有企业分类实施混合所有制改革势在必行，但还缺乏与之配套的激励机制。已有的研究大多是从总体上对经理人激励机制做了讨论，未根据国有企业类别建立不同的激励机制。同时，分类改革与混合所有制改革是目前国有企业改革的主要方式，对分类改革中经理人激励机制的研究还处于初步阶段，在混合所有制改革稳步推进的情况下，有必要根据不同类别国有企业建立相应的经理人激励机制。

从以上文献分析来看，国有企业经理人的激励问题似乎并非什么新课题。然而，到目前为止，大量的国有企业并没有很好地解决这一问题；同时，在新的改革背景下，分类实施混合所有制改革是深化国有企业改革的新方式，竞争性国有企业混合所有制改革需打破旧有的国有企业管理体制并改善公司治理，建立与之相适应的经理人激励机制。因此，在国有企业分类改革的基础上，竞争性国有企业混合所有制改革应解决经理人激励的问题，必须结合混合所有制改革的实际情况，从制度创新和机制创新入手建立一套符合改革需要的经理人激励机制，这就为本书的研究提供了切入点。

第二节 委托代理理论

20世纪初的英国和美国，企业内部出现了所有权与经营权分离的情况，在资本家和企业经营者之间出现了一种新的关系。这种关系被学者称为"委托代理关系"。20世纪30年代，伯利和米恩斯在《现代公司和私有财产》一书中首次对所有权与经营权的分离进行了研究。此后，西方经济学家以"经济人"假设为前提条件，逐步深入企业研究委托代理关系，并创立了委托代理理论，基于委托代理关系的激励理论也成了经济学家研究的重点。

一 委托代理关系

企业是生产要素间的一系列契约①，每一种要素都为其自我利益所驱使②。委托代理关系作为员工与企业之间的一种契约形式，是指"委托人通过明示或隐含的契约，指定或雇佣代理人为其服务，授予代理人一定权限，并根据服务数量和质量支付相应报酬"③。在这种契约关系下，委托人将经营权委托给代理人，让代理人提供有偿服务。委托代理关系在经济生活中无处不在，不仅大量地存在于股份制公司中，甚至其他一些形式的组织也存在这种关系。传统的观点认为，企业财务资本所有权与企业家人力资本产权的分离是所有权与经营权的分离④，而现代的观点认为，股份公司是财务资本与经理知识能力资本及其所有权的复杂合约⑤。

---

① Alchain, A., and Demsetz H. Production, "Information Costs, and Economic Organization", *American Economic Review*, Vol. 62, No. 5, 1972, pp. 777–795.

② Jensen, Michael C., and William H. Meckling, "Theory of the Firm: Managerial Behavior, Agency Costs and Ownership Structure", *Journal of Financial Economics*, Vol. 3, No. 4, 1976, pp. 305–360; Fama, E. F., "Agency Problems and the Theory of the Firm", *Journal of Political Economy*, Vol. 88, No. 2, 1980, pp. 288–307.

③ 王炳文：《从委托代理理论视角论继续深化国有企业改革》，《求实》2014年第6期。

④ Berle, A., G. Means, *The Modern Corporation and Private Property*, Macmillan, New York, 1932.

⑤ Stigle, G., and C. Fridman, "The Literature of Economics, The Case of Berle and Means", *Journal of Law and Economics*, Vol. 26, 1983, pp. 237–268.

与经济生活中的其他关系不同，委托代理关系是一种更加复杂的函数关系。企业作为一种法律假设，在员工、顾客、物质和资本所有者之间存在一种多层次的复杂关系，讨论这种关系具有重要的现实意义。

在委托代理关系中，委托人与代理人之间的利益是不一致的，甚至存在冲突。首先，委托人和代理人的偏好和目标存在差异，代理人关心的是自己付出努力之后的回报，委托人关心的是在成本最小化的前提下实现企业预期的结果，而代理人对此则不感兴趣。委托人根据观察到的结果支付代理人报酬，然而外部的非人为因素干扰使委托人难以准确地评价代理人的努力程度。此外，委托人与代理人承担责任的能力有差异，代理人只能在有限的范围内承担责任，因此，委托人要设计一套激励约束机制避免经理人的冒险行为。

二　信息不对称与代理成本

在一般情况下，委托人与代理人之间的信息是不对称的，代理人拥有委托人没有的一些信息，可以从时间和内容两个角度对信息的非对称性进行划分。从时间角度看，信息的不对称可以分为事前非对称和事后非对称，研究事前非对称的模型称为"逆向选择"模型，研究事后非对称的模型称为"道德风险"模型；从内容角度看，非对称信息可能是某些人的行动或知识，研究不可观测行动的模型称为"隐藏行动"，研究不可观测知识的模型称为"隐藏知识"[1]。信息的基本划分如表 1-1 所示。

表 1-1　　　　　　　　　　信息的基本划分

	隐藏行动	隐藏知识
事前		3. 逆向选择模型 4. 信号传递模型 5. 信息甄别模型
事后	1. 隐藏行动的道德风险模型	2. 隐藏知识的道德风险模型

资料来源：张维迎《博弈论与信息经济学》，上海人民出版社 2012 年版，第 236 页。

---

[1]　张维迎：《博弈论与信息经济学》，上海人民出版社 2012 年版，第 236 页。

代理问题是在"经济人"假设前提下,委托人与代理人追求自身利益最大化,由双方信息不对称所引起。在委托代理关系中,代理人拥有的私人信息多于委托人,代理人往往处于比较有利的地位,而委托人由于缺乏必要的信息而处于不利地位。代理问题最典型的表现为逆向选择和道德败坏,逆向选择一般是由事前的信息不对称而引发的各种问题,在雇佣关系中表现为委托人不知道代理人的真实能力;道德败坏源于事后的信息不对称,代理人利用信息优势作出各种投机、偷懒或搭便车的行为。代理人的私人信息将影响委托人的利益,委托人不得不为代理人的行为承担风险。针对这些代理问题,学者们主要从两个方面提出了解决办法:一是设计合理的报酬模式,诱导代理人为实现委托人的利益最大化而努力;二是引入多层次监督机制,减少信息不对称带来的代理风险。

为解决委托代理中的信息不对称问题,委托人必须设计一套机制并签订契约来规范代理人的行为,降低代理风险。契约的签订和履行需要成本,因而产生了代理成本。代理成本包括委托人的监督成本、代理人的保证支出,以及契约实施过程中成本超过收益造成的损失[1]。在企业管理实践中,委托人通常可能花费一定的成本来监督和约束代理人,包括制度控制体系、内外部审计、预算限制或激励性补偿制度等。在某些情况下,为保证代理人不做出有损委托人利益的行为,或者在该行为发生以后可以保证委托人得到相应的补偿,代理人需要向委托人支付一定的保证金。另外,代理人的实际决策与使委托人利益最大化决策之间的偏差会导致委托人遭受一定的货币损失,这被詹森和梅克林称为"剩余损失"(residual loss)。代理成本的另外一个重要表现是代理人利用自身信息优势和权力谋取更高的薪酬和更加稳固的地位,如"在职消费""黄金降落伞"等。

---

[1] Jensen, M. C., W H. Meckling, "Theory of the Firm: Managerial Behavior, Agency Costs and Ownership Structure", *Journal of Financial Economics*, No. 4, 1976, p. 305 – 360.

三 委托代理理论

如何在委托人与代理人之间进行利益分配和风险控制，如何使代理人为委托人利益最大化而努力工作，是委托代理理论需要解决的问题。委托代理理论的主流观点认为，为解决委托人与代理人目标不一致和信息不对称导致的两者间的利益冲突等委托代理问题，委托人需要制定一套激励制度（incentive scheme），以最大限度地满足代理人的利益诉求，促使其行为选择能够使委托人利益最大化。也就是说，委托代理理论是要研究在委托人和代理人最大化自身利益的情况下如何通过契约的形式在两者之间达成一种均衡，委托人对代理人进行激励、监督所花费的代价是一种代理成本。① "委托人设置一个最优化的激励约束机制以及在经理市场、产品市场、资本市场上的有效竞争是降低代理成本的主要途径。"② 然而，在现实情况中，很难设计一套制度使两者的利益达到均衡，"根源在于无法对未来的全部事件拟订一个完整的契约"③。基于经济人假设，代理人为满足自身经济收入、名誉、地位、权力等方面的需求，可能会通过损害所有者利益的方式追求个人利益最大化。因此，委托人需要制定一套激励机制，满足代理人的需求，以鼓励代理人提供更多的信息，缩小两者之间的信息差距。

经理人作为一种特殊的人力资本，具有产权特征，劳动、知识、技能等人力资本天然属于个人所有，由个人调用、支配和转让。罗森指出："人力资本与非人力资本在产权上有很大的区别，在自由社会中，人力资本的所有权属于个人。"④ 企业是由人力资本（积极货币）和非人力资本（消极货币）构成的一个特别的市场合约，由于人力资本要素的存在，该合约不能事前完全规定各资本所有者的权利和义务，需要在合约的执行过程中通过激励机制来调节各自的权利和义务。人力资源的产权包括人力资源的交易、投资和转化为非人力资本产权等全部权利，限制了其中

---

① 任勇、李晓光：《委托代理理论：模型、对策及评析》，《经济问题》2007 年第 7 期。
② 杨瑞龙：《论国有经济中的多级委托代理关系》，《管理世界》1997 年第 1 期。
③ Hart, O., "Corporate Governance: Some Theory and Implications", *Economic Journal*, Vol. 105, 1995, pp. 678–689.
④ Sherwin Rosen, *Human Capital*, The New Palgrave, A Dictionary of Economic, 1987.

任何一部分权利，对人力资源的激励强度都会下降①。张维迎认为，最优的所有权安排是让最难被监督和最重要的成员成为企业所有者，使激励损失和监督成本之和最小化，企业价值达到最大②。随着委托代理理论的发展，出现了各种激励模型和制度。

委托代理理论的基本假设是：委托人和代理人都是理性的，都以自身利益最大化为主要目标。在委托人和代理人都是风险中立，且白噪声 $\varepsilon \sim N(0, O^2)$ 的情况下，无论是委托人利益最大化还是代理人利益最大化，都与委托人和代理人共同利益最大化是等价的。委托人通过提高激励系数让代理人更加努力，但激励作用与代理人的风险态度有关，如果代理人是风险规避性的，则激励作用并不明显③。传统的委托代理模型主要解决风险分担与激励之间的权衡关系，只考虑单个委托人和代理人只从事一种活动的情况，很难广泛应用于各类经济组织中。在传统委托代理模型的基础上，Holmstrom 和 Milgrom 提出了多任务委托代理模型。在该模型中，代理人不仅要完成委托人委托的任务，还需要根据自己的意愿进行活动；委托人无法直接观察代理人的努力程度，但能够通过业绩结果了解代理人的努力情况，并按照契约规定支付报酬。④ 在多任务委托代理关系中，激励契约不仅能够解决风险分担与激励之间的关系问题，还能诱导代理人的精力在不同任务之间的分配；如果某项任务无法度量，则最优的激励契约是付给固定工资；提高某一任务的激励强度会降低其他任务的激励强度，如果想加大对某一任务的激励强度则可通过变更资产所有权、明确限制代理人的某些行为或对工作进行重新设计来实现。

霍姆斯特姆（Holmstrom）和法马（Fama）的"代理人市场—声誉模型"认为，除了显性的契约合同激励外，市场声誉等隐性激励对代理人同样有激励作用，代理人会为了改进市场声誉而努力工作。霍姆斯特姆

---

① 周其仁：《公有制企业的性质》，《经济研究》2000 年第 11 期。
② 张维迎：《理解公司：产权、激励与治理》，上海人民出版社 2014 年版，第 138—166 页。
③ 李富强、李斌：《委托代理模型与激励机制分析》，《数量经济技术经济研究》2003 年第 9 期。
④ Holmstrom, B., P. Milgrom, "Aggregation and Linearity in the Provision of Intertemporal Incentives", *Econometrica*, Vol. 55, No. 1, 1987, pp. 303–328.

的进一步研究证明,在不同的生命周期中,声誉激励效应会随着年龄的增加而减弱①。声誉激励发挥作用的前提是完备的市场机制,如果代理人市场不完善,声誉难以给代理人提供足够的激励。在市场经济不健全的环境下,刘惠萍将声誉激励机制与其他激励机制相结合建立了一个最优动态契约模型,在同一个契约中对经理人实施长期激励和短期激励,并从动态角度将"当期业绩→未来声誉→未来收入→当期努力→当期业绩"之间的影响关系和反馈过程在模型中定量化的表现出来。② 因此,为遏制代理人短期行为,激励其长期行为,需要在完善相关市场环境和条件的基础上建立动态的契约模型。

委托代理关系不仅在股份公司中存在,而且还存在于我国的国有企业中。在国有企业中,委托代理关系表现为"全体国民(委托人)—各级政府(代理人、委托人)—企业领导人(代理人)"的双层委托代理关系③。作为中间联系人的政府既是初始委托人的代理人,又是最终代理人的委托人。④ 而国有企业对经理人的激励存在一个问题是没有最后的委托人,也就是所有者缺位,只有代理人,没有委托人,导致缺乏对代理人的监督和控制,从而产生严重的委托代理问题。陆建新认为,国有企业改革应扬弃双层委托代理,形成严格的激励约束机制。⑤ 一方面要设计科学且具有吸引力的"激励机制",另一方面要完善监督机制和建立一个客观无情的"制约机制"⑥。刘以安、陈海明认为,国有企业解决代理问题的关键是设置恰当的激励机制,使代理人的努力与其获得的报酬相对

---

① Bengt Holmstrom, "Moral Hazard in Teams", *The Bell Journal of Economics*, 1982, pp. 324 – 340.
② 刘惠萍:《基于声誉理论的我国经理人动态激励模型研究》,《中国管理科学》2005 年第 4 期。
③ 张维迎:《公有制经济中的委托人:代理人关系理论分析和政策含义》,《经济研究》1995 年第 4 期;陆建新:《从委托代理理论的视角看国有企业改革》,《经济学家》1996 年第 2 期。
④ 杨瑞龙:《论国有经济中的多级委托代理关系》,《管理世界》1997 年第 1 期。
⑤ 陆建新:《从委托代理理论的视角看国有企业改革》,《经济学家》1996 年第 2 期。
⑥ 侯鸿翔:《委托代理理论与国有企业改革》,《经济问题》1999 年第 4 期。

等，同时制定内外部约束机制限制代理人的变异行为①。杨瑞龙、张淑敏和刘军等认为国有企业改革需分类进行，对竞争性国有企业实施公司化改造，明确企业的产权和委托代理关系②。在转轨时期，解决国有企业委托代理问题的两大关键是完善经营者激励机制和选择机制，激励机制的效率受到选择机制的影响，只有当市场化的选择机制建立以后，激励机制才会达到最高效率③。

经过多年的改革，国有企业不仅存在一般的委托代理问题，且依然存在委托人层级和定位复杂化、代理人行为短期化、契约关系非市场化等特殊问题。针对以上现实问题，王炳文认为，应该积极推进国有企业市场化进程、探索建立国有企业外部监督机制和完善国有企业代理人激励机制。在代理人激励方面应建立可信的显性激励和惩罚机制，并引导声誉、成就感等隐性激励机制充分发挥作用。④

第三节　激励理论

对有效激励机制探索和研究的历史与人类历史一样悠久，在家庭包工制生产时期就出现了以绩效支付报酬的激励方式，而计件激励机制是工业革命时代主要的激励方式。科学管理之父泰勒认为，对员工的激励需要设定一个标准，并建立差别待遇计件工资制，根据员工个人绩效而不是职位高低来支付报酬，这是建立在"经济人"假设基础上的激励方式。随着研究的深入，"社会人"的理论逐渐占了上风，为实现"经济人"向"社会人"激励的转变，管理学家、心理学家、社会学家和经济学家分别从管理学、心理学、组织行为学和经济学等角度对怎样激励人

---

① 刘以安、陈海明：《委托代理理论与我国国有企业代理机制述评》，《江海学刊》2003年第3期。

② 杨瑞龙：《论国有经济中的多级委托代理关系》，《管理世界》1997年第1期；张淑敏、刘军：《委托代理理论与中国国有企业改革模式构建》，《财经问题研究》2006年第7期。

③ 林辉、吴广谋、何建敏：《转轨时期国有企业激励机制的沿革与经营者行为的选择》，《管理工程学报》2006年第3期。

④ 王炳文：《从委托代理理论视角论继续深化国有企业改革》，《求实》2014年第6期。

的问题进行了研究，并提出了相应的激励理论。

一 激励理论的基础

（一）人性假设

人性假设是激励理论的基础，即激励机制的构建都是以对人性的看法为基础的，不同的人性假设有不同的激励约束方式。西方经济学家和管理学家很早就提出了各种人性假设，并在此基础上提出了较为系统的激励理论。而东方管理学家根据东西方文化的差异提出了具有东方文化特点的人性假设和相应的激励理论。因此，根据东西方学者的研究，人性假设大致可以分为"经济人"假设、"社会人"假设、"复杂人"假设和"道德人"假设。

"经济人"假设由经济学家亚当·斯密提出。他认为人的本性是懒惰的，"金钱激励会激发人们发挥其最大能量，人们将愿意更加努力地工作以获得更多报酬"。[①] 在经济学理论研究过程中，经济学家"必然要通过一定的起点，选择一定的方式和手段来表达自己的看法，从而得出结论以解释世界，说服他人"。[②] 其中，起点就是假设条件，而人性假设是经济学理论常用的假设条件和前提条件。经济学中的代理理论以"经济人假设"为基础，认为经理人是懒惰的、个人主义的和自利的代理人，追求马斯洛需求层次论的低层次需要，委托人需要通过监督和经济刺激来激励经理人为委托人的最大利益服务。管理学中的典型代表人物和理论是弗雷德里克·泰勒及其"科学管理理论"，工时研究是泰勒制的基础，为诱使工人生产更多的产品，需要制定一个工资标准，建立差别计件工资制，根据个人绩效而非职位高低来支付报酬。此外，泰勒还认识到，迅速晋升、更短工作时间、更好工作环境等非经济激励方法对工人有较强的刺激作用。"科学管理"的目的是保证雇主和工人最大限度的富裕，通过"差别计件工资制"刺激工人在规定的时间内完成固定的工作量，

[①] 转引自［美］丹尼尔·雷恩《管理思想史》（第五版），孙健敏等译，中国人民大学出版社 2009 年版，第 55 页。

[②] 石磊：《经济学关于"人性假设"争论的若干问题》，《经济学家》2009 年第 9 期。

对消极怠工者采取严厉的惩罚措施，这种"胡萝卜加大棒"的激励手段是为营造一个满足"经济人"动机的有效管理机制。主流经济学理论的"经济人"假设只是揭示了人性中的经济性，"缺乏对人类行为中社会性的分析，从而无法反映真实世界中人的社会心理和社会行为"。①

"社会人"假设始于梅奥的霍桑实验，该实验发现，人是有思想、有情感的，不是孤立存在的，而是作为一个复杂的社会成员，是"社会人"。巴纳德认为，霍桑试验"证明了人们追求的不仅仅是经济利益的满足，还包括社会利益的满足，同时，个人的满足程度直接决定着他为组织目标做贡献的意愿"②。虽然工资等金钱和物质奖励对激发员工的积极性具有重要作用，但决定因素在于工作中发展起来的人际关系。以"社会人"为假设的典型代表人物和管理理论包括马斯洛的需求层次论和麦格雷戈的"X—Y"理论。马斯洛的需求层次论将人的需求分为生理、安全、社交、尊重和自我实现五种需求，后三种需求属于社会需求。麦格雷戈的"X—Y"理论中的"X理论"是对"经济人"假设的运用，而"Y理论"是对"社会人"假设的运用，他主张"Y理论"，反对"X理论"，强调管理的任务是充分认识人的社会需求，通过分权、扩大工作范围、参与管理等方式激励员工去发挥自己的能力、知识和技能。基于"社会人"假设的管理方式强调管理人员应将注意力放在满足员工社会需求上，提高员工工作满意度，帮助其自我实现并参与企业的决策和管理。"社会人"假设体现了人的社会属性，是对"经济人"假设的补充，而非替代。管理理论的重心也逐渐从"以物为中心"向"以人为本"转移。

随着经济社会的进步，已有的人性假设和激励理论显得捉襟见肘。于是，薛恩、卢桑斯、卡斯特和罗森茨韦克等提出了"复杂人"假设和权变管理理论。③ 这些学者认为，无论是"经济人"还是"社会人"都

---

① 朱富强：《现代经济学中人性假设的心理学基础及其问题——"经济人"假设与"为己利他"行为机理的比较》，《经济学家》2011年第3期。

② [美] 切斯特·巴纳德：《经理人员的职能》，王永贵译，机械工业出版社2007年版，序言。

③ 参见[美] 弗莱蒙特·E. 卡斯特、詹姆斯·E. 罗森茨韦克《组织与管理：系统方法与权变方法》，傅严等译，中国社会科学出版社2000年版，第78—123页。

有其合理性，但不能适用于所有人，因为人的需要是多种多样的。随着年龄、知识、能力、经验的增长，人的需要也随之发生各种变化。在人的各发展阶段，每个阶段都有特定的需求，这些需求多种多样，并形成一定的动机模式。人依据自己的需要、动机、能力对相应的管理模式做出不同的行为反应。因此，管理者需要根据企业内外部环境的变化对激励措施进行调整，没有一成不变的激励措施，也没有适合所有人的激励方式和方法。

"道德人"假设认为，人不仅具有物质性、社会性，还具有道德性。人在追求个人物质和精神需求时，也应承担对社会、对国家、对企业和对家庭的道德责任和义务，社会舆论的看法能够修正人的行为。"管理理论的中心议题不仅仅是科学问题，还应该包括与价值和道德相关的哲学问题。"[①] 在东方文化中，人性本善。人是"集体人"，受到文化的影响，人之所以变坏是因为受到外部的诱惑，但人可以通过教化而达到至善。在企业管理实践中"以心理情感为纽带，以情感渗透为原则，以得人心为出发点与归宿，主张'以文化人''以情动人'，不主张惩戒法制"[②]，管理者和被管理者之间以礼相待，关系融洽，和为贵。

（二）行为分析

弗洛伊德认为，人的任何行为都是有原因的，行为人以外的个体很难察觉或理解其真正原因，但通过精神分析就可以找到那个原因。他从人的本能来解释人的行为，认为人有生和死两种本能，人的本能和他所处的环境共同决定他的行为。以马斯洛为主的人本主义心理学"从动态发展的角度探究人性的塑造以及相应的行为机理"[③]。马斯洛认为，并不是所有的行为或反应都是有动机的。他将人的行为分为动机性行为和非动机性行为，即应对性行为（应对、取得成就、努力、尝试、有目的）和表达性行为（存在表现、成长、自我实现）。应对性行为"是以外界的满足

---

① 宋培林：《基于不同人性假设的管理理论演进》，《经济管理》2006年第11期。
② 李大元、陈应龙：《东方人性假设及中国管理流派初探》，《经济管理》2006年第17期。
③ 朱富强：《现代经济学中人性假设的心理学基础及其问题——"经济人"假设与"为己利他"行为机理的比较》，《经济学家》2011年第3期。

物来补偿内在匮乏的一种努力"①,表达性行为是"只不过表现、反映或者表达机体的某种状态"②。两种行为的区别如表1-2所示。

表1-2　　　　　　　　马斯洛对行为的分类

应对性行为	表达性行为
有动机、有目的、有意识	无动机、无目的、无意识
需做出努力	无须努力
由外界因素决定和控制	由个人自身因素决定和控制
后天学习的结果	非学习的结果
容易控制和约束	不受控制和约束

资料来源:根据马斯洛对应对性行为和表现性行为区别的分析整理,参见[美]马斯洛《动机与人格》(第3版),许金声等译,中国人民大学出版社2007年版。

根据马斯洛对行为的分类发现,不同的行为对应着不同的激励和约束方式。应对性行为(也即是弗洛伊德对人行为的动机假设)需要外部给予激励和约束,如果没有奖励,应对性行为就会趋于消失。表达性行为是一种内在的反应,不一定需要奖励或强化来维持,这是一种自发性的行为,马斯洛将其称为"超越性动机"。

二　管理学中的激励理论

管理学中的激励理论以"社会人"为假设前提,从人的需求、动机、行为等方面来调动人的工作积极性。姚凯等和郭马兵将激励理论分为内容型激励理论和过程型激励理论③。此外,有学者又将其分为改造型激励

---

① [美]马斯洛:《动机与人格》(第3版),许金声等译,中国人民大学出版社2007年版,第85页。
② [美]马斯洛:《动机与人格》(第3版),许金声等译,中国人民大学出版社2007年版,第82页。
③ 姚凯、李凯风、陶学禹:《激励理论发展的新趋势》,《经济学动态》1998年第7期;郭马兵:《激励理论评述》,《首都经济贸易大学学报》2002年第6期。

理论和综合型激励理论①。内容型激励理论（Content Theories）着重研究激发人们行为动机的各种因素，包括麦克利兰的成就需要理论（McClelland's Achievement–theory）、马斯洛的需求层次论（Maslow's Hierarchy of Needs）、奥尔德佛的 ERG 理论（Alderfer's ERG Theory）、弗雷德里克·赫兹伯格的双因素理论（Herzberg's Two–factor Theory）等（见表1–3）。

表1–3　　　　　　　　　内容型激励理论

马斯洛 需求层次论		奥尔德弗 ERG 理论	麦克利兰 成就需要理论	赫兹伯格 双因素理论及激励方式	
高级需求↑基本需求	自我实现	成长需要	成就需要	激励因素	内在激励
	自尊	关系需要	权力需要		
	社交		合群需要		
	安全	存在需要	—	保健因素	外在激励
	生理				

过程型激励理论（Process Theories）着重研究人从动机产生到采取行动的心理过程，这些理论以系统和动态的眼光来看待激励，包括弗鲁姆的期望理论（Expectancy Theory）、波特和劳勒的综合激励理论、亚当斯的公平理论（Equity Theory）、迈克尔·罗斯的归因理论和轨迹控制理论、斯金纳的强化理论（Reinforcement Theory）等。从激励理论的发展历程来看，激励理论经历了由单一的金钱刺激到满足多种需要、由激励条件泛化到激励因素明晰、由激励基础研究到激励过程探索的历史演变过程。②"激励过程理论体系较之于激励内容理论体系从系统性和动态性的角度来说是一种巨大的进步，但从根本上来说仍以对人的心理特征和以此为基础的行为特征为出发点。"③

---

① 马晶：《西方企业激励理论述评》，《经济评论》2006 年第 6 期；李春琦、石磊：《国外企业激励理论述评》，《经济学动态》2001 年第 6 期。
② 吴云：《西方激励理论的历史演进及其启示》，《学习与探索》1996 年第 6 期。
③ 姚凯、李凯风、陶学禹：《激励理论发展的新趋势》，《经济学动态》1998 年第 7 期。

(一) 需求层次论

需求层次论是由"人本主义心理学之父"亚伯拉罕·马斯洛根据其工作成果对个人激励提出的一种综合看法。他在分析人类动机的基础上将人的基本需求按由低到高的层次分为生理需要、安全需要、归属和爱的需要、自尊需要、自我实现的需要五种类型，在低层次的生理需要得到满足后，更高级的需要又会出现。马斯洛将这五种类型的需要安排在金字塔的五个不同层次上，人们内在的动力将自己不断推向金字塔的顶端——自我实现需要。马斯洛认为，生理、安全和尊重等低级需要是一种外在的需要，是有动机的，而自我实现是一种最高级的和内在的需要，是一种纯粹的表达性行为，不存在动机。

(二) 期望理论

维克多·弗洛姆的期望理论认为，一种行为的强度与这种行为带来的结果期望强度和结果对行为人的吸引力有关。如果预期成功的可能性大、回报对行为人的吸引力大，行为人就会受到激励而付出努力。该理论的前提是人是理性的，能够事先预计自己的收益，根据预期收益的大小做出选择，即人的行为是有动机的。公司的绩效、奖励等激励机制与个人努力之间存在正相关关系，奖励力度越大，努力程度越高。期望理论的另一个贡献是解释了绩效受到能力和激励两个因素的影响，人们只有在具备能力和受到激励的同时才能取得预期的结果，两者缺一不可，即，绩效 = f（能力 × 激励）。

(三) 诱因理论

切斯特·巴纳德在《经理人员的职能》一书中对组织建立要素分析时指出："个人努力的贡献是组织力量的源泉，而这种贡献是个体在诱因的作用下产生的。"① 要使个体在组织中合作，就必须向其提供客观诱因，如果诱因不恰当就会导致合作失败或组织解体。因此，组织最重要的任务之一是提供恰当的诱因。巴纳德将客观诱因分为积极诱因和不利诱因两个方面，有效的诱因是寻求积极的诱因，或者减少或消除不利诱因和

---

① [美] 切斯特·巴纳德：《经理人员的职能》，王永贵译，机械工业出版社2007年版，第95页。

负担。巴纳德将提供客观诱因的过程称为"诱因方法",又分为特殊诱因和一般诱因(见表1-4)。

表1-4　　　　　　　　　　　诱因的分类

诱因分类	内容	举例
特殊诱因	物质诱因	货币、物品等对贡献的回报
	个人的非物质机会	显示优越、威胁、个人权力和获得支配地位的机会
	良好的物质条件	—
	理想恩惠	对自己技艺的自豪感、合适感、对家族和他人的利他主义服务等
一般诱因	社会关系的吸引力	包括同事、上级、下级之间的关系
	适合于习惯方法和态度的条件	使用不习惯的方法或状态很难让人合作并很好地从事工作
	扩大参与的机会	这与显示个人优越感和威信有关
	交流条件	非正式组织中的伙伴情谊或在人格态度上相互支持的机会

资料来源:[美]切斯特·巴纳德《经理人员的职能》,王永贵译,机械工业出版社2007年版,第97—100页。

巴纳德认为,物质诱因的效力非常有限,当衣、食、住、行等生理的需要得到满足后,如果没有其他诱因的帮助,物质诱因很难发挥激励作用。同时,如果社会关系差,即使存在其他诱因,人们也不愿工作或不努力工作。因此,对于企业员工来说,好的同事关系、上下级关系是促使个体努力工作的强有力的诱因。从巴纳德对组织建立要素的分析来看,诱因是重要的,同时也是复杂的,这是因为人的欲望是不稳定的。不同的诱因组合能够打动不同的人,而同样的诱因组合在不同时间、不同环境下会打动不同的人。从诱因的复杂性可以看出,组织永远不可能提供满足人们需要的所有诱因,也不可能提供一成不变的诱因。

(四)生命周期理论

该理论将人的职业生涯分为初期、中期、稳定期和晚期四个阶段。

社会学研究发现,人们对工作的报酬和价值的要求存在年龄差异。即在不同的职业生涯阶段,其对报酬和工作价值的要求有所不同。例如,职场新人更加倾向于寻求能够获得晋升的工作机会,而年长的工作者希望获得安全、稳定、附带福利和常规工作时间的工作。研究还发现,工作满意度与职业生涯周期的关系呈现 U 形曲线,工作满意度从职业生涯初期逐渐开始下降,然后又迅速上升直到退休①。在职业生涯初期,对于个体来说不仅仅是一个新的开端,而且需要找到一份足够好的工作,以提供足够多的金钱来满足个人及家庭的基本生活需要,并能够提供一些升迁的机会。因此,在职业生涯初期,生理、安全等方面的需求占主导地位。到了职业中期和稳定期,个体开始自问"我的工作令人满意吗?",此时,与外在的报酬相比,自我实现和工作满意度是激励个体最有力的因素。不满意的工作会使人产生无力感、无意义感、无规范感和自问疏远等疏离感,疏离感一般以"职业倦怠"(job burnout)的方式表现出来,而解决职业倦怠"最强有力的因素是与工作者的自我尊敬、表现良好、取得成就和成长以及贡献自己特长的机会等相关的因素"②。

(五)波特-劳勒综合激励理论

综合激励理论由美国行为学家莱曼·波特和爱德华·劳勒在《管理态度和成绩》一书中提出,其理论框架如图 1-3 所示。

从图中可以看出,波特-劳勒激励理论框架以"激励→努力→绩效→奖励→满足"为一个良性循环。激励能够决定一个人的努力程度,激励效用越大越能够提高人的努力程度。决定工作绩效的不仅是个人的努力程度,还包括技术环境、个人能力和对角色的认知程度。在不具备技术和能力以及角色认知度低的情况下,激励很强、个人努力程度高也不一定能够取得好的工作绩效。虽然努力程度不是工作绩效的唯一决定因素,但没有激励就没有努力,也就不会有工作绩效。

波特-劳勒将奖励分为内在奖励和外在奖励。外在奖励包括工资、

---

① [美]詹姆斯·范德赞登、托马斯·克兰德尔、科琳·克兰德尔:《人类发展》,余国良等译,中国人民大学出版社 2011 年版,第 627 页。
② [美]詹姆斯·范德赞登、托马斯·克兰德尔、科琳·克兰德尔:《人类发展》,余国良等译,中国人民大学出版社 2011 年版,第 627 页。

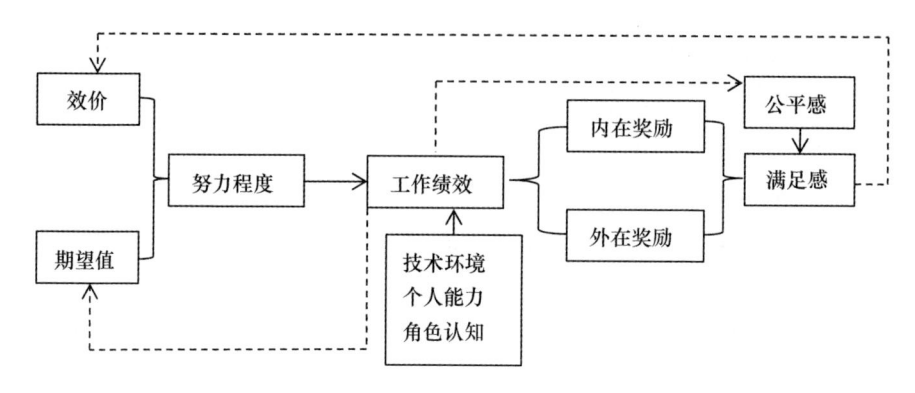

图 1-3　波特-劳勒综合激励理论模型

地位、安全感等，能够满足个人低层次的需要；内在奖励包括达成工作绩效之后的满足感等，以满足个人高层次的精神和自我实现需求。奖励必须以工作绩效为前提，只有达成一定的工作绩效才能获得相应的奖励，当奖励与绩效之间的关联性较差时，奖励将不能成为提高工作绩效的刺激物。波特-劳勒的综合激励模型要起作用，不仅需要有明确的激励目标和激励手段，还需要有奖励内容、奖励制度、公正的考核以及个人心理预期等。

三　经济学中的激励理论

经济学中的激励理论以"经济人"假设为前提，在所有权与经营权分离的情况下，通过契约的方式来使代理人为委托人利益最大化而努力，双方之间存在博弈关系，以及控制与被控制的关系。在此基础上，经济学中的激励理论以金钱等经济性刺激手段进行"行为干涉"。Gneezy 和 Meier 等指出，行为干涉的激励越大，努力越大，产出就越多，而金钱等短期的外在激励可能会弱化内在激励，一旦激励不够就会影响产出[①]。

20世纪90年代以前的激励理论主要集中研究经理人报酬与企业绩效之间的敏感性。基于委托代理的激励理论和实证研究的主流观点认为，

---

① Gneezy, U., S. Meier, P. Rey-Biel, "When and Why incentives (Don't) Work to Modify Behavior", *Journal of Economic Perspectives*, Vol. 25, No. 4, 2011, pp. 1–21.

公司绩效是股权的函数，经理人报酬与企业绩效之间存在一定的正相关性。传统经济学激励理论在实际的运用中是失败的，霍姆斯特姆和米尔格罗姆等人解释是，组织的各项产出是难以观察的，对所有任务而言激励措施变得"低能"[1]。青木昌彦等则从"内部人控制"的角度予以解释，经理人和员工在掌握企业剩余控制权的前提下，通过利润窃取、薪酬操纵、资产转移或出售的方式获取剩余索取权，以此对股东的利益造成损害。[2] 当代理人具有信息优势时，单纯的分享激励和声誉激励并不能消除道德风险，必须采取激励、监管和惩罚一揽子方法约束代理人行为[3]。随着企业性质的变化，物质资本不再是企业唯一的核心资源，人力资本的作用在企业经营管理中的作用逐渐凸显。企业的赢利来自企业家的决策能力、组织协调能力，资本增值的真正来源是企业家才能的发挥，没有企业家才能的发挥，劳动力、土地、资金和技术等其他要素都没有办法增值[4]。这里所谓的企业家才能是一种人力资本，这种人力资本要素依附于企业家。在资本市场上，投资者投资企业，归根结底是投资企业家的人力资本。Rajan 和 Zingales 提出了"进入权"的概念[5]，这种权利是使用或处理企业关键资源的能力，强化物质资源使用权的激励是对所有权激励的有效补充。当出现多个代理人时，委托人对代理人的激励合约设计应该尽量让多个代理人形成互相帮助的激励机制。相对于多个代理人，委托人更偏向于同一个代理人签订契约，如果代理人的报酬由固定报酬和激励性报酬构成，那么低效率的代理人应得到固定报酬，而高

---

[1] Holmstrom, B., P. Milgrom, "Aggregation and Linearity in the Provision of Intertemporal Incentives", *Econometrica*, 1987, 55 (2): 303–328.

[2] 青木昌彦、张春霖：《对内部人控制的控制：转轨经济中公司治理的若干问题》，《改革》1994 年第 6 期。

[3] 张跃平、刘荆敏：《委托-代理激励理论实证研究综述》，《经济学动态》2003 年第 6 期。

[4] 周其仁：《企业产权制度改革与企业家人力资本——基于浙江、江苏和山东一些乡镇企业个案的研究》，载氏著《产权与制度变迁：中国改革的经验研究》（增订本），北京大学出版社 2004 年版。

[5] Rajan, Raghuram G. and Luigi Zingales, "Power in a Theory of the Firm", *The Quarterly Journal of Economics*, 1998 (5).

效率的代理人应获得激励性报酬。① 许多时候，代理人的任务是多样的，委托人需要重新设计激励机制使代理人在不同的任务之间合理分配精力。在多任务委托代理关系中，激励契约不但能够起到分担风险的效果，还能够促使代理人将精力在不同任务之间合理分配；不同的激励方式之间存在互补关系，在提高某种激励方式强度的同时，也能够增加另外一种激励方式的边际收益。②

传统的激励理论不能解释为什么在高报酬的情况下，西方众多大公司依然会出现薪酬操纵和腐败的现象，于是一些经济学家结合社会学的研究，认为个人并非单纯的经济人，而是作为社会人同时具有经济性需求和社会性偏好，许多非金钱激励因素被引入现代激励理论中。现代经济学激励理论以探求委托人与代理人的合作为基础，在物质资本所有者与人力资本所有者之间建立一种新型的合作博弈关系，将人的社会需求为中心导向，拓宽了经济学激励理论的适用范围。袁仕福③从激励结构和激励效果两方面对激励理论的革新进行了探讨。新的激励理论研究成果表明，隐性激励比显性激励更加有效④、团队激励相比个体激励更能促进合作⑤、股权激励等长期激励更有利于企业利益⑥。除了关注最优契约设计以外，经济学家还关注职业发展、人力资本、社会心理和组织承诺等非量化因素对激励效果的影响。Chang、Dasgupta 和 Gilles⑦，Engellandt

---

① Mezzetti, C. "Common Agency with Horizontally Differentiated Principals", *The Rand Journal of Economics*, Vol. 28, No. 2, 1997, pp. 323 – 345.

② Holmstrom, B. & P. Milgrom, "The Firm as an Incentive System", *The American Economic Review*, Vol. 84, No. 4, 1994, pp. 972 – 991.

③ 袁仕福:《新经济时代需要新企业激励理论》，《中南财经政法大学学报》2012 年第 5 期。

④ Randolph, S., S. Jocp, "The Interaction Between Explicit and Relational Incentives: An Experiment", *Games and Economic Behavior*, Vol. 73, No. 2, 2011, pp. 573 – 594.

⑤ Kim, J., "Endogenous Leadership in Incentive Contracts", *Journal of Economic Behavior and Organization*, Vol. 82, No. 1, 2012, pp. 256 – 266.

⑥ Manso, G., "Motivating Innovation", *Journal of Finance*, Vol. 66, No. 5, 2011, pp. 1823 – 1860.

⑦ Chang, Y. Y., S. Dasgupta, H. Gilles, "CEO Ability, Pay and Firm Performance", *Management Science*, Vol. 56, No. 10, 2010, pp. 1633 – 1652.

和 Riphahn 等①的实证研究表明，激励能够提高员工生产力和企业价值。如果激励不当，将造成薪酬操纵、过度激励和决策失误等不良后果。

管理学和经济学中的激励理论都着眼于提高企业效率，但在研究角度、研究方法、前提假设和解决思路等方面存在差异。管理学从心理学角度研究一般人性，经济学从制度设计实现个人与组织目标的融合；管理学以复杂的"社会人"为研究基础，经济学以理性的"经济人"为假设前提；管理学以科学归纳和经验总结为研究手段，经济学以数量模型为研究工具；管理学将多目标、多内容、多形式、多因素、多方法的激励过程贯穿管理活动的各个环节，经济学通过设计补偿机制和报酬模型解决激励问题②。企业激励正面临日益个性化的利益诉求，需要综合考虑各种因素建立全面科学的激励体系，合理运用物质激励、精神激励等多种方式满足员工的各种需求，这将成为未来激励理论研究的主要方向③。

激励是一个复杂的问题，单从管理学或经济学的角度出发都不能解决该问题，两者的综合运用能够形成有益的补充，也是激励理论发展的方向。解决国有企业混合所有制改革中的经理人激励问题决不能照搬国外的激励理论，需要根据实际情况进行分析，建立多元化的激励约束机制。

小　　结

本章首先对混合所有制改革和国有企业经理人激励方面的文献进行了回顾，通过文献评析指出，竞争性国有企业混合所有制改革要解决经理人有效激励的问题，就必须结合混合所有制改革的实际情况，从制度创新和机制创新入手建立一套符合实际需要的经理人激励机制；其次从经济学和管理学的角度分析了与本研究相关的委托代理理论和激励理论，

---

① Engellandt, A., T. R. Riphahn, "Evidence on incentive Effects of Subjective Performance Evaluations", *Industrial and Labor Relations Review*, Vol. 64, No. 2, 2011, pp. 241 – 257.
② 马晶:《西方企业激励理论述评》,《经济评论》2006 年第 6 期。
③ 袁仕福:《新经济时代需要新企业激励理论》,《中南财经政法大学学报》2012 年第 5 期。

委托代理理论包括委托代理关系、信息不对称、代理成本和相关理论等内容，激励理论包括管理学视角和经济学视角两方面的理论。管理学中的激励理论以人的行为和需求为基础，而经济学中的激励理论以"经济人"的假设为前提，通过委托代理理论设计相应的激励机制。本书主要以经济学和管理学的激励理论为指导，构建竞争性国有企业混合所有制改革中的激励机制。

第二章

国有企业改革与经理人激励的历史审视

自 1978 年改革开放以来,我国国有企业改革经历了放权让利、所有权与经营权分离、建立现代企业制度、国资监管和混合所有制改革五个阶段,每个改革阶段都是在特定的背景和条件下进行的,其中一个改革的重点是对激励机制的调整。历次国有企业改革中的激励机制调整都是围绕调动经营者的积极性、增强国有企业活力与竞争力展开的。同样,在现阶段的混合所有制改革中,激励机制的调整与完善都是为提高企业经营效率、促进国有资本保值增值、实现国民共进共赢服务的。

第一节 放权让利与精神激励

一 放权让利改革阶段

该阶段以 1978 年 12 月召开的中共十一届三中全会为起点,以 1984 年 9 月中共十二届三中全会召开为终点,这是我国国有企业改革的起步探索阶段。1978 年 12 月 22 日通过的《十一届三中全会公报》指出,由于国家对地方企业的管理权力过于集中,应在统一计划指导下大胆下放企业经营管理自主权。同时,为调动企业和劳动者个人的生产积极性、主动性和创造性,在遵循计划经济体制的前提下,要求企业按经济规律办事,充分调动干部和劳动者的生产积极性;坚持党的一元化领导,加强管理人员的权限和责任,实行考核、奖惩、升降等制度。国有企业在计划经济体制下承担着绝大部分的生产任务,其干部和管理人员肩负着社会主义经济蓬勃发展的重大历史使命,除了加强权限和责任的约束以外,还要从奖惩、升降等方面进行激励,以此调动生产积极性。1979年7月13日,国务院出台了《关于扩大国营工业企业经营管理自主权的若干规定》等五个文件,要求相关部门在少数国营工、交企业实施扩大经营管理自主权的试点。截至1980年6月底,全国试点企业有6000多个。这些企业的产值和利润占全国的60%以上。鉴于扩大经营管理自主权的显著成效,国务院决定从1981年起,在国营工业企业中全面推行扩大经营管理自主权工作,使企业在人、财、物、产、供、销等方面拥有更大的自主权。1983年2月28日,国务院转批财政部《关于国营企业"利改税"试行办法(草案)的报告》,决定对国营企业实行"利改税",将国营企业向国家上缴利润改为向国家缴纳税金。其中,职工福利基金和职工奖励基金不得高于留利总额的40%。该方式使企业将利润以所得税的方式上缴国家,并留一部分给企业自己支配,职工的工资、福利、奖金在企业留成中支付,如果发生亏损,由企业自己负责。这样的改革思路使企业的权、责、利高度统一,既激发了企业经营者和员工的生产动力,又使其对经营后果负责。正如蒋一苇所指出的,社会主义企业的成果是国家、企业和员工个人相互协作、相互支援的结果,只要劳动者看到这种利益联系,并从中得到实际的利益,就必然会产生高度的劳动积极性和创造性。[①]"以税代利"的改革正是让企业和劳动者看到了自己的利益,进而激发了巨大的劳动热情。

二 激励方式分析与评价

放权让利阶段对厂长的激励主要有两种方式,一是物质激励;二是精神激励。1961年9月,中共中央发布《国营工业企业工作条例(草案)》明确规定,"在国营工业企业中,实行党委领导下的行政管理上的厂长负责制,这是我国企业管理的根本制度"。中共中央于1978年4月颁布的《关于加快工业发展若干问题的决定(草案)》指出,企业党委对生产、技术、财务、生活等做出决定,由厂长负责组织执行。这再次肯定了党委领导下的厂长负责制,并实行党委领导下的职工代表大会。党

---

① 蒋一苇:《论社会主义企业管理的特征》,《经济管理》1980年第1期。

委领导下的厂长负责制和职工代表大会制是企业决策权、经营权和监督权的分离，它们能够起到相互制约的作用。然而，在实际的经营过程中，党委除了做决策以外，还事无巨细地包办了企业的具体经营过程，厂长只是具体的执行者，起不到统一指挥的作用，也就不能充分履行所承担的义务。比如，厂长有权任免副厂长、科长，但必须报党委决定等。在放权让利的计划经济下，国营企业是经济的领导力量，国营企业厂长在工资上虽然比其他企业经营者的工资高不了多少，但能够享受行政级别待遇，这能够使其感受到极大的满足和自豪。因而，行政职权、荣誉称号等精神激励能够调动其积极性，可以只谈奉献、不求个人回报。根据《国营工厂厂长工作暂行条例》（1982年1月颁布）的规定，厂长是工厂的行政负责人，是企业的法人代表，对企业承担经济责任。此外，该条例对厂长任免、责任、职权、奖惩、指挥系统及其责任制做了详细规定，但该条例没有很好地体现权利和义务对等的原则。厂长承担的职责和义务多，享受的权利少。如果在技术经济指标、出口创汇、经营管理等方面有显著成绩将获得荣誉奖励和物质奖励，如果经营管理不善造成企业亏损或违反国家法律法规将受到经济处罚或行政处分。而党委领导下的厂长负责制，决策权和指挥权都集中在党委书记手中，厂长有职无权，书记有权无责，权责的分离和不对等造成了许多经营困难。

在放权让利阶段，国家通过扩大企业的经营管理自主权，明确了国家、企业和职工之间的利益关系，提高了职工的劳动积极性，对搞活经济起到了促进作用。但国有企业改革实践证明，放权让利的改革是失败的，对国营企业厂长不能用统一的"让利"来激励，而要对其绩效进行奖励才能起到激励作用。在国营企业的经营者激励方面基本没有作为，对厂长（经理）的管理更多地强调经济责任、行政处罚、经济处罚和权力约束，激励机制十分缺乏，企业资源利用处于无效状态。仅有的激励来自厂长的职权、行政待遇、基本工资、奖金、福利，以及荣誉称号等物质和精神方面，对有特殊贡献的厂长，经职工代表大会通过和上级机关批准才能获得职位上的晋升。"对于我国企事业单位而言，在计划经济时期的低工资模式下，精神、荣誉和情感激励等内在激励举措曾发挥过重要作用。"① 因此，对于国营企业的经营者来说，这是一个精神激励充足、物质激励匮乏、约束和责任过大的阶段。

第二节　两权分离与承包经营责任制激励

一　所有权与经营权分离阶段

该阶段以1984年10月召开的中共十二届三中全会为起点，到1993年10月以中共十四届三中全会召开为终点。中共十二届三中全会通过的《中共中央关于经济体制改革的决定》指出，"根据马克思主义的理论和社会主义的实践，所有权同经营权是可以适当分开的"。在所有权和经营权分离的基础上，达到政企分开的目的，使企业成为独立的经营主体。该决定还指出，在国营企业中实行厂长（经理）负责制，是建立统一的、强有力的、高效率的生产指挥和经营管理系统的需要，企业各级党组织既要听从厂长的统一指挥，又要通过工会、职工代表对厂长进行监督。在企业内部，要扩大脑力劳动与体力劳动、复杂劳动与简单劳动之间的工资差距，尤其要改变脑力劳动报酬偏低的状况。这对于国营企业的经营者来说是一种有效的激励手段。

上一阶段的放权让利改革大大激发了国营企业的活力，效率有所提高，但企业留利的大部分被企业职工工资、福利和奖金挤占。由于经营者（厂长）收入与职工收入同升同降，追求个人收入最大化既是经营者（厂长）的愿望，也是职工的愿望。同时，在厂长（经理）负责制下，实行的是任期责任制，厂长（经理）为了继续留任，必须考虑任期内和离任后的人际关系，因此，更多的将企业留利用于发放职工工资、奖金和福利而非投资。不同行业、不同企业职工之间奖金水平的巨大差距导致各种攀比和矛盾。国务院于1985年1月5日发出《关于国营企业工资改革问题的通知》，决定从1985年开始在国营企业中实行职工工资总额同企业经济效益按比例浮动的办法，工资总额未随经济效益按比例浮动的

---

① 曾湘泉、周禹：《薪酬激励与创新行为关系的实证研究》，《中国人民大学学报》2008年第5期。

国营企业将依据《国营企业奖金税暂行规定》对其发放的各类奖金征收国营企业奖金税。此外，依据《国营企业工资调节税暂行规定》（1985年7月3日由国务院发布），对企业当年增发的工资总额超过国家核定的上年工资总额7%以上部分开征工资调节税。以上通知和规定，进一步约束了国营企业经营者对个人及职工工资、奖金、福利的无序发放，在一定程度上解决了激励约束的问题。

为解决企业增产国家财政不增收的问题，第六届全国人大五次会议（1987年3月）通过的《政府工作报告》指出，在企业所有权和经营权分离的情况下，认真实行多种形式的承包经营责任制。1987年8月，国家经委、体改委印发《关于深化企业改革、完善承包经营责任制的意见》指出，在确保上缴比例的基础上，实行超收多留，欠收自补，处理好国家、企业、职工三者之间的利益关系。1988年2月国务院发布的《全民所有制工业企业承包经营责任制暂行条例》（国发〔1988〕13号）明确指出，承包经营责任制是以承包合同形式规定国家与企业的权责利关系，兼顾国家、企业、经营者和生产者四者的利益，使企业做到自主经营、自负盈亏。承包经营责任制通过引入竞争机制，公开招标选聘企业承包经营者，同时采取承包经营合同和公证等法律手段明确承包经营者与企业主管部门的权利和义务，以及国家与企业的利润分配关系。承包经营责任制不仅赋予企业经营者决策权，还从物质和精神上给予激励和约束，增强了企业经营者的责任感，有利于厂长（经理）负责制的落实，培养了一批像马胜利、关广梅、张兴让、李正治等社会主义企业家。

二 激励方式分析与评价

为进一步调动企业经营者的积极性，规范经营者与职工的收入，国家劳动部、国务院经贸办于1992年出台了《关于改进完善全民所有制企业经营者收入分配办法的意见》。该意见要求经营者的工资、奖金要与承包经营的成果相结合，体现多劳多得，其收入以分月支付的方式发放。该意见还要求经营者的工作水平要与其他员工拉开合理的差距，但要避免差距过大。对企业造成债务大于资产总额或虚盈实亏的，承包经营者将面临经济处罚。在承包经营责任制阶段，对厂长的激励主要有精神激励和物质激励。精神激励主要体现在授予厂长优秀企业家或劳动模范等称号，物质激励包括工资、奖金，以及职务晋升等。此外，国家也对厂长的行为作出了一定约束，对经营造成重大损失的将给予行政处罚和经济处罚，行政处罚包括降职、撤职、解聘等，经济处罚包括停发奖金、降低工资，但处罚后的工资收入不能影响其基本的生活需要。①

综上所述，承包经营责任制使激励机制得到激活，经营者在完成任务后可以获得一定剩余，而约束则来自完不成任务时承担相应的违约责任，这样的激励约束机制一定程度上提高了国有企业经营效率，促进了经济的发展。该阶段对国有企业经营者的考核推行的是任期目标责任制，目的是加强对经营者的考核监督，但效益是经营者任期结束后唯一的考核指标，这使经营者注重短期效益而忽视长期效益，将任期内的工作重点放在了如何获得职工的拥护以及连任上。虽然承包经营责任制扩大了经营者的经营权，却没有使经营者担负起相应的经营责任，企业的经营亏损仍然由政府买单。同时，在报酬形式上采取的是按月发放，将经营者的工资水平纳入国家统一的工资标准，将其收入与员工收入紧紧绑在一起，没能有效体现经营者的劳动特点，经营者努力的长远利益得不到体现，企业家精神无法激发。因此，这也是一个对企业经营者物质激励不足约束过多的阶段。

第三节 建立现代企业制度与年薪制激励

一 建立现代企业制度阶段

1993年10月中共十四届三中全会通过的《关于建立社会主义市场经济体制若干问题的决定》指出，要建立社会主义市场经济体制，以公有制为主体，多种经济共同发展，"建立适应市场经济要求，产权清晰、权责明确、政企分开、管理科学的现代企业制度"。这标志着国有企业改革进入了一个新阶段，即由放权让利阶段转变为企业制度创新阶段。该决定还指出，要改革和完善企业领导体制，坚持和完善厂长（经理）负责

---

① 《〈国营企业厂长（经理）奖惩办法〉出台》，《河南科技》1994年第12期。

制，保证厂长（经理）在经营过程中依法行使职权。1999年党的十五届四中全会再次强调了建立现代企业制度是国有企业改革的方向。据国家统计局企业调查总队对全国4371家重点企业进行的跟踪统计调查，截至2001年底，在3322家公司制改制企业中，1987家企业成立了股东会，3196家企业成立了董事会，2786家企业成立了监事会，分别占改制企业总数的80.9%（按《公司法》规定，国有独资公司不设股东）、96.2%和83.9%。1474家企业已经实行经营者年薪制度，689家企业开始尝试实行经营者持有股权、股票期权分配制度，1745家企业实行科技人员收入分配激励机制。[①] 通过激励机制与监督管理，改善了经营管理者动力不足的问题，提高了国有企业运作效率和企业从业人员的劳动积极性。

二 激励方式分析与评价

年薪制是企业经营者激励机制的重要组成部分，起源于欧美，随后被日本的企业所借鉴，20世纪90年代初传入中国。继1992年上海试点企业经营者年薪制以来，深圳、江苏、四川、河南等省份的国有企业陆续开始了年薪制试点。在年薪制试点工作取得良好改革效果的基础上，劳动部于1994年出台了《国有企业经营者年薪制试行办法》，首次以国家政策的形式肯定了企业经营者年薪制的做法。随后，劳动部组织了100家国有企业试点年薪制，年薪制逐渐得到推广。

"经营者年薪制是以企业一个生产经营周期，即以年度为单位确定经营者的基本报酬（基薪），并视其经营成果浮动发放风险收入的工资制度。"[②] 从经营者的薪酬分配方式来看，主要分为基薪和风险收入两部分。基薪主要由企业规模、企业效益、本地区企业平均工资水平、本企业职工平均工资等因素决定，其作用是解决经营者基本生活问题。比如，企业规模及评价得分可以分为特大型企业（1.8—2分）、大型企业（1.4—1.8分）、中小型企业（1.0—1.4分）；企业效益在本地区本部门同行业

[①] 汪海波：《中国国有企业改革的实践进程（1979—2003年）》，《中国经济史研究》2005年第9期。

[②] 王崇光、徐延君：《关于国有企业经营者年薪制改革的基本构想》，《经济管理》1995年第9期。

平均水平以上的评价得分为 0.6—1.0 分，低于平均水平的评价得分为 0—0.5 分。① 因此，企业经营者的基薪可以用以下公式表示：

$$\alpha = \frac{W_1 + W_2}{2} \times (A + B)$$

式中：α 表示企业经营者年度基薪

W_1 表示上年度本地区企业职工平均工资

W_2 表示上年度本企业职工平均工资

A 表示企业生产规模评价得分

B 表示企业经济效益水平评价得分

$$1 \leqslant (A + B) \leqslant 3$$

  风险收入是经营者实际经营能力的反映，主要体现经营者的经营成果和年度绩效指标完成情况，具体指标包括国有资产保值增值、税利增长率、技术进步等。企业经济效益好，风险收入就高；企业经济效益差，风险收入就低。年薪制使国有企业经营者的利益与企业经济效益在一定程度上直接挂钩，刺激了经营者的工作积极性并提高了企业经济效益，但由于对经营者定义不清晰、奖惩不对等、考核标准不清晰、没有薪酬上限等原因，导致对年薪制的探索和讨论逐渐淡了下来。

  综上所述，年薪制作为一种市场化的与经营业绩挂钩的激励手段，是一种针对企业经营管理者的报酬制度，在该阶段对推进国有企业改革和提高国有企业效率起到了一定的积极作用。在实践中，由于国有企业产权关系不明晰，年薪的各种标准很难掌握，考核起来也十分困难。经营管理者年薪高了一般职工有意见，低了起不到激励的作用。作为市场经济转型期的国有企业，既有经济目标，又承担着繁重的政治和社会任务，其经营管理者由"委派机制"产生，年薪制的激励方式就不能很好地体现经营管理者的人力资本价值。由于"国有企业家'职位消费'之类的隐性收入远远高于其契约中明确规定的显性收入"②，国有企业经营管理者更关心"职位消费"之类的隐性收入，这使得年薪制的激励作用

---

① 朱田庆：《对国有企业经营者试行年薪制的几点认识》，《经济与管理》1997 年第 6 期。

② 黄群慧：《企业经营者年薪制比较》，《经济管理》2001 年第 5 期。

大大降低。此外，由于年薪制的考核标准、实施对象和范围不清晰，导致国有企业经营管理者的收入与职工收入差距逐渐拉大，这样的问题也得到了社会舆论和国有企业上级主管部门的广泛关注与讨论。因此，该这是一个由于年薪制标准不清晰导致激励过度和约束不足的阶段。

第四节　国资监管与管理层持股激励

一　国资监管阶段

1988年，第七届全国人大一次会议决定设立国家国有资产管理局，代表国家行使代表权、使用权、收益权、处分权。1998年，第九届全国人大一次会议又决定将国有资产管理机构并入财政部，由财政部行使国有资产管理职能。2002年十六大报告提出了"国家所有，中央政府和地方分别代表国家履行出资人职责，享有所有者权益"的构想，在中央和省市两级政府设立国有资产管理机构。2003年3月，国务院国有资产监督管理委员会（国资委）正式成立，并代表国家履行出资人职责，将关系国民经济命脉和国家安全的大型国有企业、基础设施和重要自然资源等纳入管辖范围。新成立的国资委以《企业国有资产监督管理暂行条例》为依据，先后制定了企业改制、产权转让、资产评估、业绩考核、财务监管等16个规章和40余件规范性文件，以此加强对国有企业的监督和管理。2003年10月中共十六届三中全会通过的《关于完善社会主义市场经济体制若干问题的决定》指出，"大力发展国有资本、集体资本和非公有制资本等参股的混合所有制经济，实现投资主体多元化，使股份制成为公有制的主要实现形式"。建立归属清晰、权责明确、保护严格、流转顺畅的现代产权制度，国有企业改革由此进入了以股份制为主要形式的现代产权制度改革阶段。自中共十四届三中全会提出国有企业改革的目标是建立现代企业制度以来，国有企业依然存在法人治理结构不规范，企业党建工作与现代企业要求不相适应的问题。[①] 其中一个主要的表现是经

---

① 雪明：《构建中国特色现代国有企业制度》，http://www.sasac.gov.cn/n1180/n1271/n20515/n2697206/14401516.html，国资委网站摘自：《学习时报》2012年4月10日。

理层激励过度、约束不足，即出资者难以通过有效行使所有权形成对企业经营管理者的有效约束，这导致经营者滥用经营管理权。

二 激励方式分析与评价

中共十五届四中全会通过的《中共中央关于国有企业改革和发展若干重大问题的决定》指出，建立和健全国有企业经营管理者的激励和约束机制，将物质激励与精神激励结合起来，使其收入与贡献和经营业绩相符，少数企业可试行经理（厂长）年薪制、持有股权等分配方式，进一步健全国有企业经营管理者的激励约束机制。此后，上海、深圳、武汉等城市的国有企业逐渐开展经营者股票期权激励试点，在试点初期，对激发经营者的积极性起到了一定作用。但由于操作和运行困难、计算复杂、企业效益不好、得益不多等因素，使经营者积极性逐步下降。① 2003 年前后在部分国有企业实施的管理层收购（MBO）使国有企业的经营者转变为所有者，对企业家精神的激发起到了极大促进作用。但由于在实施过程中出现的收购价格不明确，以及引发的国有资产流失等问题被叫停。2005 年 4 月颁布的《企业国有产权向管理层转让暂行规定》，明确规定大型国有及国有控股企业所属上市公司的国有股权不向管理层转让。管理层持股作为一种激励手段，其作用在国外的一些大企业中得到了验证。因此，2006 年 1 月 20 日，国资委发布了《关于进一步规范国有企业改制工作的实施意见》，允许大型国有及国有控股企业的管理层在企业进行增资扩股改制过程中持有企业股份，但要进行"严格控制"。由于国有企业的特殊性，以及 21 世纪初我国经济的高速增长，国有企业的规模不断扩大，从无效益、低效益到高效益，因此经营者的年薪也随之大幅度提高。在商业银行领域，高管薪酬普遍偏高，据 2014 年银行上市公司披露的数据显示，国有控股商业银行中，中国建设银行行长税前薪酬为 113.2 万元，同比增长 2.1%；中国工商银行行长税前薪酬为 108.9 万元，同比增长 0.2%；中国银行行长税前

---

① 陶友之：《"国企"经营者激励机制 30 年改革的梳理与思考》，《社会科学》2008 年第 10 期。

薪酬为 108.32 万元，同比增长 8.7%；中国农业银行行长税前薪酬为 107.15 万元，同比增长 1.2%；交通银行行长税前薪酬为 100.76 万元。而股份制上市银行中，平安银行行长税前薪酬总额为 835.27 万元，招商银行行长税前薪酬总额为 474.60 万元。据 Wind 数据显示，2013 年已公布年报的 12 家银行共支付员工薪酬（含派遣员）薪酬 1925.48 亿元，员工平均年薪为 9.37 万元。总体来说，银行经理人（行长、副行长等高层管理者）薪酬处于上升的趋势，经理人与基层职工的收入差距十分明显。2013 年 2 月，《国务院办公厅关于深化收入分配制度改革重点工作分工的通知》提出要加强对国有企业高管薪酬的管理，对行政任命的国有企业高管人员薪酬水平实行限高，缩小国有企业内部高管与员工的薪酬差距。对国有企业高管薪酬的限制一方面能够防止收入差距进一步拉大，另一方面可能造成国有企业高管的流失。通过以上梳理，国有企业改革阶段与经理人激励可总结如表 2-1 所示。

表 2-1　　　　　　国有企业改革阶段与经理人激励

改革阶段		激励方式
第一阶段 （1978—1984 年）	放权让利	厂长负责制； 基本工资、奖金、福利等物质激励； 荣誉称号等精神激励； 精神激励充足、物质激励匮乏、约束和责任过大
第二阶段 （1984—1993 年）	两权分离	承包经营责任制； 基本工资、奖金、福利等物质激励； 荣誉称号等精神激励； 物质激励不足，约束过多
第三阶段 （1993—1998 年）	建立现代企业制度	年薪制； 基本年薪、风险收入； 物质激励加大，但考核标准不清晰导致约束不足
第四阶段 （1998—2013 年）	国资监管	年薪制+管理层持股； 基本年薪、风险收入； 管理层收购与股票期权； 收入过高，约束不足； 由于社会舆论的压力而被动寻求激励与约束的平衡

综上所述，在国资监管阶段，对国有企业经理人的激励有了很大进步和改善，年薪制与管理层持股激励大大激发了经理人的工作热情。然而，由于国有企业内部收入分配差距拉大和社会舆论压力，国资委加大了对经理人薪酬的限制与约束，这是一种被动的应对方式，不能成为常态。可以说这是一个被动寻求激励与约束平衡的阶段。如果在不分类别、不分行业的情况下对所有国有企业经理人的薪酬进行"一刀切"的限制，将造成优秀经理人的流失，不利于经理人企业家精神的发挥。因此，在下一步的改革过程中，在限制国有企业经理人薪酬的同时，应重视分类改革，在遵循市场逻辑的基础上制定不同行业、不同类别国有企业经理人激励机制。

小　　结

本章通过历史研究的视角，分析了自改革开放以来中国国有企业改革的历程，以及各阶段中经理人激励约束方式的调整。在中共十八届三中全会以前，国有企业改革大致经历了放权让利、两权分离、建立现代企业制度和国资监管四个阶段。放权让利阶段实行厂长负责制，主要以精神激励为主，物质激励较匮乏；两权分离阶段实行承包经营责任制，经营者在完成任务后可以获得一定剩余，在一定程度上激励了经营者并提高了企业经营效率，但由于经营者的利益与员工紧紧绑在一起，没能有效体现经营者的劳动特点，企业家精神无法激发。建立现代企业制度阶段开始实行年薪制，但由于考核标准、实施对象和范围不清晰，导致经营管理者的收入与职工收入差距逐渐拉大，引起了社会的广泛关注与讨论；国资监管阶段对经理人的激励有了较大进步和改善，年薪制与管理层持股激励大大激发了经理人的工作热情，但由于企业内部收入分配差距拉大和社会舆论压力，国资委加大了对经理人薪酬的限制与约束，这是一种被动的应对方式，不能成为常态。混合所有制改革中，应重视分类改革，在遵循市场逻辑的基础上制定不同行业、不同类别国有企业经理人激励机制。

第三章

国有企业混合所有制改革与经理人激励现状分析

第一节 国有企业混合所有制改革概述

一 国有企业分类改革与经理人分类激励

发展混合所有制经济是中共十八届三中全会确定的重大任务，是深化国有企业改革的重要举措，国有资本与非公有资本交叉持股、相互融合的混合所有制经济是我国基本经济制度的重要实现形式。广义上，混合所有制经济是国有资本与国有资本、国有资本与集体资本、国有资本与非公有资本、集体资本与非公有资本等不同所有制资本的混合。狭义上，混合所有制经济应该是国有资本和非公有资本的融合，单纯的国有资本与国有资本或非国有资本与非国有资本之间的参股都不是混合所有制经济。"如果只是所有制性质相同的资本混合在一起，可以被称为股权（主体）多元化，但不是混合所有制经济"[①]，发展混合所有制经济也就是国有资本与外资企业、民营企业、社会资本（投资基金）、自然人等非国有资本的混合。

党的十八届三中全会以前，国有企业改革大致经历了四个阶段，每个阶段对经理人的激励方式不同。这些激励方式在某个特定的阶段和背景下是适用的。但随着国有企业改革的推进，发展混合所有制经济成为新时期国有企业改革的重要举措，这对经理人激励提出了新的要求。中

---

① 余菁：《"混合所有制"的学术论争及其路径找寻》，《改革》2014年第11期。

共十八届三中全会要求国有企业建立长效激励约束机制，探索建立市场化薪酬激励和约束机制。2015年8月24日，中共中央、国务院发布的《关于深化国有企业改革的指导意见》指出，实行与社会主义市场经济相适应的企业薪酬分配制度，完善既体现激励与约束、效率与公平，又符合企业一般规律与国有企业特点的分配机制。国务院2015年9月24日发布的《关于国有企业发展混合所有制经济的意见》指出，要在混合所有制企业中建立市场导向的选人用人和激励约束机制，对经理人实行任期制和契约化管理，并探索中长期激励机制。根据中共十八届三中全会以来的相关政策意见要求，在混合所有制改革中建立市场导向的选人用人机制，将经理人薪酬与绩效考核挂钩，建立中长期激励机制既体现了激励与约束的统一，也是一种市场化改革的体现。

国有企业分类是混合所有制改革的前提条件，在此基础上才能有效实行分类监管与分类治理。回顾前文对竞争性国有企业的定义可知，竞争性国有企业是以市场化为原则，以经济效益为主要目标，最终实现国有资本保值增值的国有企业。在改革中，国资委的职能将"管资产"转向"管资本"，实现"管资本"的重点是确保国有资本保值增值，这就从政策上为竞争性国有企业改制为混合所有制企业提供了可能。黄群慧和余菁认为，使国有资产"资本化"适用于一般商业性的国有企业，这类企业可以改制为投资主体多元化的混合所有制企业，实现政企分开和"去行政化"，这既符合公平竞争的要求，又能够提升国有资本运营效率。[①]"对于竞争性国有企业，应大力推行混合所有制，充分参与竞争，按照市场规则运作，追求利润最大化。"[②] 对于竞争性国有企业，要完善公司制和股份制改革，积极引入非国有资本实现股权结构多元化，健全公司治理结构，推行以市场化激励约束机制为主的经理人制度。2014年7月15日，国务院国资委选择了国家开发投资公司、中粮集团、中国医药集团总公司、中国建筑材料集团有限公司、中国节能环保集团公司、新

---

① 黄群慧、余菁：《新时期的新思路：国有企业分类改革与治理》，《中国工业经济》2013年第11期。

② 高明华、杜雯翠：《国有企业负责人监督体系再解构：分类与分层》，《改革》2014年第12期。

兴际华集团有限公司等6家中央企业作为混合所有制改革试点企业，而之前就宣布将油品销售板块作为混合所有制试点的中石化未能进入首批试点名单，这说明国有企业混合所有制改革将从竞争性行业入手，只有打破垄断才能有效实施混合所有制改革。同时，关系国家安全、国民经济命脉的重要行业和关键领域、主要承担重大专项任务的商业类国有企业的利润归国家所有，如果实行混合所有制改革有可能导致国有资产流失，而公益类国有企业具有特殊的政治和社会功能，关系国家和国民安全不宜采取混合所有制。因此，国有企业混合所有制改革的突破口在竞争性行业，在竞争性行业中实施混合所有制改革，既可以吸引非国有资本参股国有资本投资项目，也可"鼓励非公有制企业参与国有企业改革，鼓励发展非公有资本控股的混合所有制企业"。

基于以上理解和认识，在竞争性国有企业中引入多元化投资主体形成混合所有制经济，实现股权结构多元化、公司治理规范化、经营机制高效化是目前国有企业改革的重点和突破口。

公益类国有企业的主要目标是保障民生、服务社会、提供公共产品和服务，而非盈利，重点考核成本控制、产品服务质量、营运效率和保障能力，并引入社会评价。因此，在公益类国有企业混合所有制改革中的经理人激励机制设计上，成本控制和公众满意度是主要评价指标，而非利润。经理人的激励，主要来自政治地位的晋升，即经理人享有公务员级别和相应的行政待遇而非货币薪酬。

关系国家安全、国民经济命脉的重要行业和关键领域、主要承担重大专项任务的国有企业，其主要目标是实现国有资产的保值增值和国民福利最大化，重点考核经营业绩指标和国有资产保值增值情况，以及服务国家战略和完成特殊任务的情况。在这类企业的混合所有制改革中，经理人激励要实行半市场化和行政化的措施，将成本控制、公众满意度和利润水平作为主要考核指标，经理人激励来自公务员行政级别和相应的行政待遇，并根据经营业绩实行半市场化的薪酬激励。

竞争性国有企业以增强国有经济活力、放大国有资本功能、实现国有资产保值增值为主要目标，重点考核经营业绩指标、国有资产保值增值和市场竞争能力。竞争性国有企业混合所有制改革，要规范公司治理结构和机制，明确董事会与经理人之间的权、责、利关系。在经理人的激励方面，由董事会根据经理人市场规律、行业情况和经理人贡献大小来确定薪酬的多少，经理人不再享有公务员行政级别和相应的行政待遇。

表3-1　　　国有企业分类与各自的主要目标和考核标准

一级分类	二级分类	主要目标	考核标准
商业类国有企业	充分竞争行业和领域的国有企业	以增强国有经济活力、放大国有资本功能、实现国有资产保值增值为主要目标	重点考核经营业绩指标、国有资产保值增值和市场竞争能力
	关系国家安全、国民经济命脉的重要行业和关键领域、主要承担重大专项任务的国有企业		在考核经营业绩指标和国有资产保值增值情况的同时，加强对服务国家战略、保障国家安全和国民经济运行、发展前瞻性战略性产业以及完成特殊任务的考核
公益类国有企业	—	以保障民生、服务社会、提供公共产品和服务为主要目标	重点考核成本控制、产品服务质量、营运效率和保障能力，根据企业不同特点有区别地考核经营业绩指标和国有资产保值增值情况，考核中要引入社会评价

资料来源：根据中共中央、国务院发布的《关于深化国有企业改革的指导意见》整理。

从以上分析可以看出，不同类别的国有企业，其定位、角色、功能和目标有所不同。如果在不同类型的企业中实行同一套激励机制将会使经理人的考核目标模糊，起不到激励的作用。因此，在混合所有制改革中，对国有企业分类改革和经理人分类激励将做到有的放矢。这种分类改革与分类激励将有助于对不同类型国有企业的经理人进行绩效考核，更有助于发挥不同激励机制的作用。

二　国有企业混合所有制改革方式

国有资本与非公有资本的混合有多种方式，通过资本市场上市是实现混合所有制改革的主要方式之一。竞争性国有企业应按照市场化要求，充分运用上市等方式，积极引入其他各类非公有资本实现股权多元化。

在企业的不同层面，混合所有制改革存在一定差异，在集团公司层面可通过整体上市、并购重组、发行可转债等方式引入各类投资者形成股权结构多元化，子公司层面可引入非国有资本，明确各股东的法律地位和各种权利。非公有资本可通过出资入股、收购股权、认购可转债、股权置换等方式参与国有企业改制重组。此外，国有企业也可通过投资入股、联合投资、并购重组等多种方式，与非国有企业进行股权融合、战略合作、资源整合，发展混合所有制经济。可以看出，混合所有制改革涉及存量改革与增量改革，存量改革是在现有企业基础上实行混合所有制，而增量改革是通过不同出资人建立新的企业。增量改革相对容易，而存量改革需要对现有利益格局进行调整，难度会更大，不同的企业应采取不同的改革模式，保障参与改革各利益主体的权益[1]。根据相关政策意见和混合所有制改革的实践，可以将竞争性国有企业混合所有制改革的方式归纳为以下几个方面。

(一) 双向联合重组

党的十八届三中全会提出，鼓励非公有制企业参与国有企业改革，并鼓励非公有资本控股混合所有制企业。2015年9月18日国务院总理李克强在深化国有企业改革和发展座谈会上指出，推进混合所有制改革并推动企业兼并重组。这意味着非公有制企业在竞争性国有企业改制和重组中将发挥积极作用，并出现国有资本控股和参股的混合所有制企业。

国有企业并购重组大都是政府行为，而非市场化的并购重组。一般来说，传统的兼并重组具有排他性质，是一种市场化的淘汰机制，而联合重组是一种互利共赢的重组方式。混合所有制改革中的兼并重组应该是国有企业与民营企业在自愿平等的基础上进行双向联合重组，实现互利共赢，这也符合混合所有制改革的目的。一般来说，竞争性国有企业在发展混合所有制过程中可选择符合公司战略，能够产生协同效应，并愿意接受规范化管理、运作规范、效益良好的民营企业作为联合重组对象。联合重组的核心不是打压竞争对手，而是为民营企业家保留一定比例的股份，使其在联合重组后与国有资本形成利益共同体，实现收益与

---

[1] 黄速建：《中国国有企业混合所有制改革研究》，《经济管理》2014年第7期。

风险的共享共担。例如，作为混合所有制改革试点单位之一的中国建材集团通过大规模联合重组，为民营企业家保留一定比例的股份，并将民营企业老总转变为职业经理人继续做管理者。作为充分竞争行业的代表，中国建材集团在并购重组民营企业过程中走的是市场化道路。截至2013年底，在中国建材集团下属的企业中，混合所有制企业数量超过了85%。可见，联合重组是一种有效的混合所有制改革方式，对于提高国有资本和民营资本效率具有促进作用。

(二) 共同出资组建

混合所有制改革不仅可以在已有的国有企业中引入非公有资本发展混合所有制，还可以在增量上实行混合，即寻找新项目成立混合所有制企业。国有资本与非公有资本可以技术、实物资产、股权、现金、管理团队等方式入股，但最有效的出资方式是通过"国企的行业背景+民企的经营管理效率"实现优势互补。通过共同出资组建的混合所有制企业容易在目标上形成一致，各投资主体容易达成共识，新的公司在新机制的引导下能够实现市场化和规范化运作。由竞争性国有企业与非国有企业或非公有资本共同出资组建混合所有制企业，这其中除了要实现投资主体多元以外，还应是不同所有制资本的融合，即国有资本和非公有资本的交叉融合。根据季晓南的理解，"混合所有制企业不限于股份制企业，也不限于股权多元化企业"①。因为股份制企业有可能是国有资本之间形成的投资主体多元化，也可能是国有资本与非公有资本形成的投资主体多元化。只有后者才能算是混合所有制企业，它是由不同所有制资本形成的投资主体多元化。

(三) 资本市场上市

陈清泰认为，资产证券化和改制上市是国有企业发展混合所有制经济的主要路径。② 自党的十八届三中全会提出混合所有制改革以来，上海、天津、湖南、四川、重庆等地相继出台的竞争性国有企业改革方案，强调要加快推进国企整体上市的步伐，引入社会资本实行混合所有制。

---

① 季晓南：《正确理解混合所有制经济》，《经济日报》2014年3月27日。
② 陈清泰：《国企改革转入国资改革》，《上海国资》2012年第6期。

改制上市最重要的一个问题是如何对国有资产进行定价，其中，金融服务机构将扮演重要的角色。从欧美发达国家的经验来看，国有大企业在推行混合所有制时，也常常采用上市的方式，而金融机构也是国有上市公司中的重要参股股东①。通过改制上市发展混合所有制企业并不适用于所有类别的国有企业，上市的国有企业必须具有较好的投资价值，而公益类国有企业由于股权集中和盈利能力不强无法满足上市的要求。竞争性国有企业市场化程度相对较高，国资委对其股权比例没有要求，并且有一定的盈利能力，基本满足上市公司的要求。据上海市国资委相关负责人透露，在各公司提交的上市方案中，将进一步降低竞争性国有控股企业的持股比例，不再要求国有资本绝对控股或相对控股。因此，竞争性国有企业可利用国内外资本市场，将企业整体业务或核心业务打包上市，实现投资主体多元化和经营管理市场化，使上市公司成为混合所有制企业的重要组织形态。

（四）引入战略投资者

混合所有制改革允许非公有资本参股国有资本投资项目，这将进一步拓宽非公有资本和民营企业进入国有企业改革的空间，对下一步深化国有企业改革意义重大。在存量改革方面，可采取引入战略投资者的方式实现"帕累托改进"。据国资委相关部门负责人介绍，目前由国家部委管理的国有企业资产在20万亿元左右，这部分资产存量很大，但投资回报率低，如果引入战略投资者发展混合所有制将产生鲇鱼效应，为国有资本注入活力。战略投资者的加入，不仅能够拓宽包括民营资本、机构投资者和外商在内的非公有资本的投资渠道，还有利于加强竞争性国有企业的治理能力，增强企业竞争力。在竞争性国有企业中，应鼓励通过引入战略投资者及其管理经验以参股或控股的方式发展混合所有制，加快国有资本和非公有资本的融合。例如，2014年8月28日，弘毅投资作为战略投资者入股锦江股份，成为锦江股份第二大股东，实现了国有企业的股权结构多元化，同时还能引入战略投资者先进的管理理念，实现国有资本的保值增值。因此，在新形势下，通过引入战略投资者发展混

---

① 余菁：《"混合所有制"的学术论争及其路径找寻》，《改革》2014年第11期。

合所有制将是增强国有经济活力和影响力的有效途径和必然选择。

第二节　国有企业经理人激励现状分析

竞争性国有企业在市场环境中是竞争的主体，具有现代企业制度的显著特征，其中，经理人激励问题是竞争性国有企业建立现代企业制度的重要内容，也是近年来社会关注的焦点问题。纵观国有企业改革与经理人激励的发展历程，经理人激励经历了精神激励、承包经营责任制、年薪制、管理层持股等多种形式的激励方式。目前，竞争性国有企业的经理人主要通过行政任命，而非市场化选聘的方式产生，年薪制是激励经理人的主要方式。除了显性的年薪收入以外，还包括资产性收入、政治晋升、职务消费、权力寻租等隐性激励方式。相对于显性收入，经理人更多是通过行政职权获得潜在收益，这些潜在收益的激励效果远远大于显性的薪酬激励。

一　经理人具有双重身份

在中华人民共和国成立之初，中国国有企业由公营企业、官僚资本主义工商业和国家投资创办的国有企业等部分组成。在计划经济时代，这些企业在农业向工业化转型过程中起到了关键作用，这些企业的管理者也从计划执行者向市场竞争者逐步过渡。在社会主义市场经济条件下，国有企业自诞生之日起就受到政治形态和市场经济的共同作用，其最明显的特点是与政府部门联系密切，它既不是完全的政府部门，也不是纯粹的经济组织，而是介于两者之间。国有企业属于全民所有，是推进国家现代化、保障人民共同利益的重要力量，是中国共产党和国家事业发展的重要物质基础和政治基础，这就从性质上决定了国有企业具有双重目标。即国有企业是一种拥有非经济目标和经济目标的特殊企业组织[①]。非经济目标在于完成相应的政治任务和履行社会责任，经济目标在于谋

---

① 黄速建、余菁：《国有企业的性质、目标与社会责任》，《中国工业经济》2006年第2期。

取利润和发展。由于之前的分类和定位不清晰，无论是公益类国有企业还是商业类国有企业，其目标的双重性决定了经理人具有"高官"和"高管"的双重身份，既要在政治上忠诚于党、忠诚于国家、忠诚于人民，又要德才兼备，具备良好的经营管理能力。简言之，竞争性国有企业经理人的双重身份是中国经济和社会双重体制的产物。经理人"高官"身份作为企业联系政府的桥梁，有利于获取相应的资源和政策，能够为企业带来经济优势。而经理人的"高管"身份，能够解决社会就业问题并为企业创造利润，有利于维护社会稳定并为国家发展提供物质和政治基础。竞争性国有企业应专注于经营活动，其经济目标应优先于非经济目标。然而，在现实中，竞争性国有企业的非经济目标与经济目标总是盘根错节地交织在一起，这就使经理人的"高官"和"高管"身份发生冲突。在某些情况下，竞争性国有企业经理人为服从国家意志，而将违背市场规律和完成非经济目标作为优先选择。例如，在北京市政府的支持下，北汽集团设立了在"十二五"期间进入中国四大汽车集团行列的目标，为完成该"政治任务"，北汽集团在A股市场和H股市场连续发动了三次IPO，在A股市场IPO受到管控的情况下，公司高层将目光转向了H股市场，而H股市场并非最佳选择。竞争性国有企业作为市场主体，要依据市场规律行事，只有回归到以盈利为导向的发展路径上来，经理人才能做出正确的战略选择。

　　企业性质决定了竞争性行业的国有企业在经理人激励方面不能完全市场化，而是一种半市场化和行政化激励相结合的方式。政府主管部门运用行政力量对经理人的业绩进行考核，形成市场与政府的双重激励和约束。其主要原因在于，竞争性国有企业的经理人身兼"经济人"和"政治人"[①]于一身。除了享受名义上的市场化年薪外，经理人还具有政治晋升的可能，这是一种典型的亦官亦商"双重身份"与"双重激励机制"，决定了其激励机制必须体现出效率与公平的原则。

---

　　① 杨瑞龙、王元、聂辉华：《"准官员"的晋升机制：来自中国央企的证据》，《管理世界》2013年第3期。

二 政治晋升激励

国外企业经理人的晋升空间和途径十分有限,经理人的变更主要体现在辞职、解聘和调动三个方面。如果竞争性国有企业的目标仅仅是股东利益和企业经济效益最大化,那么经理人会因为业绩好而获得晋升、职位调动和更高的薪酬。但是由于竞争性国有企业目标的双重性和经理人选聘的政治化为经理人晋升提供了另外一条路径——政治晋升,这种激励方式主要用于激励经理人完成非经济目标。2013 年,人力资源和社会保障部做的一项调查显示,"由于国有企业负责人具有行政级别,99%的国企负责人(50 岁以上)都不愿意放弃行政级别,舍弃'高官'的身份"。[①] 梁上坤等的研究发现,政治晋升是国有企业经理人行之有效的激励手段,是对显性薪酬激励的有效补充,有利于提升企业绩效[②]。政治晋升对竞争性国有企业经理人的激励作用比经济利益更加明显和重要,甚至是激励经理人的决定性因素,因为政治晋升能够为其带来更高水平、更高质量、更多种类和数量的在职消费,职位越高,经理人获得的在职消费越多。

目前,政治晋升作为一种隐性激励已经成为国有企业经理人激励的重要方式。根据我国《公务员法》(2005 年)的规定,公务员可以与国有企业中从事公务的人员交流,国有企业从事公务的经理人员也可调入机关担任领导职务,这种"内部经理人市场"能够对经理人起到一定的激励作用。2006 年 1 月在大连成立的中国大连高级经理学院,隶属于国务院国资委,旨在为国有骨干企业和金融机构培养领导人才,这体现了国家对经理人培养选拔的重视,为更多的经理人走向政坛提供了晋升通道。虽然竞争性国有企业的经理人不是公务员编制,但是参照同级别公务员管理,享有同等级别的政府官员待遇。据天则经济研究所 2015 年发布的《国有企业的性质、表现与改革(第二版)》报告来看,在国家 19

[①] 索寒雪:《国资高管调研:99% 不愿放弃行政级别换高薪》,《中国经营报》2014 年 9 月 1 日。

[②] 梁上坤、李真、陈冬华、陈世敏:《级别、激励与绩效》,中央财经大学工作论文,2013 年。

个部委的 183 名副部级以上官员当中,具有国有企业工作经历的有 56 人,比例达到 30.6%。通过对 123 家中央企业的高管履历统计发现,在有信息披露的 47 家企业当中,一共有 115 名高管具有政府工作背景,平均每家企业达到 2.45 人。"工业与信息部的部级官员中,有一半过在国有企业从事管理工作的经历;在商务部也有近一半的部级官员担任过国有企业的管理人员;交通运输部也有近四成的部级官员做过国有企业管理人员。"[①] 例如,时任东风汽车公司总经理的苗圩先后担任过湖北省委常委、武汉市委书记和工信化部部长。可见,经理人的政治晋升在国有企业中并不少见,国有企业已经成为经济官员的孵化器,从竞争性国有企业培养和提拔领导干部已经成为一条固定通道。

业绩考核结果是决定竞争性国有企业经理人薪酬和职务任免的重要依据。经理人的政治晋升与企业的绩效挂钩,政府主管部门通过德、能、勤、绩和经济增加值(EVA)等方面的考核评价经理人的任期表现,根据考核结果一次性支付给经理人数量可观的物质财富。杨瑞龙等人的研究发现,国有企业营业收入增长的速度越快,经理人越容易升迁,而国有资产保值增值率对其政治晋升无显著影响。[②] 这说明,经理人要想获得政治晋升,就必须努力提高企业绩效,如果在短期内只是管理水平和生产率的提升,而公司营业收入增长不明显,其"高管"向"高官"身份的转变就无法实现,也就无法获得行政级别的进一步提升。因此,对于竞争性国有企业经理人来说,必须努力提升企业的短期业绩,将企业的短期绩效作为政治跳板,这必然会忽视企业的长期繁荣。此外,对经理人的考核除了经济指标以外,还包括社会和政治指标。竞争性国有企业经理人要想获得政治晋升,必须满足政府要求并完成一定的非经济目标。由于经济目标和非经济目标的存在,在业绩达到一定水平后,经理人开始将关注度转向非经济目标,比如:调节就业、确保社会利益和国家利益最大化,进而降低经济目标的重要性。在经济目标与非经济目标发生

---

① 天则经济研究所:《国有企业的性质、表现与改革》报告连载之三,http://www.unirule.org.cn/index.php? c=article&id=316,天则新闻中心,2011 年 3 月 20 日。

② 杨瑞龙、王元、聂辉华:《"准官员"的晋升机制:来自中国央企的证据》,《管理世界》2013 年第 3 期。

冲突时，经理人对"高官"身份的认知促使其努力完成非经济目标而获得政治晋升，因而，政治晋升等非经济因素是激励经理人的重要隐形因素。

虽然原国家经贸委在 2000 年发布的《国有大中型企业建立现代企业制度和加强管理的基本规范（试行）》中明确指出，国有企业不再套用党政机关的行政级别，也不再比照党政机关干部的行政级别确定企业经营管理者的待遇，实行适应现代企业制度要求的企业经营管理者管理办法。上海和广东分别在 2008 年和 2009 年就"取消国企行政级别"问题进行了相关的试点改革。但时至今日，竞争性国有企业经理人的行政级别制度仍然根深蒂固，其主要原因在于经理人的选聘、考核、升迁都由组织任命，而非从市场中产生，这就意味着竞争性国有企业的经理人是官场中的佼佼者，而非市场中的优胜者。

Cao 等对政治晋升、经理人激励、报酬与绩效关系的实证研究发现，在国有企业中政治晋升激励与公司业绩存在正相关，而非国有企业则不存在这种关系[1]。郑志刚等的研究发现，政治晋升途径能够激励经理人树立形象工程来吸引公众和上级领导的关注，但无法实现资源合理配置并改善企业长期绩效，因而政治晋升激励具有潜在的负效应[2]。可以看出，国有企业是经理人成为更高行政级别领导的跳板，因而树立形象工程的短期行为将牺牲企业的长期稳定发展，这对于以经济目标为主的竞争性国有企业来说无疑是巨大的打击和长期利益的损害。

三　薪酬福利激励

薪酬福利是激励经理人的主要工具，也是所有者与经营者建立利益同盟的重要工具。在实际管理活动中，竞争性国有企业经理人的薪酬福利主要由基本年薪、绩效年薪、企业年金、补充保险等四部分构成，此

---

[1] Cao Jerry, Michael Lemmon, Xiaofei Pan, Meijun Qian and Gary Tian, "Political Promotion, CEO Incentives and the Relationship between Pay and Performance", *Research Collection Lee Kong Chian School of Business* (Open Access), Paper, No. 1816.

[2] 郑志刚、李东旭、许荣、林仁韬、赵锡军：《国企高管的政治晋升与形象工程——基于 N 省 A 公司的案例研究》，《管理世界》2012 年第 10 期。

外，还包括以股权激励为主的中长期激励收益。但由于股权激励等中长期激励计划还处于探索过程中，具体实施股权激励的竞争性国有企业并不多。

基本年薪是经理人基本的年度收入，主要功能是满足经理人正常的生活所需。基本年薪主要由所在行业水平、企业经营难度、经营责任和风险、所属企业在岗职工平均工资等因素决定，采取按月支付的方式发放。在竞争性国有企业高管人员中，由于行政级别、承担的责任和风险大小的差异，董事长和党委书记基本年薪的系数为1，而总经理、副总经理、总会计师、总工程师、总经济师等经理人基本年薪的系数为0.6—0.95不等。绩效年薪根据年度考核结果而定，是经理人经营绩效好坏最直接的反映，绩效年薪的激励效果明显好于基本年薪。在企业高管中，绩效年薪一般按照分期兑现的方式发放，延期发放的绩效年薪将与经理人任期内的考核结果挂钩，考核合格将全部兑现延期绩效年薪，考核不合格将不发放延期绩效年薪。

根据锐思数据库（RESSET）公布的数据来看，365家在A股上市的竞争性国有企业前3名经理人（非董事会成员）的薪酬水平逐年上升（见图3-1）。2013年，平均每位经理人的年薪为64.45万元，经理人薪酬水平总体上处于高位。

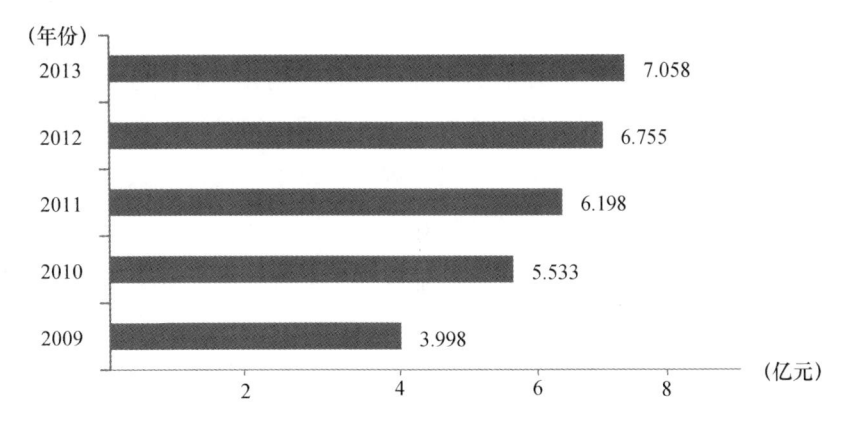

图3-1　2009—2013年A股上市的365家竞争性国有企业
前3名经理人薪酬变化趋势

年份	薪酬（亿元）
2013	7.058
2012	6.755
2011	6.198
2010	5.533
2009	3.998

竞争性国有企业经理人在享有基本社会保险的基础上，还享有企业年金和补充医疗保险等非货币薪酬。此外，竞争性国有企业具有垄断国有企业的通病，不断以发放实物、购买商业保险和缴纳公积金的方式为经理人发放各种福利，这是其他所有制企业经理人无法享受的待遇，虽然这部分福利的激励效果不如货币薪酬，但由于是体制内的福利，这不仅体现为福利，也是国有企业经理人所享受的特权，导致竞争性国有企业经理人十分看重这部分收益，其激励作用在于能够实现经理人内心的满足与地位的优越感。

近年来，部分国有企业经理人薪酬偏高的现象成为社会舆论讨论的焦点。例如，截至2014年3月，在沪深两市近千家上市公司中，有128位总经理年薪超过百万元。同花顺（iFinD）数据显示，2013年320家国有上市公司总经理的人均薪酬为77.3万元，远远高于高管（董事、监事、经理人）的平均水平，中集集团总裁麦伯良以869.7万元的年薪蝉联"打工皇帝"。为调整分配收入、缩小企业内部收入差距，新一轮国有企业薪酬改革于2015年初启动，改革的目的是将国有企业负责人中偏高、过高的薪酬水平降下来，并建立科学合理的薪酬形成机制。本轮薪酬改革首先在国资委下属的央企中执行，随后在所有国有企业全面执行。根据改革要求，经理人的基本年薪是上年度员工平均工资的两倍，绩效年薪不超过基本年薪的两倍，总收入不超过在职员工平均工资的7~8倍。虽然新一轮改革提出，要根据企业高管的身份和选拔任用机制来确定不同的薪酬，但无论是行政任命的经理人还是市场化选聘的经理人，都要结合员工工资水平合理确定其薪酬水平，合理确定经理人与员工之间的收入分配关系，促进社会公平正义。因此，改革后的经理人薪酬水平将会下降，有些下降的幅度会比较大。

对新一轮薪酬改革，外界将其称为降薪政策，这种政策反映出一种社会情绪，是对社会舆论的一种被动反应。社会舆论之所以对部分国有企业经理人过高的薪酬表示不满，是因为一些竞争性国有企业的经理人在经营业绩不佳的情况下依旧拿着上百万元的年薪。同时，一些由于具有垄断优势的国有企业通过优势资源和地位获取了高额利润，其经理人也得到了偏高或过高的薪酬。薪酬限制虽然能够满足外部监管和社会舆论的要求，但是在一定程度上会抑制企业家精神。

在未实行分类监管和控制的情况下，竞争性国有企业经理人的薪酬同样受到以上政策的限制。在公平原则的指导下，竞争性国有企业经理人的薪酬依然受到限制，无论是短期的年薪（基本年薪和绩效年薪）还是长期的任期回报，主管部门都会根据行业状况制定薪酬上限和内部薪酬差距的比例。对竞争性国有企业来说，限制经理人薪酬是一种与市场机制相背离的做法，这种方式不能成为常态性的政策，过低的薪酬将导致优秀经理人流失，这不利于国家和企业发展。一些学者认为，竞争性行业国有企业经理人的薪酬应体现同行业经理人的平均水平，在企业内部、不同岗位和部门之间建立市场化的薪酬激励机制，做到合理分配。

四 在职消费激励

在职消费作为一种隐性激励方式，普遍存在于各类企业中。人们对在职消费有两种看法。一种观点认为在职消费是经理人为谋取个人利益，而为自己设置的福利，是不道德的行为。在这种情况下，在职消费是一种浪费，并成为代理成本。另一种观点认为在职消费可以激励经理人努力工作，并非不道德行为。在这种情况下，只要对经理人进行有效监督和约束，可以提升经理人工作绩效。

由于制度不健全和经营需要，在职消费在竞争性国有企业中具有一定的合理性。国家和人民将竞争性国有企业的经营管理权委托给经理人，但由于实际所有者的缺位，导致在权力下放以后难以对经理人进行有效的监督和控制。在国有企业中，由于薪酬管制的存在，在职消费成为管理人员的替代性选择[①]。就目前竞争性国有企业经理人薪酬管理规定来看，其依然受到上级主管部门的限制，通过市场化薪酬激励的渠道受到抑制，只能通过更多的在职消费等隐性激励方式来缓解委托代理问题。在西方国家的企业中，企业管理相对透明，货币薪酬激励是最常用的方式，在职消费只是控制经理人浪费的一种调整模式。由于薪酬限制的存

[①] 陈冬华、陈信元、万华林：《国有企业中的薪酬管制与在职消费》，《经济研究》2005年第2期。

在，竞争性国有企业将经理人货币薪酬的一部分转变为在职消费，如果控制得好将成为一定有效的激励方式，如果控制不好将成为浪费，并增加代理成本。

在职消费是经理人履职保障和支出的习惯性统称，包括公务用车、办公用房、国内因公出差、在职培训、接待、业务招待、通信、理疗保健消费、运动健身和会所消费、高尔夫俱乐部会员等各种消费支出，其在竞争性国有企业中普遍存在，国有企业本身的属性使其具有一定的合理性。在职消费的存在主要是因为经理人开展业务需要有一定的经费开支，有时少量的职务消费开支就可以为企业带来巨大的收益和回报，然而，在职消费在很大程度上变相成了经理人的个人福利，这些说不清道不明的"福利"就成了经理人获取非货币性收入的主要来源。因此，在职消费可以分为正当消费和不正当消费，不正当消费是经理人利用公款超额、超标准消费的腐败行为。竞争性国有企业经理人的货币薪酬受到上级主管部门的限制，但经理人仍然具有很强的动机去经营企业，因为除了显性的货币性收入以外，竞争性国有企业经理人在企业内部拥有较大的、不受约束进行职务消费的权力，这属于隐性激励。在社会舆论的监督和压力之下，国有企业主管部门出台了相关规定限制经理人的职务消费，设定了职务消费的上限，这种做法具有一定的积极作用。但由于缺乏统一的标准和清晰的界定，在职消费管理制度仍然不健全，从一些竞争性国有企业发布的年报来看，经理人的在职消费依然不清楚。据港澳资讯统计的数据显示，252 家国有上市企业，在 2012 年的业务招待费达 65.25 亿元，处于竞争性行业的建筑和制造类企业的招待费最高。例如，中国铁建在 2012 年的业务招待费为 8.37 亿元，平均每天消费 229 万元，在该信息披露报道后，中国铁建有 57 人被通报批评、8 人接受党纪政纪处分、1 人被移送司法机关。至此，中国铁建再也没有公布业务招待费的具体数据。业务招待费作为企业生产经营需要而支出的应酬费用，国资委等主管部门并未对其做出明确规定。因此，在实际操作中，业务招待费更多地被计入管理费用、销售费用、会议费、差旅费、办公费、研发费之中，甚至部分企业会将其计入生产设备和材料费用。

由此可以发现，对在职消费进行明确的界定和分类存在一定困难，尤其是对经理人而言，其在职消费基本由下级代办，消费的项目和数量难以准确界定。财政部、审计署和国家监察委员会等部门加强了对在职消费的调查和审计，能够对一些通过在职消费中饱私囊的经理人起到威慑作用，但在职消费制度上的缺陷为经理人获取灰色收入提供了机会，这在一定程度上刺激着经理人努力完成主管部门下达的政策性、社会性和经济性任务。

五　政治监督与约束

竞争性国有企业经理人"高官"和"高管"的双重身份决定了其必然受到政府主管部门和企业内部管理制度的双重约束。在市场经济条件下，竞争性国有企业是"自主经营、自负盈亏"的市场主体，对经理人的约束体现在完成经济目标和履行社会责任方面。大多数竞争性国有企业已经设立股东会、董事会和监事会等权力制衡机构，在治理结构上符合现代企业制度的要求。但从现实情况来看，这些机构并未对经理人进行有效监督和约束，根源在于存在内部人控制。竞争性国有企业归属于全体国民，国民将企业委托给政府，政府将经营管理权委托给经理人，多重委托代理关系难以对经理人形成有效的监督和约束，甚至一些"亦官亦商"的经理人与政府官员、政府董事合谋，致使出现严重的内部人控制。可以说，在竞争性国有企业内部，公司治理制度的约束效果并不明显，这就强化了行政监督的约束作用。

在竞争性国有企业中，廉洁从业情况是考察与考核经理人的重要内容和任免的重要依据。竞争性国有企业对经理人的政治监督约束主要表现在开展反腐倡廉教育、强化管理和制度机制建设、强化权力监督约束等方面。第一，通过各种形式的教育方式提升经理人员的廉洁意识，加强自律意识和自我监督。纪检、人事和国资委等部门对经理人进行经常性的教育和监督，组织经理人学习《国有企业领导人员廉洁从业若干规定》和中央关于反腐倡廉的一系列论述，采取典型案件通报、组织观看廉政影视资料片、举办经济犯罪案件图片展览等方式对经理人员进行警示教育，筑牢经理人的思想道德防线，消除引发腐败的思想动因。第二，通过多种形式的谈话，督促经理人履行职责。通过年终绩效反馈对经理人的成绩、问题进行谈话，并提出新的要求。同时，根据国家战略部署和社会发展要求，及时提醒经理人落实国家和社会要求，确保企业和谐稳定发展。第三，通过完善管理制度，强化内部监督和约束。在明确经理人职责范围的基础上，充分发挥党组织和监事会对经理人权力制约和监督的作用，并采取职工座谈会或职工代表大会的方式广泛征求意见，对经理人重大决策失误、资产处置不合理、经费使用不当等问题进行讨论和监督。通过年度述职述廉的方式接受全体员工的监督和民主评议，并将职务消费向全体员工公开。第四，以书面报告的形式向主管部门和检察机关汇报个人情况。经理人每年度需向国资委提供履职报告，对配偶、子女从业和出国（境）定居、个人存款、投资和不动产情况进行汇报，纪检机构结合年度考核情况对经理人的履职情况进行评估，并向上级党组织和监察机构报告，以适当方式在一定范围内公开。第五，加大行政处罚力度，惩处滥用职权。在加强思想教育和建立健全制度机制的同时，严肃查处各种违法违纪案件和腐败行为，对违法乱纪的经理人给予警示谈话、调离岗位、降职、免职等处理，使经理人受到震慑和警示，达到监督和约束的目的。

　　国家对经理人制定了不少行政监督和约束政策，但在实际操作中，没有具体的部门进行落实和监督，国资委等部门政策指导的作用有限，效果不明显。现代企业管理制度和法律法规的缺位，是当前竞争性国有企业经理人考核与约束常见的问题。若不能以现代企业制度取代行政措施，不以法制取代人治，就难以对经理人实施有效的监督和约束，经理人的自我约束和廉政建设机制也就形同虚设。

　　经过以上分析发现，即使在薪酬水平受到限制、福利严格控制的情况下，竞争性国有企业经理人的综合激励水平并不低。虽然取消国有企业经理人的行政级别一直是国有企业改革的重点工作之一，然而，政策上的规定并不等于就能解决"政企不分"的问题，国有企业经理人的行政级别制度仍然根深蒂固，这已经成为经理人走向政坛的必经之路。与非国有企业经理人相比，由于竞争性国有企业经理人的职责定位和重要性与一般企业的经理人不同，竞争性国有企业经理人的身份等同于同级别公务员的待遇，在同级别公务员之间可以频繁转换，激励水平整体高于非国有企业。在市场经济条件下，薪酬虽然是吸引人才的重要因素，但在国有企业中，薪酬不是激励经理人的全部。竞争性国有企业的薪酬水平与同行业其他企业相比可能不是最高的，但大部分竞争性国有企业规模和影响力大，多数在行业中处于领先地位，其吸引和留住人才的力度也更大。

第三节 国有企业经理人激励存在的问题

从国有企业改革历程和竞争性国有企业经理人激励的现状来看，虽然经理人激励机制在不断完善，但大部分竞争性国有企业对经理人的激励还是以政治激励和半市场化的激励方式为主，与企业经济目标挂钩的薪酬激励和中长期激励仍未有效建立，行政监督和约束的作用也十分有限。因此，竞争性国有企业混合所有制改革中的经理人激励，需要解决以下关键问题。

一 缺乏规范透明的公司治理

建立规范透明的公司治理是保护国有股东与非国有股东合法权益的基本要求，也是竞争性国有企业混合所有制改革中经理人激励的前提条件。非国有股东参与混合所有制改革，将稀释国有股权在企业中的占比，非公有资本有可能成为大股东，也可能是小股东。在国有资本控股的企业中，非公有资本话语权相对较弱，因此，非国有股东参与混合所有制改革，不仅面临着经理人等企业高管的"道德风险"和"逆向选择"问题，还面临着自身权益受到国有大股东侵害的风险。如果没有规范透明的公司治理结构和机制，非国有股东的合法权益就有可能被国有大股东侵占，也就难以吸引非公有资本参与竞争性国有企业混合所有制改革。

虽然大部分竞争性国有企业根据《公司法》和国资委相关政策的要求建立了"形似而神不似"治理结构，即股东会、董事会、监事会和经理层，但在治理机制上仍然存在较大缺陷。竞争性国有企业的"管理决策仍然带有浓厚的'一言堂'色彩，没有真正形成现代公司制企业的相互制衡、科学民主的决策机制。"① 经理人依然是行政任命的多，市场化招聘的少。外部选聘的部分经理人真正能够留下来的不足三分之一，大多数则是在试用期满后离职，主要原因是公司内部权责不明确、制度僵化、责任规避意识太严重。这种外部经理人"水土不服"的现象不仅反映出国有企业"官本位"的文化氛围，还表明公司治理结构不够完善，某种程度上束缚了经理人才能的发挥。由于经理人选聘方式和公司治理机制的不完善，经理人的职业成长缺乏制度保障，导致市场化的薪酬激励措施难以奏效。同时，股权结构不完善以及董事会不独立，导致对经理人约束不足，非市场化的监管机制为部分经理人获取灰色收入和高额在职消费提供了便利，给企业经营和股东利益造成了不必要的损失。

竞争性国有企业混合所有制改革中的经理人激励需公司治理先行，建立有效运转和相互制衡的公司治理结构和机制，形成有利于经理人履职和职业成长的公司治理制度。混合所有制改革中的公司治理需有效解决行政干预下的"内部人控制问题"，建立与混合所有制股权结构相匹配的公司治理结构和机制，鼓励非国有股东积极参与公司治理，进一步规范董事会组成和运作机制，建立充分独立的董事会制度，不断提高公司治理绩效。因此，竞争性国有企业混合所有制改革中的公司治理一定要破除"自上而下"的行政治理，真正实现政企分开，将党组织有效融入公司治理结构，实现由行政型治理向经济型治理转变。

二 经理人双重身份未有效解决

在中国特色社会主义市场经济体制下，国有企业一直坚持党管干部的原则。由于制度惯性，现有竞争性国有企业经理人依然承担着"高管"和"高官"的双重角色，既不是真正的企业家或职业经理人，也不是真正的官员。根据北京师范大学公司治理与企业发展研究中心的调查数据来看，2013年892家国有控股的上市公司中，有112家公司对总经理实行了市场化选聘，占调查数的12.56%，可以看出，国有控股上市公司市

---

① 程承坪、焦方辉：《现阶段推进混合所有制经济发展的难点及措施》，《经济纵横》2015年第1期。

场选聘总经理的占比较低。① 因此，竞争性国有企业仍有相当一部分经理人由上级主管部门直接任命，其身份兼具"官"和"商"的属性，既要担负国家职责和社会责任，又要行使企业经营管理者的职责。在激励机制设计上享受着两种角色的待遇：一方面拿着市场化的薪酬；另一方面享受同级别公务员的政治待遇、物质待遇、荣誉声誉和政治升迁。"这种既'当官'又'挣钱'，或者可以'当官'也可以'挣钱'的角色混淆是极大的不公平，产生的社会负效应十分突出。"② 社会公众对国有企业经理人高工资的不满主要源于"高管"和"高官"双重角色制度的设计。

在前文的分析中已知，竞争性国有企业混合所有制改革有存量改革和增量改革两种方式。存量改革中的经理人身份需循序渐进地调整，而增量改革相对容易也更加快速有效。在已有的竞争性国有企业中实施存量改革，必定有一部分经理人来自原国有企业，这部分经理人既是"高管"又是"高官"，如何打破这些经理人的行政级别，进一步明确经理人角色和职能，是需要解决的又一个重要问题，只有在明确经理人身份的基础上才能够进一步深化相应的激励机制改革。

三 薪酬与企业业绩未有效挂钩

国有企业经理人与一般员工的薪酬差距成为当今社会议论的焦点问题，国务院国资委等相关部门先后出台了各种政策对国有企业经理人的薪酬水平进行限制，以此缩小国有企业内部薪酬差距。国有企业薪酬限制更多地反映出一种社会情绪，舆论对部分国有企业高管——尤其是对垄断行业高管薪酬过高表示不满，这种社会情绪源于不彻底的国有企业改革。一些垄断国有企业由于特殊资源和条件形成了垄断竞争优势，获取了高额利润，其高管薪酬也偏高。这样的企业高管薪酬就不应该完全以企业业绩作为考核标准，因为这些企业承担着重要的社会和国家职责，被赋予了独特的政治资源和垄断地位，较好的业绩表现并不是竞争的结

---

① 高明华、杜雯翠：《国有企业负责人监督体系再解构：分类与分层》，《改革》2014年第12期。

② 黄群慧：《国企发展进入"分类改革与监管"新时期》，《中国经济周刊》2013年第11期。

果。高管薪酬限制是对部分国企高管薪酬畸高现象的一种被动应对方式，但这种薪酬限制不能成为常态性的政策。应当看到，并非所有国企都是依靠垄断或政策优势而获得高额利润。处于竞争行业的国有企业主要不是靠国家的政策倾斜和垄断资源获取利润，而是依靠经理人的专业知识、才能和创新精神，赢得了一定的市场地位。企业家精神是目前中国国有企业改革中所缺乏的最稀缺且最珍贵的一种资源，是提升企业效率和可持续发展的一种重要动力。尤其是对于竞争性国有企业来说，经理人薪酬限制是一种反市场逻辑的行为，在一定程度上抑制了经理人的企业家精神。过低的薪酬水平会造成优秀经理人人才大量流失，导致经理人员供不应求，这对企业发展和国家整体都是无益的。若"一刀切"式地对所有国有企业经理人实施限薪，对竞争性国有企业中的经理人是不公平的，也不利于混合所有制改革。

目前，竞争性国有企业经理人与企业签订的是一个政治契约，其薪酬由国务院国资委或地方国资委决定，这是一种政企不分的具体体现。即使在政策上规定了其薪酬与绩效挂钩，但在实际操作过程中，经济效益指标相对于政治任务和社会稳定来说还是处于次要的地位，对经理人的奖惩主要以行政性手段为主。这就导致经理人干好干坏一个样，经营业绩并不会对其薪酬的增减形成明显影响，很难起到激励作用。从市场化的角度来说，竞争性国有企业经理人的薪酬应该同经营绩效正向挂钩，绩效好薪酬也就随之提高，绩效不好薪酬也就随之降低，但部分竞争性国有企业经理人的薪酬却与绩效反向挂钩。例如，招商轮船在2013年的净利润比2012年下跌了2497%，出现了约21亿元的亏损，但总经理谢春林的薪酬却从2012年的18万元直线上升至2013年的85万元，增长了3.7倍。① 从规范治理的角度来说，经理人的能力和经营业绩是其晋升的基础。然而，在竞争性国有企业中，由于上级主管部门和经理人之间既是上下级关系，也是行政上的隶属关系，上级主管部门倾向于任命与自己关系密切的经理人，而不是基于经理人的能力和业绩表现。这样的职

---

① 高美丽、卫志民：《高管薪酬改革关乎社会正义》，《中国青年报》2014年9月9日第2版。

位或职务晋升方式导致经理人想方设法搞好与上级主管部门的关系，而不关心企业的实际绩效和国有资产保值增值的情况。因此，竞争性国有企业混合所有制改革应在消除政策限制经理人薪酬水平的基础上，建立一种与企业绩效、同行业平均水平挂钩的薪酬激励机制。

四 中长期激励机制尚未建立健全

调查显示，在经理人薪酬结构中，股权和期权占薪酬总额的20.9%。[①] 同时，根据锐思数据库（RESSET）公布的数据来看，从2009年1月至2015年1月，由中央和地方国资委控制的365家A股上市竞争性国有企业中，实施股权激励的仅有8家，占所有竞争性国有上市公司的2.2%。由此可以发现，竞争性国有企业对经理人的激励仍以短期薪酬激励为主，表现为绩效奖金、固定月薪和年薪，并辅之以中长期激励。1996年，"期股制"就已经在国有企业中出现，但由于股权激励的法规不完善，导致其经历了许多波折。直到现在，国有企业经理人股权激励仅在小范围内试行，未能大范围推广。就现有实施股权激励的竞争性国有企业来看，还存在激励力度小、难度大、沟通困难等问题。究其原因，主要表现为三个方面。一是存在最高收益限制和行权条件限制，导致股权激励的力度不足。根据国资委先后颁布的相关规定，首次实施股权激励计划授予的股权数量原则上应控制在上市公司股本总额的1%以内，股权激励所涉及的股票累计不得超过公司股本总额的10%，此外，被激励人的股权收益不能超过薪资收入的40%，行权价格也在不断提高。二是股权激励方案要经过层层审批，沟通和实施难度大，过长的审批链和审批时间导致股权激励超过最佳时间。比如，地方竞争性国有企业要实施股权激励必须通过地方国资委、省国资委和国务院国资委的层层审批，许多方案在国务院国资委这个层面就不能获得通过。三是对股权激励的态度不明确，决策效率低下。由于股权激励所经历的波折导致国有企业主管部门对经理人股权激励的态度十分谨慎，在审批股权激励方案的时

[①] 《中国职业经理人年度报告（2013年）》（摘编），中国人力资源开发网，http://www.chinahrd.net/article/2014/03-05/131556-1.html，2014年3月5日。

候需考虑的因素很多，决策效率也随之降低。竞争性国有企业在市场中与其他所有制企业处于公平竞争的地位，如果不打破红线限制、放宽行权条件、简化审批手续就很难在经理人的中长期激励方面有所作为。由此可见，竞争性国有企业经理人中长期激励制度的建立还处于探索阶段，许多问题有待进一步解决。此外，由于短期激励制度和行政性激励制度安排的缺陷，导致经理人出现机会主义行为。考虑到个人随时可能被调走，经理人就会出现投资和经营的功利化、短期化，不去思考企业长远的发展，由此产生"有权不使过期作废"以及"59 岁现象"等问题。

五 政治监督与约束的作用有限

经理人激励是推动竞争性国有企业混合所有制改革和创新的内在动力，必须适应现代企业法人治理结构和市场的要求。但由于体制方面的原因，竞争性国有企业经理人的薪酬结构不合理，既存在显性薪酬激励与绩效挂钩不明显，也存在隐性收入激励过度和约束不足的问题。"数据显示，2013 年我国沪深上市公司主要负责人年平均薪酬水平为 76.3 万元。央企负责人薪酬水平是同期沪深上市公司主要负责人的大约 2~3 倍，与职工薪酬差距达到 12 倍之多，显著偏高。"① 金融类和垄断行业的国有企业少数经理人薪酬收入明显偏高，甚至超过了国际水平的薪酬收入，而竞争性国有企业经理人显性薪酬收入明显偏低。委托代理理论的基本主张是企业董事会具有经理人报酬的决定权，然而在竞争性国有企业中，经理人报酬受到政府主管部门的严格管制，导致显性激励不足，无法体现经理人的人力资本价值，也导致与非国有企业经理人相比竞争性国有企业经理人薪酬缺乏竞争力，从而诱发各种灰色收入和过高的职务消费。

竞争性国有企业经理人在职务消费、福利费、工会经费、商业保险、灰色收入等方面拥有过大和不受实质性约束的权力，这部分隐性收入难以衡量与限制，导致激励过度和约束不足。对于绝大多数竞争性国有企

---

① 崔丽、宋首君：《〈中央管理企业负责人薪酬制度改革方案〉正式实施》，《中国青年报》2015 年 1 月 4 日。

业来说，经理人的职务消费远高于其获得的货币薪酬，职务消费的"零花钱"不仅数量多，而且没有监督和约束，审计部门也很难作出准确判断——有多少职务消费是用于企业办事和业务需要，可能更多是用于为经理人个人铺路、拉关系。因此，与非国有企业相比，国有企业经理人广义上的薪酬远高于狭义上的货币薪酬。竞争性国有企业经理人职务消费过高和铺张浪费等问题的主要原因在于政治监督与约束的作用有限，具体表现为：部分经理人履职不规范、以权谋私；缺乏对职务消费的明确界定和严格财务审查制度；缺乏市场化的监督、惩罚和约束机制；由于竞争性国有企业经理人薪酬信息披露制度不完善导致这部分人的收入更难以有效监管。竞争性国有企业混合所有制改革，既要建立市场化激励机制，又要在加强政治监督的同时，建立市场化的监督与约束机制，减少由于行政监管不到位带来的各种违法乱纪和腐败问题。

六　缺乏市场化的惩戒与退出机制

为强化企业内部管理、深化改革、维护国有资产保值增值、促进经理人守法、守规、守纪、尽责，国家审计署对国有企业的财务收支情况进行了审计。"截至 2014 年 5 月 31 日，相关企业对 190 名相关责任人进行了严肃处理，其中厅局级干部 32 人。"[①] 在实际处理过程中，党纪处理（开除党籍）、行政处分（撤职或岗位调整）、移送司法机关（依法处理）是主要的方式，这些处理方式都没有要求经理人对企业造成的经济损失承担个人赔偿责任，遵循的是党管干部的思路，与竞争性国有企业高管身份不匹配。从近两年国家反腐的情况来看，一些竞争性国有企业经理人因为腐败和经济犯罪纷纷落马，根本原因不在经理人的贪婪，而是在一定程度上反映出现有的政治监督和约束制度缺乏有效性。经理人的双重身份决定了政治监督和约束的必要性，但由于信息不对称，多数企业总经理和董事长合二为一，董事长成为追求自身利益最大化的经理人，导致内部人控制和国有资产流失现象仍普遍存在。

---

① 《审计署负责人就 11 户国有企业审计结果答记者问（全文）》，人民网，http://politics.people.com.cn/n/2014/0620/c1001 - 25177463.html，2014 年 6 月 20 日。

竞争性国有企业效率和保值增值能力不高是普遍性问题，原因之一是市场化的惩戒和退出机制缺失。经理人只要不出现政治错误、巨额贪腐或重大经营管理失误，通常不会受到严厉的行政或经济处罚。另一方面，作为经理人的上位管理者，董事会、监事会和相关纪检部门为了规避不必要的风险（如上访、诬陷、揭发、威胁和报复等），通常不会为了维护公共利益而对经理人采取严厉有效的惩罚措施。一些经理人为了制造政绩，不惜花费大量的金钱打造政绩工程和形象工程，在调任之后却将沉重的经济负担留给企业和后任，经理人丢失的不仅是诚信，还有难以计算的经济损失。在现实中，决策和经营管理失误给企业带来的经济损失并没有得到应有的重视，在 2012 年审计调查的 53 家中央骨干企业中，造成的损失及潜在损失高达 45.57 亿元，很少有经理人为以上的巨大损失负责，最后都由国家埋单。造成损失的主要原因在于现有的惩罚机制是行政问责，对一些集体决策的事情，很难判定经理人个人的经济责任。目前，竞争性国有企业没有把经理人退出纳入市场化的经理人管理系统，导致经理人能上不能下，经理人缺乏必要的危机意识和竞争意识，以致考核结果难以与经理人聘用挂钩。

竞争性国有企业混合所有制改革引入非公资本，明确的产权主体使非公有资本有动力对经理人实施更加严厉而有效的惩戒，通过市场化退出机制淘汰不合格经理人，能够避免因经理人决策失误或经营管理不善而出现的巨额亏损或破产。因此，在混合所有制改革中，应进一步明确经理人身份，建立完善的公司治理制度，以市场化的惩戒和退出机制代替行政监督。通过调动国有股东与非国有股东积极性，形成纪委、监察、审计、股东、监事会"五位一体"的监督合力，将董事会与经理人的职能明确区分开来，强化董事会对经理人的惩戒和监督职能。

小　结

本章在国有企业分类改革的基础上，讨论了不同类别国有企业在混合所有制改革中的经理人激励问题，公益类国有企业的主要目标是保障民生和服务社会，其经理人应享有公务员级别和相应的行政待遇；关系国家安全和国民经济命脉国有企业的主要目标是实现国有资产的保值增值和国民福利最大化,经理人在享有公务员级别和行政待遇的同时,可实行半市场化的薪酬激励;竞争性国有企业以增强国有经济活力、放大国有资本功能、实现国有资产保值增值为主要目标,经理人不应享有公务员级别和行政待遇,应由董事会根据经理人市场规律、行业情况和贡献大小来确定薪酬多少。同时,通过对国有企业分类改革相关政策和改革实践的讨论发现,竞争性国有企业混合所有制改革主要有"增量"改革和"存量"改革两种方式,具体包括双向联合重组、共同出资组建、资本市场上市、引入战略投资者等方式,无论采取何种改革方式都应建立市场化的激励机制。通过对竞争性国有企业经理人激励现状分析发现,现有的行政任命、政治晋升、在职消费、政治监督与约束等方式不能满足混合所有制改革的需要。因此,混合所有制改革必须规范公司治理,解决经理人双重身份的问题,将经理人薪酬与企业绩效挂钩,建立健全中长期激励机制,实现激励与约束平衡,并建立经理人惩戒与退出机制。在明确现状与问题的基础上,为下文建立竞争性国有企业混合所有制改革中的经理人激励理论和机制提供现实依据。

第四章

国有企业混合所有制改革中经理人激励的理论框架

西方激励理论从分析人的需求和人性假设出发,在深刻认识人性和分析人的需求、动机、行为的基础上,从不同人性假设提出了多种流派的激励理论,这些理论一直指导着后续的研究。中国现有的激励理论大都根植于西方的激励理论,随着中国经济发展方式的转变,这些激励理论也在不断适应中国企业改革实践的需要。现阶段需要以新的研究视角来看待国有企业混合所有制改革,以更加务实有效的激励理论指导混合所有制改革中的经理人激励。本章将从经理人的角色分析、职能分析、需要分析、人性假设和行为分析出发,构建竞争性国有企业混合所有制改革中的经理人激励理论框架,该理论框架构建的思路如图4-1所示。

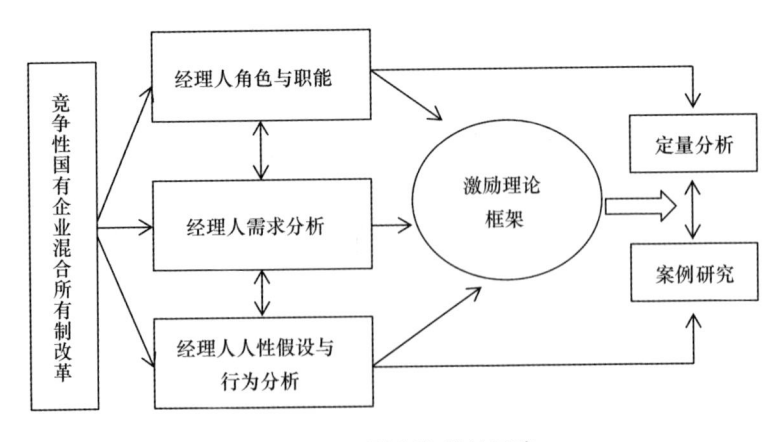

图4-1 理论框架构建思路

第一节 经理人激励理论框架构建的基础

一 经理人角色和职能分析

企业所有权与经营权分离是现代企业的普遍现象，经理人的权力也随之扩大，其行为对企业的成败有着非常深远的影响。竞争性国有企业混合所有制改革应在明确经理人角色和职能的基础上，建立一套既不影响经理人发挥职能，又能激发经理人工作积极性和创造性的激励机制。经理人角色和职能分析将对竞争性国有企业混合所有制改革中经理人激励理论构建和提高经理人工作效率奠定良好的基础。

（一）经理人的一般角色和职能

明茨伯格对5位高层经理人的研究发现，经理人有十种不同的角色，这十种角色对所有的经理人都具有普遍性。根据经理人的工作性质，十种角色被分为人际角色、信息传递者角色及决策角色三类。这三类角色既有区别，又相互联系（见表4-1）。人际角色从经理人的正式权威和地位中产生，继而产生出信息传递者中的三种角色和决策中的四种角色。在经理人的实际工作中，各种角色并非同等重要，往往是多种角色的结合。

表4-1　　　　　　　　经理人的十种角色

角色		职能	示例
人际角色	象征性领导人	企业的首脑，需要完成法律性或社交性的例行义务	庆祝大会，签署法律文件
	领袖	负责激励和指导下属	针对下属管理的所有活动
	对外联络人	维持与外部社会的联系网络，获取必要的信息与好处	感谢信，参与外部董事的工作
信息传递者角色	信息监控者	接受来自内外部的各种信息，作为企业信息的神经中枢	收集信息，处理各种信件与接触
	信息传播者	将内外部信息传递给企业中的其他成员	通过总结大会等方式向企业其他成员传递信息
	发言人	作为企业所在行业的专家，向外界发布有关企业的计划、决策、经营结果等信息	企业会议，向外部发布信息活动

续表

角色		职能	示例
决策角色	创业者	从企业内外部寻找机会启动变革	制定战略，对变革方案进行研讨
	混乱处理者	当企业面临重大或意外的混乱时，负责采取正确的行动	针对混合和危机制定战略和召开研讨会
	资源分配者	做出或批准企业中的重大决策	制定日程，作出预算，安排下属制订工作计划
	谈判者	在主要的谈判中代表企业	合同谈判

资料来源：根据陈维政、余凯成、黄培伦编著的《组织行为学高级教程》（高等教育出版社2004 年版，第 10—12 页）以及斯蒂芬·P. 罗宾斯编著的《组织行为学》（第 10 版）（孙健敏等译，中国人民大学出版社 2005 年版，第 7 页）整理所得。

巴纳德在《经理人员的职能》一书中指出，组织是沟通交流、作出贡献的意愿、共同目标三个要素的组合，而组织要持续存在就必须有效率和有效性。其中，作出贡献的意愿取决于组织成员个人在实现目标中获得的满足，如果获得的满足小于作出的牺牲，其作出贡献的意愿就会减弱或消失，组织也就失去了效率；反之，如果满足大于牺牲，作出贡献的意愿就会持续下去并保持组织的效率。基于组织建立的三要素，巴纳德提出了经理人员的三项职能：提供沟通体系、发挥促进作用以便获得必要的努力、提出和界定目的。经理人的三种职能是一个协作努力的体系，共同维持着企业的正常运转。三种职能间的合理安排，既是一门科学，又是一门艺术，三者的平衡是理想与艺术的平衡。根据巴纳德对经理人职能的划分，经理人承担着对外联络人、发言人、领袖的角色。经理人作为企业对内、对外的信息交流中心和发言人，需要完成组织构造和人员配备等重要任务；作为企业领导，需要在企业内部建立协作关系，并促使员工加倍努力工作；作为决策者，经理人不仅要制定企业发展目标，还要让员工接受目标，并将目标分解授权给其他员工来完成，最终促进企业的发展。

从明茨伯格和巴纳德对经理人角色和职能的定位来分析，无论经理人承担何种角色和职能，其目的都是为企业的存在和发展服务的，即以经济效益为目标，激发企业的生命活力和效率，实现组织的持续稳定发展。

（二）国有企业经理人的角色和职能

余凯成和孙忠臣对 10 家大中型国有企业总经理的研究发现，除了担任人际角色、信息传递者角色和决策角色以外，国有企业经理人还扮演着大家长、意识形态工作者与社会活动者三种角色，这三种角色的出现一方面是国有企业政企不分造成的，另一方面是中国社会经济体制不健全的结果。[①] 国有企业作为全民所有的企业，是中国共产党和国家事业发展的重要物质基础和政治基础，是政府干预和参与市场经济的重要手段。黄速建和余菁认为，国有企业承担着经济目标和非经济目标，国有企业除了以盈利为目标外，还承担着实现国家社会经济发展战略、改变经济结构失衡、平抑经济周期波动、培育市场经济体制，提供就业岗位、调节收入分配、维护市场秩序等非经济目标[②]。国有企业经济和非经济的双重目标决定着国有企业经理人除了要担任高级管理者角色外，还要担负执行国家政治决定和履行社会责任的高官角色，即国有企业的经理人担负着"高管"和"高官"的双重角色。"高管"角色与一般企业经理人承担的角色和职能并无差异，而"高官"角色需要经理人完成国家分派的政治任务和承担更多的社会责任。"高管"角色能够为经理人带来政治资本和谋取私利的机会，这大大增加了监督和约束成本。

一般来说，竞争性国有企业经理人应充分履行"高管"角色，将经济目标置于非经济目标之前，持续为企业和国家创造利润。由于竞争性国有企业经济目标和非经济目标盘根错节地交织在一起，在某些情况下导致经理人角色冲突。例如，为服从国家意志或政策需要，一些竞争性国有企业的经理人将自己的政治前途和"高官"角色摆在首位，以履行社会责任和完成政治任务作为主要目标，而忽视了本应该完成的经济目

---

① 参见陈维政、余凯成、黄培伦《组织行为学高级教程》，高等教育出版社 2004 年版，第 11—12 页。

② 黄速建、余菁：《国有企业的性质、目标与社会责任》，《中国工业经济》2006 年第 2 期。

标。在经营不善的情况下，一些竞争性国有企业经理人甚至以完成非经济目标为幌子而推卸经济目标责任。双重角色导致经理人在经营管理中主次不分，难以实现竞争性国有企业的经济目标。

（三）混合所有制改革中经理人的角色和职能

竞争性国有企业的主要目标是盈利，但其作为社会主体之一，也应承担相应的社会责任，这种社会责任不仅包括经济目标，也包括非经济目标。竞争性国有企业混合所有制改革中，经理人履行社会责任必须依附于经济目标的实现，在合理的制度安排下，履行社会责任和实现经济目标可以并行不悖。因此，竞争性国有企业混合所有制改革首先应摒弃经理人"高官"和"高管"的双重角色，使经理人承担一般企业经理人的角色和职能。但在混合所有制改革中，经理人应在完成经济目标的基础上，兼顾并履行相应的社会责任。因此，在我国特有的政治经济体制中，经理人还应具有特殊的角色。

竞争性国有企业混合所有制改革中的经理人在承担人际角色、信息传递者角色及决策角色等一般角色的基础上，应摒弃大家长角色，将"高官"角色转换为意识形态工作者和社会活动者等特殊角色。经理人角色的转化需要从制度上加以规范和解决。混合所有制改革中经理人继续担任意识形态工作者角色与社会活动者角色的原因如下：一是在中国社会主义经济体制下，宣传和贯彻党的方针政策义不容辞，但不能承担过多的政治任务，应将员工的价值观教育交由党委负责，经理人主要负责实现企业的经济效益目标；二是在中国传统儒家文化影响下，非正式或非经营性的社会活动必不可少，通过正式或非正式渠道参加各种社会公益活动，为造福社会贡献力量。因此，竞争性国有企业混合所有制改革，经理人的角色和职能也应该随之转变。通过表4-2的对比分析可知，竞争性国有企业混合所有制改革中经理人应承担人际角色、信息传递者角色、决策角色和特有角色等四种类型的角色。

表 4-2　　　　　　　不同企业的经理人角色类型和种类

企业类型	经理人角色类型	经理人角色种类	
		共有角色	特有角色
一般企业	人际角色、信息传递者角色、决策角色	挂名首脑、领袖、对外联络人、信息监听者、信息传播者、发言人、企业家、混乱处理者、资源分配者、谈判者	—
国有企业	人际角色、信息传递者角色、决策角色和高官角色		大家长、意识形态工作者与社会活动者
竞争性国有企业混合所有制改革	人际角色、信息传递者角色、决策角色和特有角色		意识形态工作者、社会活动者

竞争性国有企业混合所有制改革中的经理人角色相对一般企业来说增加了"意识形态工作者"和"社会活动者"两个角色，而相对其他国有企业来说少了"大家长"角色。摒弃"大家长"角色有利于经理人将时间和精力放在完成经济目标上，同时，完成国家使命和履行社会责任可以使经理人获取市场声誉、社会赞许认可和感激等，实现声誉激励和精神激励。因此，竞争性国有企业混合所有制改革，只有在明确经理人角色和职责的前提下才能对经理人实施有效激励。

二　经理人的需求分析

对经理人实施激励首先要了解其行为的原因，即经理人的需求与动机，这是经理人激励的基础。经理人的需求是潜在的，只有转化为动机后才能在行为上表现出来。需求是行为的源泉，需求转化为动机必须满足两个条件：一是有一定的强度，二是有外在的刺激。需求是经理人行为的潜在动力，动机是经理人行为的直接动力。吉尔特·霍夫斯泰德等认为动机"是一种来自个体内部的力量，它激励个体去选择这种活动而不是那种活动"。[①] 动机不仅因人而异，对同一个体来说还因时而异，

---

① ［美］吉尔特·霍夫斯泰德、格特·扬·霍夫斯泰德，《文化与组织——心理软件的力量》，李原等译，中国人民大学出版社 2010 年版，第 280 页。

即动机的形成与周围的环境有很大关系。斯蒂芬·P. 罗宾斯（Stephen P. Robbins）将动机分为强度、方向和坚持性三个关键要素①，只有在有利于组织的方向上付出较大的努力和长期的坚持才有可能实现组织的目标。因此，与组织发展方向一致的努力和坚持才是组织发展所需要的，对经理人的激励要符合组织战略发展方向。

经理人作为复杂的个体，有生理、安全、社交、自尊、自我实现等方面的需要。根据生命周期理论，经理人在不同职业发展阶段，其需求有很大差异。在多数情况下，经理人的需求层次从基本需求到高级需求逐渐变化，这种变化不是突然的或跳跃的，而是由弱到强的一个变化过程（见图4-2）。经理人作为企业的高层管理者，在个人职业发展方面已经进入职业生涯中期以后的稳定期或晚期，社交、自尊和自我实现方面的需求强度逐渐增强，而生理、安全等方面的需求强度逐渐下降。同时，

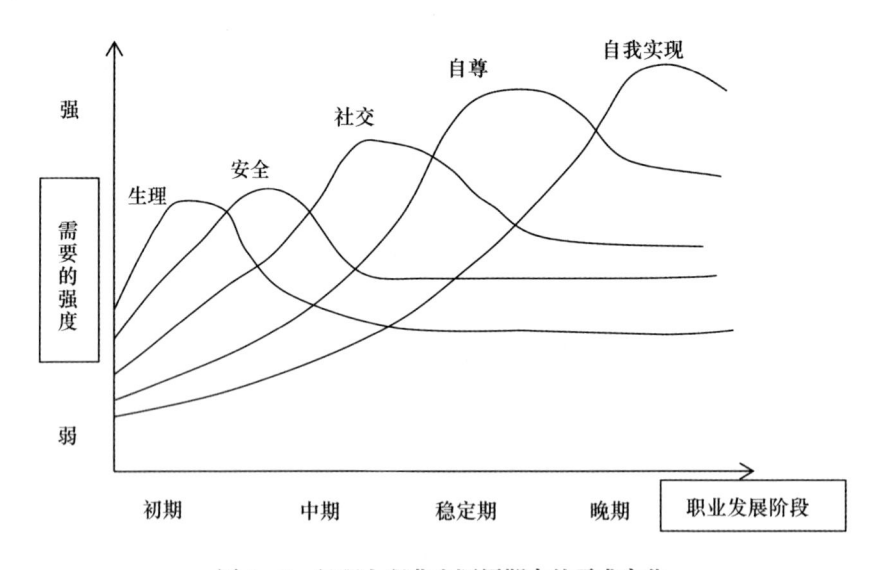

图4-2 经理人职业生涯周期中的需求变化

资料来源：根据马斯洛需求层次论和职业发展周期绘制。

---

① ［美］斯蒂芬·罗宾斯：《组织行为学》（第10版），孙健敏等译，中国人民大学出版社2005年版，第171页。

根据对经理人角色的分析发现，竞争性国有企业混合所有制改革中的经理人扮演着人际角色、信息传递者角色、决策角色和特有角色等12种具体的角色，这些角色反映出经理人在社交、自尊、自我实现等方面具有较强的需求。虽然生理、安全等方面的需求强度在减弱，但并没有消失，因此，在对竞争性国有企业混合所有制改革中的经理人进行激励时，经理人低层次的基本需求也不能忽略。

满足经理人不同层次的需求有多种方式，工资、奖金、福利等能够满足经理人的存在需求（生理需要、安全需要），权力、地位、责任、成就、认可、职业发展等能够满足经理人的关系与成长需求（社交需要、自尊需要、成长需要）。根据赫兹伯格的双因素理论，工资、奖金、福利等外在激励方式属于保健因素，能够满足经理人物质需求，消除经理人的不满意，但不能使经理人变得满意；工作丰富化、授权、肯定和表扬等内在激励方式属于激励因素，能够满足精神需求，带来满足感。虽然经理人的需求主要体现在权力、地位、社交友谊和成就等方面，精神激励的作用超过了物质激励，但报酬等物质激励是对经理人成就和人力资本价值的承认，是一种不可忽视的保健因素。此外，双因素理论指出，保健因素和激励因素之间可以转化，保健因素也可以成为激励因素。例如，将经理人的经营绩效与工作、奖金、福利等报酬挂钩，就能够对其产生激励作用，将保健因素变为激励因素。如果报酬与经营业绩没有挂钩，薪酬再多也不会对经理人产生激励作用。赫兹伯格将激励分为内在激励和外在激励，内在激励是从工作本身获得满足感，如成就、责任和能力；外在激励是外部奖励或工作以外获得的间接满足感，如高薪、晋升、和谐的上下级关系、愉快的工作环境等。罗宾斯在分析认知评价理论时指出，"外部奖励和内部奖励的相互依赖性是一种客观事实"[①]，在管理实践中，外在报酬同样具有激励作用。因此，通过精神激励和社会性激励等手段满足经理人关系与成长需求的同时，也应重视保健因素，通过经济性刺激消除经理人的不满，将保健因素转变为激励因素，这就需

---

① 参见 J. B. Miner, *Theories of Organizational Behavior*, Hinsdale, IL: Dryden Press, 1980, p. 157。

建立一种动态的中长期激励机制。

三 经理人的人性假设与行为分析

（一）经理人的人性假设

管理就是依据不同的人性假设采取不同的激励和约束措施[①]。人性包括基于生理反应的本能和基于社会互动产生的社会性两方面的内容[②]。"经理人的行为是动态的、可变的，而非单一的或静止的"[③]，其行为比"经济人"假设和"社会人"假设具有更加复杂的特征，仅依靠其中某一种假设来激励经理人都会因为人性的复杂而出现偏差。竞争性国有企业混合所有制改革中的经理人作为社会人，其拥有的人力资本不依附于国家、企业，只依附于个人，其需求是多变的，难以被直接观测，单一的"经济人"假设和"社会人"假设并不适合于经理人。经理人适合于"复杂人"的假设，即经理人的需求是多种多样的，既有经济性需求也有社会性需求，这些需求相互作用形成错综复杂的动机模式，这是内外部环境相互作用的结果。同时，在中国传统文化的影响下，经理人也是"道德人"，在文化的影响下能够以道德自律的方式进行自我管理和自我激励，实现个人与企业、社会的融合。经理人的人性假设模型如图4-3所示。

因此，竞争性国有企业混合所有制改革中的经理人应基于"复杂人"假设，既是"经济人""社会人"，也是"道德人"。经理人既有利己行为也有利他行为，既有物质需求也有精神和自我实现的需求。因此，董事会与经理人之间既需要清晰的合同条款来激励和约束经理人，也需要有复杂的情感交流。基于"经济人"假设的物质激励只能满足经理人的低层次需求，基于"社会人"的精神激励将有助于使经理人对企业产生认同感，基于"道德人"假设的文化塑造和自律能够对经理人产生软约

[①] 李大元、陈应龙：《东方人性假设及中国管理流派初探》，《经济管理》2006年第17期。

[②] 朱富强：《现代经济学中人性假设的心理学基础及其问题——"经济人"假设与"为己利他"行为机理的比较》，《经济学家》2011年第3期。

[③] Albanese, R., M. T. Dacin, I. C. Harris, "Agents as Stewards", *Academy of Management Review*, No. 3, 1997, pp. 609–611.

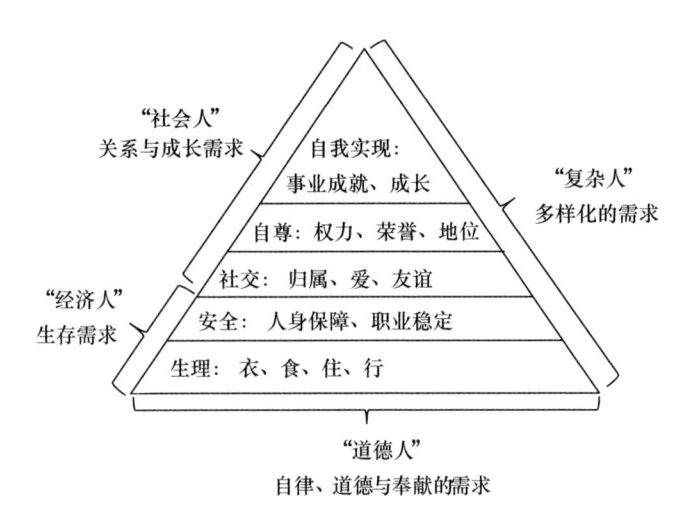

```
                    自我实现：
        "社会人"   事业成就、成长      "复杂人"
        关系与成长需求              多样化的需求
              自尊：权力、荣誉、地位
              社交：归属、爱、友谊
        "经济人"  安全：人身保障、职业稳定
        生存需求
              生理：衣、食、住、行
                    "道德人"
                自律、道德与奉献的需求
```

图 4-3　经理人的人性假设

束。因此，竞争性国有企业混合所有制改革中的经理人激励应采取物质激励、精神激励、制度性激励相结合的方式，并通过完善公司文化实现道德约束，以帮助经理人成长和自我实现。

（二）经理人行为分析

朱富强基于"经济人"假设和"社会人"假设形成的"为己利他"行为机理认为，"为己"体现的是人类的动物性本能，而"利他"则是实现"为己"目的的有效手段，体现了人的社会性要求①。杜布林认为，个人利益在激励中扮演了重要角色，人的任何行为都是从自我利益出发，希望从行为中获得回报，即使是那些帮助别人的行为，也是因为这些行为能够帮助自己。② 竞争性国有企业混合所有制改革中，经理人在扮演意识形态工作者和社会活动者角色时，通过履行国家义务和社会责任，以此提高社会声誉，能够满足经理人的心理需要，是一种自我实现的行为，这里面既有弗洛伊德所谓的"原因"，也有马斯洛所谓的除动机以外的

---

① 朱富强：《现代经济学中人性假设的心理学基础及其问题——"经济人"假设与"为己利他"行为机理的比较》，《经济学家》2011年第3期。
② ［美］杜布林：《心理学与工作》，王佳艺译，中国人民大学出版社2007年版，第167页。

"表达性"行为。经理人具有"利己利他"的双重行为，其表现出来的行为首先是满足"身体我"的经济性需求，然后才是满足"社会我"的社会性需求。一般来说，经理人的行为是有目的和动机的，是为了追求自身效用最大化。在经理人低层次的物质需求未满足的情况下，金钱等外部刺激能够激发"表达性"行为。当经理人的需求到达了自我实现的层级时，其行为是自发性的，不需要外部刺激，需要的是自我激励和约束，这就应从自我实现等精神方面进行激励和约束。因此，根据弗洛伊德和马斯洛对人的行为的研究，可以将经理人的行为分为内在行为和外在行为，外在行为是应对性行为，内在行为是表达性行为，与之对应的激励措施包括外在的经济性刺激和内在的自我满足与自我实现。

第二节 经理人激励理论框架构建

一 经理人激励的逻辑

西方激励理论基于"需求→激励干预→行为"的逻辑，首先去研究人的需求，然后通过激励干预将需求转化为行为，从而调动经理人的工作积极性（激励过程如图4-4所示）。

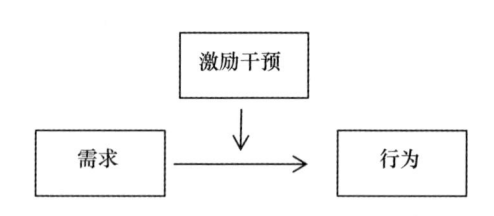

图4-4 西方激励理论的逻辑

西方激励理论以"需求"为基础，而我国激励理论的逻辑起点是"欲望"。"欲望"相当于愿望和理想，和"需求"的区别在于欲望的产生可以是无条件的，可以根据主观性和虚无的想象获得欲望。李一将中国的激励理论分为儒家的进取理论、道家的自然理论和佛教的节欲理论，三种激励理论代表了三种不同的境界："血气方刚时，欲建功立业，一般都会以儒家进取理论为信条，发奋进取，自强不息；遭遇挫折之后，锐气收敛，甚至心灰意冷，开始理解道家学说之可贵，逐渐重视修身养性，享受生命，以减轻失意的痛苦；在屡遭打击、万念俱灰之后，则往往避开世俗，体味万事皆空的境界，借以安慰自己创伤累累的心灵。"[①] 与西方激励理论"以事为本"的激励目的相反，中国激励理论"以人为本"，考虑人的正当欲望是否得到满足，虚无缥缈、不切实际的欲望是否得到约束。东方激励理论的逻辑如图 4-5 所示。

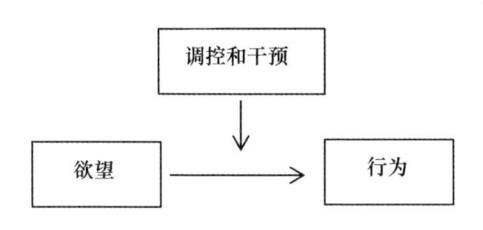

图 4-5　东方激励理论的逻辑

在竞争性国有企业混合所有制改革实践中，应对经理人的欲望进行识别和分析，对欲望的利弊作出评价，然后对欲望进行调控和干预，或鼓励、促进、刺激，或批评、抑制、约束，最后由经理人自觉地去实现欲望，保证合理的欲望转变为必要的行为。

经过多年的研究和发展，激励理论已经具备了相对成熟的理论基础，中西方的激励理论各有优势，我们不能简单地区分"需求"和"欲望"的好坏。中西方对人性的不同假设会产生不同的激励理论，影响人行为的因素很多，"需求"或"欲望"只是研究激励理论的一个角度。因此，在竞争性国有企业混合所有制改革中，激励理论应遵循"欲望→调控和干预→行为"和"需求→激励干预→行为"的双重逻辑，将经理人视为"复杂人"，通过激发其潜在需求和约束欲望来构建竞争性国有企业混合所有制改革中的经理人激励理论框架。

[①]　李一：《探析源于中国本土文化的激励理论》，《领导科学》2005 年第 13 期。

二 经理人激励理论框架

经理人作为"复杂人",存在多方面的需求和欲望。经理人需求和欲望的多变难以对其进行准确的判断,应通过人本管理的方式来满足需要并调节欲望。人本管理以经理人需求和欲望为出发点,强调经理人个人目标与企业目标的协调统一,满足经理人在特定职业发展阶段下最重要的需求,"这就强调激励要随环境的变化,个性化、针对性地适应"①。目前,一些经理人的正当需求未得到满足,导致一些不切实际的欲望出现,比如,行政化的薪酬体系限制了经理人的个人收入水平,导致其通过职务上的便利收取贿赂以满足物质方面的需求和欲望。竞争性国有企业混合所有制改革,要对经理人实施市场化的激励,让市场机制而非政府行为在经理人激励中起主导作用,以此满足经理人经济需求和社会需求,并通过市场机制约束其不切实际的欲望。

经理人的"复杂"不仅体现在需求的多样性上,还体现在角色和职能的多元化。竞争性国有企业混合所有制改革中的经理人担任人际角色、信息传递者角色、决策角色、特有角色四种类型共 12 种角色。在不同的环境和角色中,经理人应履行不同的职责,而健全的制度环境有利于经理人成长和更好地履行职责。经理人作为企业的高级管理人员,对其角色和履职影响最大的制度环境来自选聘制度和公司治理制度,包括企业股权结构、董事会结构、决策权与经营权分离等公司治理结构和机制。例如,规范的公司治理要求决策制定和决策执行相分离,由董事会选聘经理人并负责制定公司发展战略,经理人负责执行董事会的决议。如果董事会和经理人的职责没有得到明确约定,董事会时常干扰经理人的日常经营管理活动,这将导致董事会与经理人的角色和职能冲突。由于董事会的干扰导致经理人的经营才干不能有效发挥,既不利于经理人履行职责,也不利于经理人职业成长。

混合所有制改革的目的是要实现国有资产保值增值,实现各种所有制资本取长补短、相互促进、共同发展。其中,经理人激励制度环境的

---

① 李大元、陈应龙:《东方人性假设及中国管理流派初探》,《经济管理》2006 年第 17 期。

改善是实现国民共进共赢的关键。虽然一些处于竞争性领域的国有企业通过上市等方式成为混合所有制企业,但依然存在运行效率低下的情况,究其原因是缺乏规范有效的公司治理,未有利于经理人职业成长的制度环境。良好的制度环境不仅有利于经理人的成长和更好地履职,还能够满足经理人关系和成长方面的高层次需求。因此,良好的制度环境也将成为激励经理人努力工作的激励因素。在竞争性国有企业中,很少见到优秀的经理人,一些企业开出了优厚的待遇条件,依然没能吸引到外部优秀的经理人加入,其中一个重要原因是这些企业没能为经理人提供发挥才能和有利于职业成长的制度环境。在现有管理制度中,经理人更多地由政府主管部门行政任命并以"高官"的身份出现在国有企业中,身份和角色的冲突导致经理人丧失了作为企业经营管理者应尽的义务和职责。竞争性国有企业混合所有制改革首先应解决制度环境问题,从公司治理和经理人选聘制度出发建立规范有效的公司治理,只有这样才能有效地对经理人实施市场化的激励。同时,将良好的制度环境作为激励经理人的重要手段,可以从公司治理方面进一步拓展激励理论,使其更好地服务于国有企业改革。

经理人作为"复杂"的个体,既有满足自我经济性需要的利己行为,也有满足社会性交往的利他行为,而制度环境对经理人职业成长和履职有很大影响,良好的制度环境将满足经理人社会交往的需要。因此,基于对经理人角色、需求、人性假设和行为的分析,在传统激励理论的基础上,从制度性激励、经济性激励、社会性激励三个方面构建竞争性国有企业混合所有制改革中的经理人激励理论框架(见图4-6)。

该理论框架将经理人视为"复杂人",根据马斯洛的需求层次论将经理人的需求分为经济需求和社会需求,经济需求包括衣、食、住、行、人身保障和职业稳定等方面的需求,社会需求包括归属、爱、友谊、权力、荣誉、地位、事业成就和成长等方面的需求。在经理人的职业生涯中后期,基本的生存需求得到满足,而权力、荣誉、地位与成长等方面的需求则变得更加强烈。此外,竞争性国有企业混合所有制改革中的经理人承担着12种角色,这些角色决定了其工作职能是复杂多样的,只有在规范制度环境的条件下才能使经理人有效履行职责并实现事业成长。

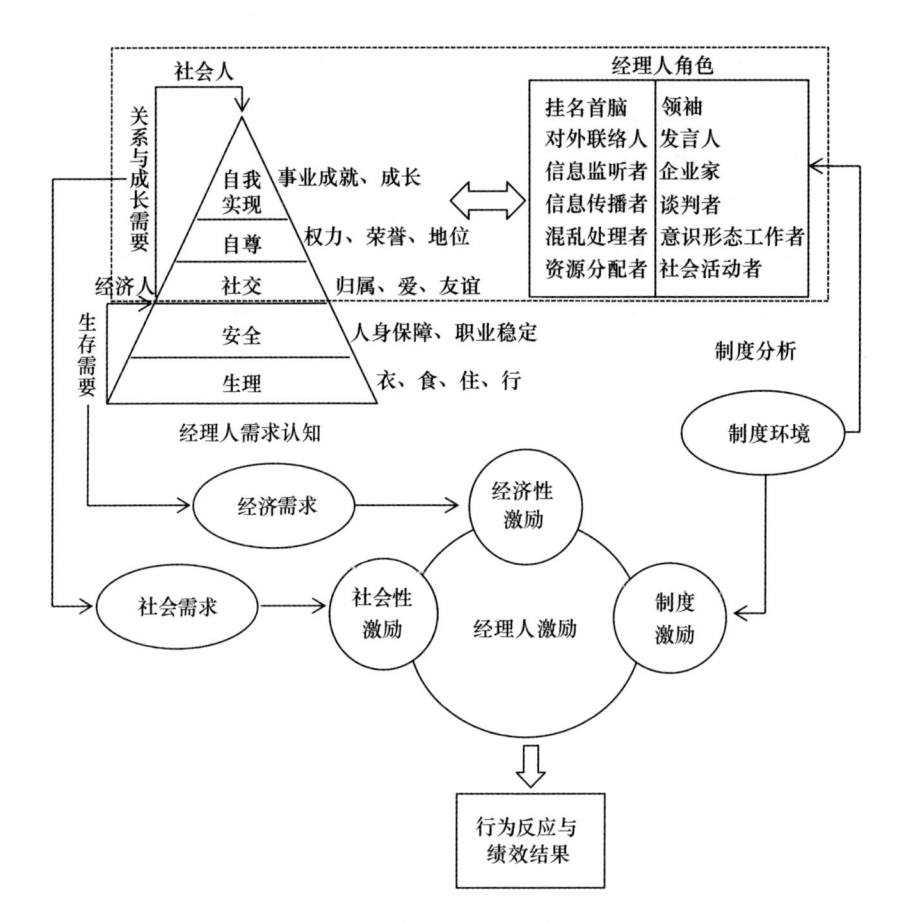

图4-6　竞争性国有企业混合所有制改革中的经理人激励理论框架

因此，对经理人的激励应在满足其基本经济需求的基础上，注重对职业成长与社会地位、荣誉等方面的社会性激励，并通过规范制度的建立对其进行激励和约束。激励的结果体现在经理人行为和绩效两个方面，当经理人的行为（努力）达到企业绩效目标后，董事会对经理人的这种行为进行肯定和奖赏，使该行为（努力）得到保持或反复发生；当行为未达到目标时，董事会对经理人的这种行为进行惩罚或忽略，使该行为（努力）逐渐衰减或消除。根据强化理论，当满足绩效目标的行为得到及时奖励和肯定时，被激励者将意识到强化与目标行为之间的联系，该行为出现的频率就会提高。因此，董事会在对经理人行为正面强化的同时，需运用惩罚等方式削弱或改变经理人的不良行为。同样，惩罚等负面强化也要及时合理,惩罚的后果包括积极的和消极的,惩罚的力度也要分情况而定,否则将导致消极的后果。

第三节 基于大样本的定量分析

国家在混合所有制改革顶层设计方案以及相关政策文件中多次指出,要推行职业经理人制度,建立市场化的激励约束机制,对经理人实施契约化管理,并探索中长期激励机制。从国家高层的意志可以看出,竞争性国有企业混合所有制改革必须走市场化的道路,建立市场化的薪酬激励和中长期激励机制,这些激励措施注重对经理人实施经济性激励。因此,作为激励理论主要内容之一的经济性激励将是竞争性国有企业混合所有制改革中经理人激励的重要内容。薪酬激励是经理人激励的核心内容,也是解决经理人代理问题的主要方式之一。Mehran 的研究发现,经理人更多地受到薪酬结构的激励,单一的薪酬结构对经理人的激励效果十分有限,激励效果一般[1]。竞争性国有企业混合所有制改革,如何实施以薪酬激励和中长期激励为主的经济性激励,以及从哪些方面提高薪酬激励的效果需要通过进一步的研究得到验证。

混合所有制改革的主要目的是通过引入非国有资本和市场化的经营管理机制激发国有企业活力,提高国有资本效率。从以往的研究和实践来看,非国有企业的市场化程度更高,公司治理更加规范有效,经营效率也更高。基于该前提,本节对竞争性国有企业与民营企业的薪酬激励和中长期激励机制进行对比分析,根据分析结果提出更加完善的经济性激励。

一 研究假设

(一) 经理人薪酬与企业绩效

经理人是企业的战略性资源,是稀缺的人力资本。经理人的努力程度受到薪酬的影响,高货币薪酬对经理人的努力具有一定的刺激作用,

---

[1] Mehran, H., "Executive Compensation Structure, Ownership, and Firm Performance", *Journal of Financial Economics*, Vol. 38, No. 2, 1995, pp. 163–184.

能够促进企业绩效的提升。已有的研究表明,经理人与董事会签订的薪酬契约能够降低代理成本和道德风险,经理人薪酬与企业绩效之间存在正相关。① 在其他条件一定的情况下,高管薪酬与企业绩效正相关,说明上市公司建立了以公司业绩为基础的薪酬激励制度②。刘凤委等对国有上市公司的研究发现,在其他因素被控制的情况下,竞争程度越高,经营者薪酬与企业业绩的相关度越高;政府干预越多,经营者薪酬与企业业绩的相关度越低。③ 竞争性国有企业受到上级主管部门的干预较多,除了经营业绩压力外,还有着冗余雇员等政策性负担。冗余雇员的存在显著降低了国有上市公司高管薪酬与业绩的敏感性,导致国有企业高管激励失效④。这说明竞争性国有企业在经理人薪酬激励中未发挥市场的主导作用,薪酬激励的市场化程度不高。民营企业较少受到政府的干预,企业股东更有动力激励高管人员,企业高管货币薪酬与企业绩效之间关系更加紧密⑤。基于以上分析,笔者提出以下假设:

假设1:经理人薪酬与企业绩效正相关,与竞争性国有企业相比,非国有企业经理人薪酬与企业绩效的相关性更明显。

(二)代理成本与企业绩效

代理成本包括控股股东与中小股东之间的代理成本以及委托人与代理人之间的代理成本,以下主要讨论后一种代理成本。根据 Jensen 和 Meckling 的观点,代理成本是委托人与代理人之间执行委托代理契约而发

---

① 参见 Jensen, M. C. and W. H. Meckling, "Theory of the Firm: Managerial Behavior, Agency Costs and Ownership Structure", *Journal of Financial Economics*, No. 4, 1976, pp. 305 – 360; Barro, J. R., R. J. Barro, "Pay, Performance, and Turnover of Bank CEOs", *National Bureau of Economic Research*, 1990; 韩慧林、孙国辉:《不同控制环境下高管薪酬对企业绩效的影响》,《经济与管理研究》2014 年第 12 期。

② 刘长庚、王伟、许明:《上市公司业绩、资本市场特征与高管薪酬激励研究——以湖南上市公司为例》,《经济经纬》2014 年第 5 期。

③ 刘凤委、孙铮、李增泉:《政府干预、行业竞争与薪酬契约——来自国有上市公司的经验证据》,《管理世界》2007 年第 9 期。

④ 杜江、黄珊:《我国上市公司高管薪酬激励:绝对激励与相对激励》,《经济经纬》2014 年第 3 期。

⑤ 朱焱、翟会静:《管理层权力、高管人力资本激励与企业绩效》,《财经理论与实践》2014 年第 6 期。

生的支出和损失,包括委托人的监督支出、代理人的保证支出和剩余损失(代理人的决策与使受托人福利最大化的决策之间存在的偏差而造成的货币损失)。[1]经理人的在职消费作为代理成本的主要形式之一,在国有企业和民营企业普遍存在。由于剩余索取权与最终控制权分离程度不同,国有产权企业的代理成本普遍高于混合产权企业的代理成本,混合产权企业的代理成本高于个人产权企业的代理成本[2]。赵岩和苑卉将激励分为显性契约激励与隐性契约激励(即在职消费),国有控股上市公司经理人的隐性契约激励明显高于非国有控股上市公司[3]。同时,罗宏和黄文华、陈冬华等的研究表明,国有企业在职消费与公司业绩负相关[4]。由于国有企业"所有者缺位",存在严重的内部人控制问题,导致经理人最大限度地获取在职消费以弥补显性激励不足。基于以上分析,提出以下假设:

假设2:代理成本与公司绩效呈负相关,与竞争性国有企业相比,民营企业的代理成本与公司绩效的负相关性不明显。

(三) 薪酬差距与企业绩效

根据锦标赛理论,扩大经理人之间的薪酬差距能够激发经理人之间的竞争,有助于提升企业绩效。既有研究发现,经理人之间的薪酬差距与企业绩效之间存在正相关[5]。周权雄和朱卫平的研究表明,薪酬差距的扩大能够增加国有企业经理人的努力水平,有利于企业绩效的提

---

[1] Jensen, M. C., Meckling, W. H., "Theory of the Firm: Managerial Behavior, Agency Costs and Ownership Structure", *Journal of Financial Economics*, No. 4, 1976, pp. 305 – 360.

[2] 李寿喜:《产权、代理成本和代理效率》,《经济研究》2007年第1期。

[3] 赵岩、苑卉:《中国上市公司企业家激励约束机制与企业业绩关系再研究——国有控股与非国有控股公司的比较视角》,《经济管理》2014年第12期。

[4] 罗宏、黄文华:《国企分红、在职消费与公司业绩》,《管理世界》2008年第9期;陈冬华、陈信元、万华林:《国有企业中的薪酬管制与在职消费》,《经济研究》2005年第2期。

[5] Kale, J. R., E. Reis, A. Venkateswaran, "Rank – order Tournaments and Incentive Alignment: The Effect on Firm Performance", *The Journal of Finance*, Vol. 64, No. 3, 2009, pp. 1479 – 1512; Lee, K. W., B. Lev, G. H. H. Yeo, "Executive Pay Dispersion, Corporate Governance, and Firm Performance", *Review of Quantitative Finance and Accounting*, Vol. 30, No. 3, 2008, pp. 315 – 338;刘子君、刘智强、廖建桥:《上市公司高管团队薪酬差距影响因素与影响效应:基于本土特色的实证研究》,《管理评论》2011年第9期。

升。① 但是，在强调社会公平和平均主义的传统文化影响下，薪酬差距的扩大不仅起不到良好的激励效果，甚至还会影响团队协作。竞争性国有企业经理人之间的薪酬差距并不明显，对经理人的激励具有普惠制。比如，在竞争性国有企业中，副总经理的薪酬一般取总经理薪酬的80%或70%，一些企业甚至只有10%或20%的差距，平均主义明显，而民营企业总经理与副总经理的薪酬差距可能有数倍。基于以上分析，提出以下假设：

假设3：经理人薪酬差距与企业绩效正相关，与竞争性国有企业相比，民营企业经理人薪酬差距与企业绩效的相关性更明显。

（四）中长期激励与企业绩效

中长期激励是相对货币薪酬来说的，主要包括股票期权、限制性股票等股权激励形式。股权薪酬能够协调管理层和股东之间的利益，体现股东财富最大化对于高管薪酬的决定性影响，股权激励是对高管实施薪酬激励的重要手段②。Mehran的研究发现，高管股票支付与企业绩效成正相关③。雷霆和周嘉南的研究表明，股权激励已经成为上市公司薪酬激励计划的重要组成部分，股权激励能够扩大经理人内部薪酬差距，对经理人激励具有一定的有效性。④ 自国务院国资委提出股权激励以来，国有企业股权激励受到了严格的监管和限制，严重阻碍和延缓了股权激励的推行，达不到理想的激励效果，同时，推出股权激励计划的国有控股上市公司明显少于民营企业⑤。根据《国有控股上市公司（境内）实施股权激励试行办法》（2006年）的规定，上市公司首次实施股权激励计划授

---

① 周权雄、朱卫平：《国企锦标赛激励效应与制约因素研究》，《经济学》（季刊）2010年第2期。

② 汪平、邹颖、黄丽凤：《高管薪酬激励的核心重构：资本成本约束观》，《中国工业经济》2014年第5期。

③ Mehran, H., "Executive Compensation Structure, Ownership, and Firm Performance", *Journal of Financial Economics*, Vol. 38, No. 2, 1995, pp. 163 – 184.

④ 雷霆、周嘉南：《股权激励、高管内部薪酬差距与权益资本成本》，《管理科学》2014年第6期。

⑤ 邵帅、周涛、吕长江：《产权性质与股权激励设计动机——上海家化案例分析》，《会计研究》2014年第10期。

予的股权数量原则上应控制在上市公司股本总额的1%以内，全部有效的股权激励计划所涉及的标的股票总数累计不得超过公司股本总额的10%。2010—2014年，推出股权激励计划的竞争性国有上市公司共8家，民营企业超过200家，在数量上竞争性国有上市公司与民营企业存在明显差距。在股权激励效果方面，辛宇和吕长江的研究发现，国有企业股权激励兼具激励、福利和奖励三种性质，无法发挥应有的激励效果。[①] 与民营企业相比，国有企业股权激励的市场化程度有待提高。基于以上分析，提出以下假设：

假设4：经理人中长期激励计划与企业绩效正相关，与竞争性国有企业相比，民营企业经理人中长期激励计划比竞争性国有企业的更有效。

二 研究设计

（一）样本选择与数据筛选

本书选择2009—2014年沪深两市上市的企业为研究样本，根据实际控制人分为国有企业与非国有企业。同时，根据前文对国有企业的分类，选择竞争性国有企业加以分析。具体筛选标准如下：剔除金融保险类企业；剔除ST和数据不全的样本；数据来自北京聚源锐思数据科技有限公司提供的锐思数据库（www.resset.cn），部分数据通过查阅上市企业年报，采取手工整理的方式获得。最终，竞争性国有企业251家，民营企业539家，2009—2014年的有效样本量为4026个（见表4-3）。运用EXCEL与SPSS 22对整理后的数据进行分析和处理。

表4-3　　　　竞争性国有企业与民营企业数量及样本分布情况

企业性质	企业数量（家）	样本数量（个）
竞争性国有企业	251	1236
民营企业	539	2790
合计	790	4026

[①] 辛宇、吕长江：《激励、福利还是奖励：薪酬管制背景下国有企业股权激励的定位困境——基于泸州老窖的案例分析》，《会计研究》2012年第6期。

为检验中长期激励与企业绩效之间的关系，本书通过锐思数据库获取了在2010年至2014年之间实施股权激励计划的企业数据，共计221个样本（见表4-4）。对数据库进行检索发现，在2010年到2014年实施股权激励的竞争性国有企业不多，总共有8家企业，其中两家企业在五年的时间中分别实施了两次股权激励。相比较而言，民营企业实施股权激励的数量和频率都要高于竞争性国有企业，这说明股权激励在市场化程度更高的民营企业中运用比较普遍。此外，从激励模式的角度来看，限制性股票的使用频率远高于股票期权，这说明无论是竞争性国有企业还是民营企业，在对经理人实施股权激励的同时，也更注重对经理人进行约束。

表4-4　　　　实施中长期激励计划的企业数量分布情况

企业性质	年度	2010	2011	2012	2013	2014	合计
竞争性国有企业	股票期权	—	—	—	1	2	3
	限制性股票	1	—	1	2	1	5
民营企业	股票期权	3	3	6	13	18	43
	限制性股票	—	14	37	53	66	170
合计		4	17	44	69	87	221

（二）变量选取与模型构建

1. 解释变量

经理人薪酬（RW），选取样本企业前3名经理人薪酬的平均数作为经理人的货币薪酬。在公司治理的研究中，经理人代理成本（AE）的计量方法有多种，Singh和Davidson采用管理费用率和营业费用率来计算经理人的代理成本[①]。在代理成本的计量中，管理费用率被广泛采用。因此，本书采用管理费用率来衡量经理人的代理成本。

---

① Singh, M. and W. N. Davidson, "Agency Costs, Ownership Structure and Corporate Governance Mechanisms", *Journal of Banking and Finance*, No. 5, 2003, pp. 793–816.

$$管理费用率(Admexprt) = \frac{管理费用}{主营业务收入} \times 100\%$$

经理人薪酬差距（WG）能够反映企业对经理人激励的强度，参考 Bebchuk 和雷霆、周嘉南等的研究①，可以由前 3 名经理人平均年薪与全体高管平均年薪之间的比例来衡量。全体高管包括董事、监事、总经理、副总经理、CEO 等。

$$经理人薪酬差距(WG) = \frac{前3名经理人平均年薪}{全体高管平均年薪}$$

中长期激励计划主要由股权激励（IC）来计量，根据巩娜、何炜、陈文强和贾生华等的研究②，本书选取股权激励股本占总股本的比例作为中长期激励的代理变量。

2. 被解释变量

根据以往的文献，评价企业绩效的财务指标包括销售利润率、托宾 Q 值、净资产收益率（ROE）、资产净利率（ROA）、每股收益增长率（EPS）等，其中，ROE、ROA、EPS 使用的最多。本书将采用净资产收益率（ROE）、资产净利率（ROA）、每股收益增长率（EPS）三个指标，通过构建综合绩效指标来衡量企业绩效。采用因子分析法提取以上三个指标的公因子和方差贡献率，然后得出企业绩效（EP），即：

$$EP = CF_1 \times V_1 + CF_2 \times V_2 \tag{1}$$

其中，CF_1 和 CF_2 为 ROE、ROA 和 EPS 的公因子，V_1 和 V_2 为公因子的方差贡献率。

相关性检验及公因子提取指标间的相关性测试是分析是否适合做因子分析的前提。根据 Kaiser 提出的抽样适当性量数（KMO）和巴特利特球度检验，以上三个指标适合通过主成分分析法提取公因子。采用主成分分析法并配合方差最大旋转（varimax）进行正交旋转（orthogonal

---

① 参见 Bebchuk, L. A., Cremers, K. J. M., "Peyer U C. The CEO Pay Slice", *Journal of Financial Economics*, No. 1, 2011, pp. 199–221；雷霆、周嘉南《股权激励、高管内部薪酬差距与权益资本成本》，《管理科学》2014 年第 11 期。

② 巩娜：《上市公司管理者股权激励研究》，博士学位论文，吉林大学，2009 年；何炜：《上市公司管理层股权激励研究》，博士学位论文，中南大学，2011 年；陈文强、贾生华：《股权激励、代理成本与企业绩效》，《当代经济科学》2015 年第 2 期。

rotation),如表 4-5 所示,特征值大于 1 的因子只有 1 个,但此时正交旋转后累计的方差贡献率仅为 43.350%,不能有效涵盖样本的所有信息。为了使公因子能够有效反映大部分样本信息,并且第 2 个特征值为 0.917,接近 1。因此,选取 2 个公因子,分别用 CF_1 和 CF_2 表示,这时正交旋转后累计的方差贡献率为 80.558%,能够反映大部分样本信息。

表 4-5　　　　　　　　　特征值和方差贡献率分析

成分	原始特征值			提取平方和载入			旋转平方和载入		
	特征值	方差贡献率(%)	累计(%)	特征值	方差贡献率(%)	累计(%)	特征值	方差贡献率(%)	累计(%)
1	1.500	49.992	49.992	1.500	49.992	49.992	1.300	43.350	43.350
2	0.917	30.566	80.558	0.917	30.566	80.558	1.116	37.208	80.558
3	0.583	19.442	100.000						

注:主成分分析法 (extraction model: principal component analysis)。

表 4-6　　　　　　　　　因子得分系数矩阵

	成分	
	1	2
净资产收益率(ROE)	0.751	-0.260
资产净利率(ROA)	0.472	0.286
每股收益增长率(EPS)	-0.158	0.892

根据因子得分系数矩阵(表 4-6),得出 2 个公因子的计算模型,分别为:

$$CF_1 = 0.751ROE + 0.472ROA - 0.158EPS \qquad (2)$$

$$CF_2 = -0.260ROE + 0.286ROA + 0.892EPS \qquad (3)$$

其中,ROE、ROA、EPS 代表各个样本净资产收益率、资产净利率、每股收益增长率的具体指标。由主成分分析法得出的 2 个公因子 CF_1、CF_2,以及 V_1、V_2 可以得出样本企业绩效评价模型:

$$EP = 0.4335CF_1 + 0.37208CF_2 \qquad (4)$$

将式（2）和式（3）代入式（4），即得：

$$EP = 0.229ROE + 0.311ROA + 0.263EPS \quad (5)$$

3. 控制变量

为消除其他因素对被解释变量的影响，集中研究解释变量与被解释变量之间的关系，本书根据赵震宇、杨之曙、白重恩、牛雪、张玉明、宗文龙、王玉涛、魏紫等的研究[①]，为了防范经理人的道德风险，公司规模越大，资产负债率越低，经理人的薪酬激励越强。因此，本书将企业规模（SIZE）、资产负债率（DAR）作为控制变量，控制其对企业绩效的影响。其中，企业规模（SIZE）为企业资产总额的自然对数，资产负债率（DAR）为企业总负债与企业总资产之间的比率。既往的研究表明，由于上市公司经理人薪酬存在行业差距，一些学者将所在行业作为控制变量。但本书主要研究竞争性国有企业与民营企业之间的对比，都处于竞争性行业。因此，在控制变量中不考虑所在行业。与企业规模一样，企业成长性（GR）对企业绩效的影响不能忽略，但其作用和方向难以确定，必须加以控制，可由企业主营业务收入增长率来计量。根据研究需要，依据产权性质（STATE）将样本企业分为竞争性国有企业和民营企业，竞争性国有企业取值为1，民营企业取值为0（见表4-7）。

表4-7　变量定义

变量名	变量符号	变量描述
企业绩效	EP	由净资产收益率（ROE）、资产净利率（ROA）、每股收益增长率（EPS）三个指标通过因子分析法获得
	ROE	净资产收益率
经理人薪酬	RW	前3名经理人货币年薪的自然对数
代理成本	AE	管理费用率=（管理费用/主营业务收入）×100%
经理人薪酬差距	WG	前3名经理人平均年薪/全体高管平均年薪

[①] 赵震宇、杨之曙、白重恩：《影响中国上市公司高管层变更的因素分析与实证检验》，《金融研究》2007年第8期；牛雪、张玉明：《委托代理视角下的管理层股权激励实证研究》，《统计与决策》2013年第8期；宗文龙、王玉涛、魏紫：《股权激励能留住高管吗？——基于中国证券市场的经验证据》，《会计研究》2013年第9期。

续表

变量名	变量符号	变量描述
股权激励	IC	股权激励股本占总股本比例
公司规模	SIZE	样本企业资产总额的自然对数
资产负债率	DAR	样本企业总负债与企业总资产之间的比率
产权性质	STATE	实际控制人为国有企业或民营企业，国有企业时取值为1，否则为0
企业成长性	GR	主营业务收入增长率
股权集中度	OwnCon	前10大股东持股比例之和

4. 模型构建

为研究经理人薪酬、代理成本和经理人薪酬差距对企业绩效的影响程度，本书构建回归模型（6）：

$$EP = \beta_0 + \beta_1 AE + \beta_2 RW + \beta_3 WG + \beta_4 SIZE \\ + \beta_5 DAR + \beta_6 STATE + \beta_7 GR + \varepsilon \qquad (6)$$

式（6）中，β_0 为常数项，β_1、β_2、β_3、β_4、β_5、β_6、β_7 为回归系数，ε 为随机干扰项。

为研究中长期激励对企业绩效的影响成本，本书构建回归模型（7）：

$$ROE = \alpha_0 + \alpha_1 IC + \alpha_2 SIZE + \alpha_3 STATE + \alpha_4 GR \\ + \alpha_5 OwnCon + \varepsilon_i \qquad (7)$$

式（7）中，α_0 为常数项，α_1、α_2、α_3、α_4、α_5 为回归系数，ε 为随机干扰项。

三 实证分析

（一）描述性统计分析

根据上文的理论分析和假设，竞争性国有企业与民营企业在企业绩效、代理成本、经理人薪酬和薪酬差距等方面存在差异。因此，我们首先通过描述性分析和对比分析来探讨具体差异情况（见表4-8、表4-9）。

表 4-8 各变量描述性统计结果

变量名称	变量符号	最小值（min）	最大值（max）	平均数（mean）	标准偏差（std）
企业绩效	EP	-5832.00	6203.76	-0.45	224.17
代理成本	AE	0.34	1354.15	12.46	38.64
经理人薪酬	RW	10.31	16.60	13.90	0.73
经理人薪酬差距	WG	0.10	21.86	1.81	0.61
公司规模	SIZE	17.69	26.17	21.25	1.17
资产负债率	DAR	-19.47	100.87	38.51	22.24
企业性质	STATE	0	1	0.31	0.46
企业成长性	GR	-100.00	5835.67	26.83	156.14

表 4-9 竞争性国有企业与民营企业绩效、代理成本和薪酬均值比较

变量名称	变量符号	竞争性国有企业（均值）	民营企业（均值）	T 检验
企业绩效	EP	-12.68	4.97	-2.31**
代理成本	AE	10.09	13.51	-2.59*
经理人薪酬	RW	14.04	15.84	-2.53
经理人薪酬差距	WG	1.81	1.94	-2.17*

注：*、** 分别表示在 $P<0.10$、$P<0.05$ 水平上显著（双尾检验）。

通过以上对样本数据的描述性分析和对比发现，竞争性国有企业与民营企业在企业绩效、代理成本和经理人薪酬差距四个方面存在显著差异。竞争性国有企业绩效与民营企业绩效相差较大，竞争性国有企业的代理成本和经理人薪酬都显著低于民营企业。竞争性国有企业代理成本低于民营企业，可能是由于国资委加强了对竞争性国有企业的监管，经理人的在职消费受到抑制。而民营企业经理人薪酬显著高于竞争性国有企业。这表明在显性薪酬方面民营企业更具竞争力。在薪酬差距方面，虽然竞争性国有企业与民营企业相差不大，但显著性较好。竞争性国有企业绩效明显低于民营企业的原因可能有：经理人薪酬和薪酬差距较低，市场化的薪酬激励不够；同时，较低的在职消费反映出经理人的特权受

到限制，导致其工作积极性不高。具体原因和假设将通过下文对样本数据的回归分析来验证。

对实施股权激励的总样本、民营企业样本和国有企业样本进行的描述性统计如表4-10所示。从全样本的平均数来看，实施股权激励企业的净资产收益率（ROE）达到了10%以上。对比民营企业与国有企业的数据发现，民营企业的净资产收益率（ROE）比国有企业高0.29个百分点，而国有企业的股权激励力度（0.0231）却大于民营企业（0.0167），这说明民营企业的股权激励效果要比国有企业好。

表4-10　　　　中长期激励与企业绩效描述性统计结果

变量名称	变量符号	全样本		民营企业		国有企业	
		平均数	标准偏差	平均数	标准偏差	平均数	标准偏差
净资产收益率	ROE	11.51	4.91	11.52	4.94	11.23	4.14
股权激励	IC	0.0169	0.0150	0.0167	0.01	0.0231	0.03
企业规模	SIZE	21.53	0.8485	21.48	0.77	22.91	1.55
企业成长性	GR	34.25	34.59	34.8	35.03	19.48	13.71
股权集中度	OwnCon	0.64	0.1169	0.64	0.11	0.61	0.18
样本量	n	221		213		8	

（二）回归分析

为检验假设1、假设2和假设3，对回归模型（6）进行回归分析。首先对全样本进行分析，然后对竞争性国有企业和民营企业进行单独回归分析，通过对比分析验证不同产权性质下经理人薪酬、代理成本、薪酬差距与企业绩效的关系。回归结果如表4-11所示。

表4-11　　　经理人薪酬和代理成本与企业绩效的回归检验结果

变量名称	变量符号	全样本		竞争性国有企业		民营企业	
		β系数	T检验值	β系数	T检验值	β系数	T检验值
常数	β_0	-6.93	-3.98	-2.14	-1.57	0.13	1.48
代理成本	AE	-0.03**	-2.35	-0.05*	-3.43	-0.06***	-2.51
经理人薪酬	RW	0.04**	1.87	0.07*	4.17	0.12**	4.84

续表

变量名称	变量符号	全样本		竞争性国有企业		民营企业	
		β系数	T检验值	β系数	T检验值	β系数	T检验值
经理人薪酬差距	WG	0.10*	7.36	0.11**	2.79	0.16**	2.53
公司规模	SIZE	0.15**	8.13	0.14*	2.12	0.07	1.57
资产负债率	DAR	-0.08	-2.87	-0.02	-1.26	-0.13*	-3.44
企业性质	STATE	-0.03**	-2.31	—	—	—	—
企业成长性	GR	0.06*	2.79	0.01*	1.17	0.14**	3.18
调整后的R^2		0.32		0.29		0.24	
D-W值		1.98		1.85		2.26	
样本量		4026		1236		2790	

注：被解释变量为企业绩效（EP），*、**、***分别表示$P<0.10$、$P<0.05$、$P<0.01$（双尾检验）。

表4-11分别对全样本、竞争性国有企业样本和民营企业样本的数据进行了回归检验。在全样本中，代理成本、经理人薪酬、薪酬差距、公司规模、企业性质和企业成长性对企业绩效有显著影响。其中，代理成本与企业绩效显著负相关，即代理成本越高企业绩效越差；经理人薪酬、薪酬差距与企业绩效显著正相关，即经理人薪酬越高企业绩效越好，薪酬差距越大企业绩效越好。

在竞争性国有企业和民营企业样本中，竞争性国有企业的代理成本与企业绩效在10%的水平上呈现较显著的负相关，民营企业的代理成本与企业绩效在1%的水平上呈现显著的负相关。通过对比回归系数的绝对值发现，竞争性国有企业和民营企业代理成本的回归系数分别为0.05和0.06，这表明民营企业代理成本对企业绩效的负面影响更大。以上分析结果部分支持了假设2。导致民营企业代理成本与企业绩效负相关性更加明显的原因可能是：在职消费等代理成本的增加会直接影响企业绩效的提升，而竞争性国有企业在近年来受到国家和社会公众更加严格的监管，经理人的自律性有所加强，在职消费和代理成本不断降低和减少。无论是在竞争性国有企业还是民营企业中，经理人薪酬与企业绩效、薪酬差距与企业绩效都呈显著正相关。民营企业经理人薪酬回归系数（0.12）大于国有企业（0.07），这表明民营企业经理人薪酬对企业绩效的正向影响更加明显，也说明民营企业对经理人的薪酬激励力度更大，获得的绩效结果也更好。综合上述分析结果，假设1得到验证和支持。民营企业薪酬差距回归系数（0.16）大于国有企业（0.11）。这表明民营企业薪酬差距对企业绩效的影响更明显，也说明民营企业内部实施的锦标赛薪酬制度更加看重经理人的贡献，根据贡献大小来确定经理人薪酬的多少。综合上述分析结果，假设3得到验证和支持。

为检验假设4，对回归模型（7）进行回归分析（见表4-12）。

表4-12　　　　中长期激励与企业绩效的回归检验结果

变量名称	变量符号	全样本		竞争性国有企业		民营企业	
		α系数	T检验值	α系数	T检验值	α系数	T检验值
常数	α_0	-7.03	-4.29	-5.45	-1.87	-6.15	-4.03
股权激励	IC	0.07*	1.22	0.04*	1.48	0.08**	2.03
企业规模	SIZE	0.38***	5.53	0.12*	2.35	0.33**	5.10
企业成长性	GR	-0.01	-0.18	-0.13**	-2.44	-0.02	-0.03
股权集中度	OwnCon	0.06*	0.91	0.06*	2.12	0.08	1.36
企业性质	STATE	-0.12*	-2.31	—		—	
调整后的R^2		0.21		0.18		0.15	
D-W值		2.37		1.95		2.07	
样本量		221		8		213	

注：被解释变量为净资产收益率（ROE），*、**、***分别表示$P<0.10$、$P<0.05$、$P<0.01$（双尾检验）。

从模型（7）的回归结果来看，在全样本中，股权激励（IC）的系数为正，并且在0.10水平上显著，这说明股权激励对企业净资产收益率有较显著的正向影响，实施股权激励的企业在经营业绩方面有所提升，这与肖星、陈婵的研究发现基本一致①，假设（4）得到部分验证和支持。此外，我们对比竞争性国有企业与民营企业在股权激励方面的回归结果发现，民营企业在 $P<0.05$ 的水平上显著，而竞争性国有企业在 $P<0.10$ 的水平上显著，说明民营企业的股权激励对企业绩效提升的影响更加显著。同时，民营企业的系数（0.08）大于国有企业（0.04），说明民营企业的股权激励与企业绩效之间的相关性更强。综合上述分析，假设（4）得到验证和支持。对于该结果的解释可能为：竞争性国有企业实施股权激励首先应获得其上级主管单位的批准，因此受到国资委和证券市场的双重约束。同时，国资委制定的各种苛刻的行权制条件降低了股权激励的效果，使得竞争性国有企业的股权激励效果差于民营企业。政策和制度方面的原因限制了大部分竞争性国有企业实施股权激励计划，有股权激励计划的竞争性国有企业也受到各种限制。这与邵帅、周涛和吕长江等人的研究结论相一致。因此，竞争性国有企业混合所有制改革，"应该减少对于国有企业股权激励设计的行政干预，推进国有企业薪酬机制的市场化进程"②。

（三）可靠性检验

为保证结论的可靠性，首先对模型进行检验。从 D－W 检验值（德宾—沃森检验）来看，全样本、竞争性国有企业样本和民营企业样本的 D－W 值都在 2 附近，说明模型中的残差不存在自相关性，回归模型（6）和模型（7）对经理人薪酬、代理成本、薪酬差距、中长期激励对企业绩效有较好的解释性。其次，根据其他学者的研究进一步将净资产收益率（ROE）、资产净利率（ROA）作为被解释变量，所得回归结果与上述结果基本一致，这表明研究结论具有较好的可信度。

四 结果讨论

以上定量分析对竞争性国有企业和民营企业的经理人薪酬、代理成

---

① 肖星、陈婵：《激励水平、约束机制与上市公司股权激励计划》，《南开管理评论》2013 年第 1 期。

② 邵帅、周涛、吕长江：《产权性质与股权激励设计动机——上海家化案例分析》，《会计研究》2014 年第 10 期。

本、薪酬差距和中长期激励与企业绩效的关系进行了解释和验证。研究结果表明：民营企业的经理人薪酬对企业绩效提升有更加显著的影响，说明民营企业对经理人的薪酬激励力度更大；与其他学者的研究结果类似，在职消费等代理成本与企业绩效存在负相关，但竞争性国有企业代理成本对企业绩效的影响不明显，这可能是由于国资委加强了对在职消费的监管；竞争性国有企业中的薪酬差距相对较小，对企业绩效的提升不具有显著的作用，而民营企业却相反，这表明民营企业更加注重通过锦标赛的方式来拉开经理人薪酬差距，以此提升企业绩效；无论是竞争性国有企业还是民营企业，股权激励等中长期激励措施都能够促进企业绩效提升，而民营企业股权激励对企业绩效的提升作用更加明显。

基于上述分析结论，竞争性国有企业混合所有制改革对经理人实施经济性激励，首先需要建立"多劳多得"而非"平均主义"的薪酬制度，根据经理人贡献大小来确定其薪酬水平，拉开经理人与其他员工的薪酬差距。其次，要在政策上放开股权激励，加快竞争性国有企业混合所有制改革中的股权激励计划实施步伐，减少主管部门对股权激励的干预和限制。股权激励是薪酬激励的有效补充，是经理人经济性激励的重要组成部分。竞争性国有企业混合所有制改革，通过实施股权激励不但能够提高经理人薪酬水平，还能够扩大薪酬差距，充分激发经理人积极性。要想发挥股权激励的作用，竞争性国有企业混合所有制改革必须打破各种限制，制定与市场竞争环境相适应的股权激励政策。

总的来说，竞争性国有企业混合所有制改革，既要加大薪酬激励力度，还要减少政府对经理人薪酬和股权激励计划不必要的干预，充分发挥市场在经理人薪酬激励和股权激励中的主导作用，提高竞争性国有企业混合所有制改革的效率。

小　　结

本章基于经理人角色和职能分析、需求分析、人性假设和行为分析提出了竞争性国有企业混合所有制改革中的经理人激励理论框架，主要包括制度性激励、经济性激励和社会性激励三方面的内容。首先分析了混合所有制改革中经理人承担的角色和职能，并指出良好的制度环境是一种制度性激励，有利于经理人职业成长和更好地履职；其次从"复杂人"的人性假设出发分析了经理人的物质需求和精神需求，以及在职业发展中后期的主导需要；最后借鉴激励逻辑和激励理论的核心观点构建了以制度性激励、经济性激励和社会性激励为主要内容的经理人激励理论框架。为进一步探索经济性激励的有效方式，本章通过定量分析发现竞争性国有企业和民营企业在薪酬激励和股权激励方面存在一定差距，因此，混合所有制改革既要加大薪酬激励力度，又要减少政府对经理人薪酬和股权计划不必要的干预，充分发挥市场在经理人短期和中长期激励中的主导作用，提高竞争性国有企业混合所有制改革的效率。本章的理论分析和定量分析将为激励机制设计提供良好的理论基础和实证支持。

第五章

基于多案例的经理人激励机制研究

前文通过文献分析构建了以制度性激励、经济性激励和社会性激励为主的激励人激励理论框架，并通过大样本数据对经济性激励进行了定量分析和假设检验，研究发现：与民营企业相比，竞争性国有企业在经济性激励方面还存在一定差距，其市场化的薪酬激励和股权激励还未完全建立，混合所有制改革将有助于经理人的经济性激励向市场化转变，进一步提升国有企业效率，实现国有资产保值增值。本章将使用多案例分析法探讨竞争性国有企业混合所有制改革中的制度性激励和社会性激励，并进一步完善经济性激励。案例研究可以用来实现不同的研究目标，包括提供描述、检验理论和构建理论[1]。本章采用多案例分析的研究目的是论证理论，主要有以下两个方面的目的：一方面是通过多案例分析对前文的理论框架进行论证；另一方面是就竞争性国有企业混合所有制改革中经理人激励的实践进行探索和讨论，构建更为有效的激励机制。

本章的质性探讨将解决两方面的问题：一是在混合所有制改革实践中，竞争性国有企业如何通过规范的公司治理和经理人选聘制度对经理人实现制度性激励；二是在混合所有制改革实践中，竞争性国有企业如何建立有效的约束与退出机制，并进一步论证薪酬激励和股权激励等经济性激励的有效性。因此，案例分析有助于解决以上两个问题，将前文的理论研究转变为实践研究，有助于建立更加有效的经理人激励机制。

---

[1] 张霞、毛基业：《国内企业管理案例研究的进展回顾与改进步骤——中国企业管理案例与理论构建研究论坛（2011）综述》，《管理世界》2012年第2期。

第一节 研究设计

本章以实施混合所有制改革的竞争性国有企业为研究对象,采取多案例分析和质性研究的方法,通过分析混合所有制改革与经理人激励方面的原始资料,对经理人激励机制等问题进行探讨。

一 研究方法选取

在管理学研究的历程中,许多学者指出需要采用扎根理论的研究方式来进行厚实的管理学研究,以提出更具内部效度和外部效度的本土理论[①],而中国的学者需要通过案例研究方法来构建能够解释中国独特管理困境和问题的理论[②]。因此,本章在广泛搜集资料的基础上,采用多案例研究法对竞争性国有企业混合所有制改革中经理人激励问题进行质性研究分析,以期构建符合中国国有企业改革需要的经理人激励理论,并为竞争性国有企业混合所有制改革提供建议和参考。

(一)多案例研究(Multi-Case Study)

本章采用多案例研究方法,选取了实施混合所有制改革的竞争性国有企业进行研究。案例研究作为一种研究策略,被现代社会科学研究广泛采用。案例研究是一种非常完整的研究方法,包含了特有的设计逻辑、数据搜集和分析方法[③],有助于研究者产生新的领悟[④]。多案例研究方法可以通过案例间的"复制逻辑"来相互检验所得到的理论[⑤]。

[①] 参见 Eisenhart, K. M., "Building Theories from Case Study Research", *Academy of Management Review*, Vol. 14, No. 4, 1989, pp. 532-550; Whetten, D. A., "Constructing cross-context Scholarly Conversation", In A. S. Tsui & C. M. Lau (Eds.), *The Management of Enterprises in the People's Republic of China*, Boston: Kluwer, 2002。

[②] 参见陈晓萍、徐淑英、樊景立主编《组织与管理研究的实证方法》,北京大学出版社 2008 年版,第 297—322 页。

[③] 参见陈晓萍、徐淑英、樊景立主编《组织与管理研究的实证方法》,北京大学出版社 2008 年版,第 240 页。

[④] Bryman, A., *Research Methods and Organization Studies*, London: Allen & Unwin, 1989.

[⑤] Yin, R. K., *Case Study Research: Design and Methods*, Newbury Park, GA: Sage, 1989.

本章采用多案例研究方法，主要基于以下考虑：①多案例研究设计可以帮助我们进行比较，以确定前文设计的经理人激励机制普遍适用于不同类型的企业；②多案例研究的发现基于不同的案例资料和数据，使建立的理论更为严谨可靠；③本章研究的问题是在回答"是如何改变的？"、"为什么变成这样？"及"结果如何？"等问题，案例研究是最为适用的方法①；④由于不同案例企业间存在差异性，因而，多案例研究能够促使我们对竞争性国有企业混合所有制改革中经理人激励进行更为广泛的探索与思考。因此，通过多案例分析"通常能够获得更为严谨、一般化以及可以验证的理论"。②

因此，本章采用多案例分析的方法，针对竞争性国有企业混合所有制改革的实践进行系统的分析与探索，从多维度保证案例选取的代表性和资料挖掘的充分性。

（二）质性研究（Qualitative Study）

质性研究是实证性、以事实为基础的，研究可观察的、实在的、可以了解的现象③，"实证"并不意味着量化数据（numbers）④。质性研究的目的在于识别现实生活中社会现象的基本特征和本质，扎根理论（Grounded Theory Building，GTB）是做质化分析的一种方式⑤。扎根理论包括扎根、理论、构建三个部分（如图5-1所示）。

本章选择质性研究主要基于以下考虑：①通过文献检索发现，现有的经理人激励理论框架不够完善，不能为竞争性国有企业混合所有制改革中的经理人激励提供依据，因此，通过质性研究形成构念，详细阐述并完善现有经理人激励理论；②随着经济社会的发展，国有企业改革不

---

① 参见陈晓萍、徐淑英、樊景立主编《组织与管理研究的实证方法》，北京大学出版社2008年版，第240页。

② Eisenhart, K. M., M. E. Graebner, "Theory Building from Cases: Opportunities and Challenges", *Academy of Management Journal*, No. 50, 2007, pp. 25–32.

③ Neuendorf, Kimberly, *The Content Analysis Guidebook*, Thousand Oaks, CA: Sage, 2002.

④ 参见陈晓萍、徐淑英、樊景立主编《组织与管理研究的实证方法》，北京大学出版社2008年版，第275页。

⑤ 参见陈晓萍、徐淑英、樊景立主编《组织与管理研究的实证方法》，北京大学出版社2008年版，第273页。

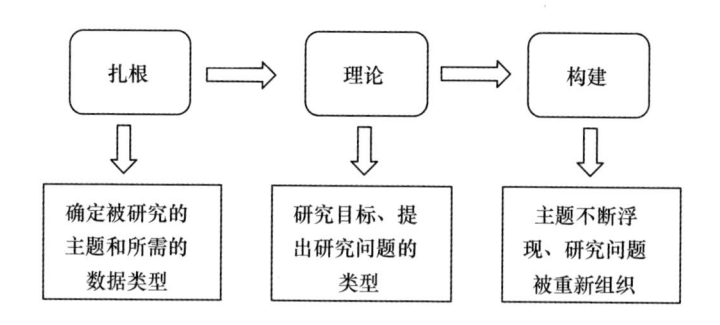

```
扎根  →  理论  →  构建
 ↓        ↓        ↓
确定被研究的  研究目标、提  主题不断浮
主题和所需的  出研究问题的  现、研究问题
数据类型      类型          被重新组织
```

图 5-1　扎根理论构建的总体方式

断深化，经理人激励问题的复杂性增加，一些新的激励理论和方式需要被挖掘和验证；③现有的经理人激励理论可能并不适用于所有类型的国有企业，因而，不同类型的国有企业其经理人激励的方式和运作规则存在不同。

基于前文的研究，本章构建竞争性国有企业混合所有制改革中的"制度性激励（前提）—经济性激励和社会性激励（核心）—企业绩效（结果）"的研究路径对经理人激励问题进行质性研究，以期对前文的研究结论和理论进行论证，并进一步构建较为完善的经理人激励机制。

二　案例选取与背景分析

（一）案例选取原则与理由

案例选取的原因是它们具有非同寻常的启发性，是极端的范例或难得的研究机会[1]。案例的选取一般采用理论抽样（theoretical sampling），而非随机抽样，其目标是要选择那些可能复制或者拓展新兴理论的案例[2]。理论抽样意味着我们搜集数据是基于理论的，通过识别能反映混合所有制改革的竞争性国有企业，聚焦有理论意义的案例，然后搜集有

---

[1] Yin, R. K., *Case Study Research: Design and Methods* (2ed.), Beverly Hills, C. A.: Sage Publication, 1994.

[2] 参见李平、曹仰锋主编《案例研究方法：理论与范例——凯瑟琳·艾森哈特论文集》，北京大学出版社 2012 年版，第 7 页。

该研究主题的数据。本章在选取案例企业的过程中，遵循以下原则：①案例企业的资料和信息公开可知，在这些案例中我们感兴趣的内容能够被清晰地观察到；②案例企业有丰富翔实的资料，为案例研究提供基础；③案例要能复制先前的发现，或者能拓展新兴的理论[①]，适合于构建竞争性国有企业混合所有制改革中的经理人激励理论。

基于以上原则，本章以国有企业混合所有制改革为背景，选取了四家竞争性国有企业作为研究对象，这些案例企业对于研究国有企业混合所有制改革中经理人激励问题提供了重要机遇和非同寻常的启发性。选取中国建材、国药控股、中集集团和云南某投资物流公司（以下简称NW公司）作为案例企业的主要理由如下：①这四家企业同属竞争性行业，在混合所有制改革方面先行先试，积累了较丰富的改革经验并建立了较规范的治理制度和市场化的经理人激励机制；②中国建材和国药控股的实际控制人分别为中国建材集团和中国医药集团，这两家集团企业在 2014 年 7 月被国务院国资委确定为"中央企业发展混合所有制改革经济试点"和"中央企业董事会行使高级管理人员选聘、业绩考核和薪酬管理职权试点"单位，试点内容包括探索建立混合所有制企业有效制衡、平等保护的治理结构、探索职业经理人制度和市场化用工制度、探索市场化激励和约束机制等六方面的内容；③中集集团的混合所有制改革独具特色，没有实际控制人，NW 公司为国有投资集团与民营企业组建的新企业，具有典型性和代表性；④四家企业有丰富的公开资料可供查询和追踪。

（二）案例企业背景分析

混合所有制改革在中共十八届三中全会上提出，而实践中已经有了先行先试的样本企业。这些样本企业通过自身的探索走出了一条具有中国特色的混合所有制改革之路。本章选取代表性企业中国建材、国药控股、中集集团和 NW 公司作为研究对象，以此分析其混合所有制改革中的经理人激励机制，以及下一步的改革方向和路径，为建立竞争性国有

[①] 参见李平、曹仰锋《案例研究方法：理论与范例——凯瑟琳·艾森哈特论文集》，北京大学出版社 2012 年版，第 6 页。

企业混合所有制改革中的经理人激励机制提供现实依据。

中国建材作为完全竞争领域的中央企业，于 2006 年在香港特别行政区上市。经过 10 多年的发展，中国建材走出了一条"资本运营、联合重组、管理整合、集成创新"的发展道路。通过与民营企业联合重组发展混合所有制经济，建立了规范的法人治理结构，形成了独具特色的"三五"经营管理模式，即五 N、五 C 和五 I。五 N 包括运营模式的一体化、模式化、制度化、流程化、数字化；五 C 包括市场营销集中、采购集中、财务集中、技术集中、投资决策集中；五 I 包括净利润、售价、成本费用、现金流、资产负债率等关键经营指标。中国建材混合所有制改革模式、公司治理、董事会建设、经理人选拔与激励等方面积累的成功经验具有可复制性和推广性。

国药控股于 2003 年由上海复星高科技（集团）有限公司与中国医药集团共同投资组建。国药控股的成立基于合作双方的现实需要：一是国药集团在资金需求和体制创新方面遇到了瓶颈；二是复星实现自身扩张的需要。医药集团有强大的行业背景和品牌优势，复星集团作为民企，拥有灵活的机制和资金优势，两者联合探索混合所有制是一种优势互补和双赢的局面。国药控股于 2009 年在香港特别行政区上市，创造了当时香港 H 股历史上市盈率最高的 IPO。这说明股票市场看好国有企业与民营企业的混合所有制改革。经过十余年的发展和改革，国药控股在公司治理、董事会建设、管理层选拔和激励方面积累了成功经验。作为中国医药商业企业的领头羊，其市值位列全球医药分销企业第四位，这是民营资本参股国有企业实现混合所有制的成功实践。

中集集团于 1980 由招商局与丹麦宝隆洋行共同出资成立，初期由丹麦宝隆洋行派人管理。2012 年 12 月在香港联交所上市，主要股东为招商局集团、中远集团和弘毅投资。经过 40 多年的发展，中集集团已经成为世界领先的物流装备和能源装备供应商，主要业务领域包括集装箱、道路运输车辆、能源化工及食品装备、海洋工程、物流服务、空港设备等。从 21 世纪初开始，中集集团实行多元化发展，通过分层管理、建立 5S 战略管控体系等重大变革，导入精益管理 ONE 模式，使得中集快速成长为在全球多个行业具有领先地位的企业。

NW公司成立于2012年7月，注册资本1亿元，由云南某国有投资集团与民营企业共同出资成立。国有投资集团出资4000万元、某民营企业出资2400万元、某自然人股东出资3600万元，三家股东分别持股40%、24%和36%。从股权结构上看，国有股东为第一大股东，但作为第二大股东的自然人股东控制着第三大股东，因此，该企业的实际控制人为民营企业家。在混合所有制改革以前，民营企业主要从事钢材贸易，由于业务发展需要，混合所有制改革成立的新企业由原来单一的钢材贸易拓展到钢材、金属及配件贸易业务，以及货运代理、仓储服务、物资供销、铁矿、煤等业务。以上四个案例企业基本资料如表5-1所示。

表5-1　　　　　　　　案例企业基本资料

案例企业	国有股份占比	其他投资者占比	控股股东或实际控制人	所属行业	主营业务
中国建材股份有限公司（简称"中国建材"）	46.67%	53.33%	中国建材集团	建筑材料	水泥、轻质建材、玻璃纤维及复合材料、工程服务
国药控股股份有限公司（简称"国药控股"）	29.06%	70.94%	中国医药集团	药品	医药健康产品分销配送、医药健康产品零售连锁、医药工业、化学试剂、医疗器械、医疗健康服务
中国国际海运集装箱（集团）股份有限公司（简称"中集集团"）	47.16%	52.84%	无	物流及装备制造	集装箱、道路运输车辆、能源化工及食品装备、海洋工程、物流服务、空港设备
云南某国有投资集团（简称"NW公司"）	40%	60%	民营企业家	物流及贸易	钢材贸易、大宗物资加工、仓储、配送

资料来源：根据四家企业年报和相关访谈资料整理。

根据对案例企业发展和改革历程的分析，我们发现四家企业在混合所有制改革方式上有相同之处，也有差异（见表5-2）。中国建材是在整个建材行业不景气的情况下对民营企业实施的联合重组。联合重组不同于一般兼并重组的地方在于，被整合的民营企业家并没有完全失去控制权和经营权，而是在联合重组后的企业占有股份并享有对企业经营管理的权力。通过联合重组形成的混合所有制企业在股权结构、董事会结构和经营管理机制方面都得到极大改善，兼具国有企业和民营企业的优势。国药控股和NW公司是由国有企业与民营企业共同出资组建的混合所有制企业，成立之初就兼具国企背景优势和民企经营灵活的优势。中集集团在改革中通过引入战略投资者进一步优化股权结构，起到了优化企业管理和战略决策的作用。无论采取何种改革方式，四家案例企业最终都采取了上市的方式来建立规范、高效的公司治理制度，这与国务院2015年9月24日出台的《关于国有企业发展混合所有制经济的意见》的要求不谋而合。通过不同方式的混合所有制改革和上市，案例企业的总资产都得到了大幅提升（见表5-3）。

表5-2　　　　　　　　案例企业混合所有制改革方式

混合所有制改革方式	中国建材	国药控股	中集集团	NW公司
	联合重组、上市	民营资本参股、上市	引入战略投资者、上市	国有资本与民营企业共同出资组建

资料来源：根据案例企业年报等公开资料整理。

表5-3　　　　　　　案例企业总资产变化情况　　　　　（单位：亿元）

年份	中国建材	国药控股	中集集团	NW公司
2006	139.9	0.11	229.2	—
2007	298.8	0.14	410.5	—
2008	589.0	0.16	345.6	—
2009	770.1	0.28	373.6	—
2010	1115.2	0.69	541.3	—
2011	1583.9	1.02	643.6	—

续表

年份	中国建材	国药控股	中集集团	NW 公司
2012	2464.3	1.36	629.9	2.0
2013	2916.3	1.66	726.1	7.0
2014	3164.8	2.00	877.8	15.0
年均增长率（%）	51.3	48.3	21.2	182.1

资料来源：根据案例企业年报和财务报表整理，由于保密需要，NW 公司的总资产状况经过调整和处理。

三 资料整理与分析

质性研究所需的多数数据类型是"文本"类的，包括访谈、观察、照片、故事、信件、电子邮件、档案资料、新闻报道等。本章在资料搜集整理中遵循三项原则：多重数据来源，包括企业公开资料、访谈调研、案例企业相关研究文献，尽量通过多重数据形成三角验证，提高案例研究的可靠性；建立证据链，本章中的所有证据围绕证据链而形成，以保证研究的信度和效度；建立案例数据库，对所有搜集到的资料进行编码分类，在资料整理的过程中进行数据分析，为理论构建提供较为充分的依据。

本章采用扎根理论取向的定性数据分析方法，借鉴 Strauss（1987）、Corbin 和 Strauss（1998）描述的三类编码方式：开放编码（open coding）、轴心编码（axial coding）和选择性编码（selective coding）对数据进行分析。[①] 首先，开放式编码。我们在仔细研读原始数据的基础上，试图去理解这部分数据所表达的含义，并对混合所有制改革、公司治理、经理人激励和企业绩效有关的语句进行筛选，以形成最初的开放式编码。其次，轴心编码。回顾公司治理、经理人激励和企业绩效方面的经典理论，并划分13个编码构念，将开放式编码形成的语句归入相应的编码构念，并分析这三类之间的相互作用。最后，选择性编码。基于以上步骤对原始数据的提炼和分类，探讨"制度性激励（前提）—经济性激励和

---

① 参见陈晓萍、徐淑英、樊景立主编《组织与管理研究的实证方法》，北京大学出版社2008年版，第280页。

社会性激励（核心）—企业绩效（结果）"之间的作用机制，整合并精炼经理人激励理论（见表5-4、表5-5、表5-6）。

表5-4　　　　　　　　　案例企业数据资料来源情况

案例企业	企业资料或定期报告		网络报道		期刊文献或书籍	
	编号	份数	编号	份数	编号	份数
中国建材	A1	12	A2	36	A3	21
国药控股	B1	10	B2	26	B3	14
中集集团	C1	12	C2	33	C3	15
NW公司	D1	8	D2	14	D3	7

表5-5　　　　　　　　　　各构念编码示例

	构念	编码次数			
		中国建材	国药控股	中集集团	NW公司
制度激励	股权结构	67	35	39	12
	决策机制	45	22	34	10
	董事会构成	58	27	36	9
	经理人选聘	62	31	40	7
经理人激励	基本薪酬	43	29	46	9
	业绩表现	40	21	37	14
	股权激励	21	18	29	8
	控制权激励	17	10	16	8
	职业成长	23	13	14	13
	监督约束机制	24	17	25	16
企业绩效	总资产	21	16	23	17
	营业收入	19	20	27	16
	净利润	25	18	28	14

资料来源：根据案例企业定期报告、网络报道、访谈资料、期刊文献和书籍等资料整理。

表5-6　　制度激励、经理人激励和企业绩效作用机制示例

步骤	内容	中国建材	国药控股	中集集团	NW公司
1	语句鉴别	宋志平认为，在混合所有制企业推行员工持股、给管理层一些中长期激励，是非常必要、重要的。之前已有不错的案例。中国建材旗下的南京凯盛做了员工持股，国有股占51%，管理层、技术骨干占49%。十年后，公司的销售收入从1000万元增至13亿元，净利润从0到近2亿元。（A3-2-5-4）	有民营因子的国药控股在决策机制、市场意识、管理方式及激励机制等方面比传统国有企业迈进了一大步，从而实现了超常规发展。（B2-11-10-16）	在麦伯良看来，一个好的制度有两点很重要，第一点是能够使跟企业有关联的人都能够跟企业的目标一致起来，第二点是要有利于企业家或说是职业经理人的健康成长——中集集团的公司治理为职业经理人麦伯良的履职提供了不俗的土壤。（C3-1-32-6）	在混合制企业改革过程中将民营企业家们一同引入新企业，企业家把原有先进理念带入新企业，把新鲜的人才力量变成新的管理团队，并按照现代企业治理模式不断推动企业发展和运营，构建与之相匹配的企业组织架构和运营体系，充分放大了企业家精神的积极作用，充分释放了企业自身的活力。（D2-10-4-3）
2	开放式编码	员工持股和经理人中长期激励能够增加销售收入并提高企业的净利润	民营资本的进入带来了决策机制和激励机制的改变，实现了营业收入的大幅提高	好的制度有利于职业经理人的成长与履职	民营企业家在实现身份转化的同时，可根据需要建立自己的经营团队和组织结构，放大了企业家精神与企业活力

续表

步骤	内容	中国建材	国药控股	中集集团	NW 公司
3	轴心编码	员工持股和管理层中长期激励是激励机制，企业销售收入和净利润是对企业绩效的反映	决策机制和激励机制是制度革新，营业收入是对绩效的反映	良好的公司治理和市场化的经理人选聘机制有利于经理人成长，对经理人能够起到激励作用	控制权和经营权下放有利于激发企业家精神与企业活力
4	选择编码	中长期激励→企业绩效	决策机制和激励机制→企业绩效	公司治理制度→职业成长激励	控制权下放→企业家精神激励

资料来源：根据案例企业定期报告、网络报道、访谈资料、期刊文献和书籍等资料整理。

为保证资料的有效性和可信度，对资料形成过程进行了严格控制。首先，在数据收集过程中，使用"多重数据来源的三角检验"来确保原始数据的真实性和中立性；其次，在数据分析阶段，向三位博士生详细介绍研究问题、研究方法，然后由每人独立编码，编码完成后进行核对和讨论，找出差异并对编码进行修正，以提高资料的可信度；最后，通过数据整理形成的证据链能够提高案例研究结论的可信度。

第二节 案例分析

一 治理与选聘制度

现代企业制度的建立需要解决两个方面的问题：一是建立规范高效的公司治理结构和机制，这有利于解决董事会决策人员来源和机制问题；二是实行职业经理人制度，这有利于解决经理层执行人员来源和机制问题。这两个问题将构成委托代理问题的完整闭环，规范和完善的治理制度环境能够为经理人提供职业成长激励。

（一）多元化的股权结构

在股权结构上，中国建材通过联合重组和上市吸纳非公有资本，实现股权结构多元化。目前国有股占比 46.67%，其他投资者持股占比 53.33%，其中包括为民营企业家保留的股份。中国建材通过联合重组实施混合所有制改革,被宋志平称为"国企的实力+民企的活力=企业的竞争力"。这种改革方式不仅是资本的融合,还是公司治理机制的转变,民营企业能够参与决策、共同经营,具有一定的经营话语权,使国有企业与民营企业在混合所有制改革中各取所长、优势互补。"联合重组进入中国建材的张毓强(中国玻纤总经理,民企振石集团董事长)认为,谁混合谁、占比例多少不是混合所有制最重要的问题,法人治理结构才是核心问题,即股东大会和董事会能否按照市场规则来履职。"[①] 这进一步说明是否能够建立规范的公司治理机制是民营企业最关心的问题,只有建立了规范的公司治理结构和机制才能够吸引更多的非国有企业参与混合所有制改革。中集集团在创立之初由招商局和丹麦宝隆洋行各占50%的股份,随着中远集团的入股,形成了招商局占股45%、中远集团占股45%、宝隆洋行占股10%的股权结构。通过引入战略投资者在香港上市后,中集集团前三大股东分别为招商局(占股25.54%)、中远集团(占股22.75%)和弘毅投资(5.16%),两大央企共持股48.29%。据2014年年报显示,中集集团无控股股东,不存在国有股份一股独大的问题。国药控股创立之初,国药集团以医药流通业务的存量资产出资占股51%,复星医药以5亿元货币资金出资占股49%,后续的上市逐渐稀释了两大创始股东的股份。目前,国药集团作为国药控股的实际控制人,其占股也不超过30%。NW公司在混合所有制改革后,其股权结构得到优化,三大股东持股比例都不超过50%,国有股东只占股40%,处于相对控股的地位,而公司的实际控制权则在民营企业家手中。通过对案例企业股权结构的分析发现,在混合所有制改革之后,案例企业的股权结构呈现相对分散和多元化的特征,这是规范公司治理的前提和外在需要。

(二)规范的董事会治理

在董事会方面,案例企业都建立了以外部董事为主的董事会结构。中集集团虽然国资色彩浓重,但在公司治理上并没有"参照国企管理",其董事会运作规范、市场化程度高,外部独立董事超过董事会人数的1/3,没有一家股东在董事会中占多数,所有股东均处于被制衡的状态,

---

① 严学锋:《中国建材:混合所有制探路先锋》,《董事会》2014年第10期。

这保证了决策的民主，能够兼顾所有股东的利益和想法。中集集团的股东不直接干预企业，而是致力于股东会、董事会和经理人的分权、分责、制衡制度建设，这种均衡持股的法人治理结构为董事会决策和经理人激励约束奠定了制度性保障，既充分调动了经理人的积极性，又避免了经营过程中可能的重大失误。在中国建材和中集集团内部，总经理由董事会选聘，经理人团队由总经理提名并由董事会聘任，这种董事会领导下的总经理负责制，能够有效防止"内部人控制"，防止个别股东和董事会独断专权。国药控股成立之初，经营管理人员由国药集团提名人员担任，复星医药按其股权比例派出董事，参与董事会决策，这被复星董事长郭广昌比喻为"平民与贵族的合作"，也是国有企业优势与民营企业活力的有效结合。随着公司在香港上市，股权结构多元化，国药控股通过市场化的管理手段和科学的公司治理方式解决了混合所有制改革中可能存在的问题。NW公司成立之初就实现了产权明晰，治理规范的现代企业制度，在明确股东会、董事会、监事会及经营管理层权责的基础上，实施董事会领导下的总经理负责制和财务负责人监管制，在公司运营过程中严格依照公司章程行事，确保国有股权和非国有股权的出资权益。为适应市场竞争的要求，NW公司积极推进企业管理权和所有权分离，创建了专业委员会研究和办公会或董事会决策的两级体系，实现所有权的决策权、管理者的执行权、监督者的监督权三权分立。NW公司总经理（原民营企业家）将企业比作一个人，"董事会是企业的'大脑'，总经理是企业的'心脏'，总经理治下的各职能部门是公司的'脏腑器官'及司职运动的'肢体'，监事会更是公司的'自我净化系统'，公司治理结构则是企业的'神经系统'"，这样一种分工明确、协调有序的治理结构和机制大大优化了管理流程和决策体系，调动了民营企业参与混合所有制改革的积极性，提高了企业的快速反应能力。

　　案例企业制定的科学规范的公司治理结构和机制，明确了董事会与经理人之间的权责，董事会负责决策，经理人负责执行董事会决策并不能违反董事会决策，董事会与经理人之间清晰的责权关系，有效避免了企业董事会与经营层职责不清、矛盾不断、运营效率低下的问题。案例企业这种董事会治理结构科学、规范的公司治理机制和市场化的运行模式与大多数国有企业显著不同,这也是竞争性国有企业混合所有制改革后的成效。

从案例企业发展历程的纵向对比发现,在实施混合所有制改革以前,案例企业存在经营困难、治理机制不规范等问题。在进行混合所有制改革后,中国建材、国药控股、中集集团和 NW 公司的股权结构逐渐多元化,建立起了规范的公司治理结构。一是建立起了以外部董事为主的董事会结构,以增强董事会的独立性、权威性和有效性。二是建立了董事会领导下的总经理负责制,董事会以市场为导向选聘高级经管人员,对高管人员实行契约化管理,并根据企业经营状况和企业在国际国内市场地位来确定经理人的市场价值和薪酬水平。三是董事会与经理层的规范运作使内部制衡与市场效率有机结合,提高了董事会层面的决策质量和经理层的执行效率(见表 5-7)。可见,规范的公司治理结构和机制是对经理人实施市场化管理的前提条件。竞争性国有企业混合所有制改革中,首要的是优化股权结构,建立以外部董事为主的独立董事会,从治理制度方面对经理人实施激励,有利于发挥中长期激励机制的作用。

表 5-7　　　　案例企业混合所有制改革前后的治理情况对比

案例企业	改革前	改革后
中国建材	经营困难、公司治理不到位 厂长负责制	规范的公司治理结构 清晰的"国资委—董事会—经理层"委托代理层级
国药控股	国有股东负责经营管理、民营股东参与董事会决策	独立的董事会结构与市场化的经营管理机制
中集集团	由国有股东派人管理	董事会领导下的总经理负责制
NW 公司	民营企业家负责公司的所有治理和管理业务	董事会领导下的总经理负责制与财务负责人监管制

资料来源:根据案例企业定期报告、网络报道、访谈资料、期刊文献和书籍等资料整理。

(三)有效的经理人选聘方式

竞争性国有企业混合所有制改革所需的经理人来源有三种:一是由

行政任命的原国有企业经营管理者通过身份转化而来；二是通过市场化选聘的方式获取外部职业经理人；三是通过兼并重组，实现民营企业家身份的转化。这三种方式都能够解决经理人来源问题。

中国建材的经理人来源于以上三种途径，虽然之前的身份各有不同，但进入中国建材以后都实现了身份的转化，并建立了以市场为导向的经理人选聘、业绩考核和薪酬激励机制，对经理人实施契约化管理。尤其是在民营企业家身份转化方面，中国建材有自己独特的方式。对参与联合重组的民营企业家，中国建材为其保留约30%的股份，并将其聘为经理人，继续做公司的管理者。从结果来看，联合重组后的民营企业家至今没有一家"反水"，这解决了国有企业混合所有制改革中职业经理人来源的问题，为混合所有制改革奠定了制度基础。

中集集团创立之初，由外资股东宝隆洋行派人管理，但由于在业务上过度依赖中远集团（大股东之一），经理人逐渐改为由中远集团派出。随着公司改制和上市的需要，在经理人选聘上逐渐由行政任命转变为市场上选聘职业经理人。为保障经理人的独立性，麦伯良于1992年从招商局辞职，以独立经理人的身份担任集团总裁。经营团队则由麦伯良提名、董事会聘任的方式产生，这种规范的公司治理机制保障了总经理的用人权，实现了经营权的有效下放。市场化的选聘机制以企业业绩为标准，干得好，可连聘连任，没有期限；干得不好，就会被董事会辞退，迫使经理人不断地创造业绩。二十余年来，中集集团先后换过5位董事长，而以麦伯良为首的经营团队不断扩大，公司战略也因此能够得到有效贯彻。麦伯良担任中集集团总裁一职已近30年，这在国有资本主导的公司中非常少见，主要得益于中集集团的公司治理为职业经理人提供了不俗的土壤。

国药控股作为国药集团的二级公司，还具有典型的国有企业管理方式。国药控股坚持党管干部原则与董事会依法选择经理人，经理人员的聘任必须经过国药集团的批准，董事会还没有真正地行使市场主体地位的权力。作为混合所有制改革试点单位，国药控股将在经理人选聘方面逐步转向市场化，推行职业经理人制度，由董事会行使经理人选聘的权力。

NW 公司的第一大股东云南某国有投资集团不仅将资本和技术引入混合制企业，还将原来的民营企业家转化为经理人引入新企业。国有资本只派出一名财务经理进行财务监督，民营企业家则整合国有资本与民营资本的优势组建新的管理团队，将市场化的先进管理理念带入 NW 公司，并完全按照现代企业治理模式持续推动企业发展和运营，构建与之相匹配的企业组织架构和运营体系。国有资本只委派财务经理并将民营企业家转化为经理人的做法，充分放大了企业家精神的积极作用，释放了企业活力。案例企业混合所有制改革前后的经理人选聘方式如表 5-8 所示。

表 5-8　案例企业混合所有制改革前后的经理人选聘方式对比

案例企业	改革前的经理人来源	改革后的经理人来源
中国建材	民营企业家转化、行政任命、经理人市场	经理人市场
国药控股	行政任命、经理人市场	
中集集团	行政任命的高管转化、经理人市场	
NW 公司	国有资本委派、民营企业家转化	

资料来源：根据案例企业定期报告、网络报道、访谈资料、期刊文献和书籍等资料整理。

根据以上分析发现，在混合所有制改革中，案例企业的经理人来源途径多样，但在选人和用人机制上基本实现了市场化改革。经理人选聘方式的多样性是竞争性国有企业在混合所有制改革中的阶段性产物，这种多样性将逐渐被完善的经理人市场所取代，市场化选聘机制也将成为最终有效的经理人选聘机制。这将有利于进一步完善治理制度环境和经理人激励约束机制。

二　薪酬与中长期激励

为吸引、激励和保留经理人，不仅需要设立鼓励能力和业绩提升的契约化薪酬机制，还需要向经理人提供具有竞争力的福利待遇。市场化的薪酬激励机制需要根据企业经济效益增长情况，对经理人的薪酬、绩效奖金和福利待遇进行相应调整。竞争性国有企业混合所有制改革，除了基本的工资收入外,包括股权激励在内的中长期激励也十分必要。

(一) 健全的中长期激励机制

利润是反映企业当期价值的指标,而市值不仅能反映企业当期价值指标,还能够反映企业未来的潜力和在市场中的价值。中国建材、国药控股和中集集团对经理人的考核正在从重视利润向重视市值转变,进一步实现国有资本保值增值。

在混合所有制改革中,中国建材坚持效益优先、活力优先和机制优先的原则,其中,机制优先就是要对管理层和经理人实施中长期激励,通过设立股权激励发挥经理人才能。"宋志平认为,在混合所有制企业推行员工持股、给管理层一些中长期激励,是非常必要、重要的。"[①] 中国建材集团下属企业南京凯盛在实施员工持股后,公司的销售收入从1000万元增至13亿元,净利润从0到近2亿元。中国建材作为中国建材集团的二级单位,正试点推行高管股权激励和员工持股。但作为混合所有制改革试点单位,中国建材在建立经理人中长期激励方面遵循稳妥推进的原则,找准方向循序渐进。

值得一提的是,中集集团在2008年就推出了股权激励计划,当时因金融危机而暂停,但在2009年公司重启了股权激励计划,旨在建立股东、管理团队和骨干员工之间的利益共享与约束机制。作为总裁的麦伯良获得380万股的股权激励,占总股本的0.14%,但行权条件较为苛刻。市场化的薪酬制度和中长期激励机制在公司业绩上得到了很好体现,1994年上市初期,中集集团的净利润只有0.9亿元,2014年即达到24.78亿元,归属于中集集团的所有者权益增长达40余倍,年均资本回报率在10%以上。中集集团原董事长李建红认为中集集团持续增长离不开麦伯良的高职业素质和敬业精神,以及规范的公司治理结构和职业经理人制度的建立。正是市场化的考评、薪酬激励和股权激励,才成就了麦伯良这样的优秀职业经理人。

(二) 与经营业绩挂钩的薪酬制度

中国建材、国药控股和中集集团的董事会根据企业经营状况和企业

---

① 严学锋:《中国建材:混合所有制探路先锋》,《董事会》2014年第10期。

在国际国内市场的地位，明确薪酬策略和高管人员的市场价值，通过契约的方式将经理人的薪酬水平与岗位、个人业绩相匹配。经理人的薪酬主要由基本年薪、绩效工资、特别奖和长期激励四部分组成。其中，基本年薪由经理人职位、责任、能力和市场薪酬水平决定；绩效工资按照考核结果确定；特别奖是针对对公司业绩或某一方面有重要突出贡献的经理人；长期激励主要是股票增值权和股票期权。例如，中国建材制定了《股票增值权计划》，在锁定股票价格的前提下，当股票价格上升时，经理人可以从增值部分中获得一定奖励，这样可以在不给予经理人股权的基础上，将经理人薪酬与企业股价相联系，实现公司市值的增长。

在薪酬激励方面，中集集团制定了《董事会聘任人员年度业绩考核及奖励办法》，实行市场化的薪酬激励机制。董事会每年在收入、利润、净资产利润率、资产负债率等方面对经营团队制定具体目标，达到或超过目标的将领取年薪和相应的绩效奖励，完不成的将受到重罚，连续两年完不成目标的将被辞退。中集集团建立的利润分享机制将每年新增利润的3%奖励给经营团队，这在股东和经理人之间形成了较好的利益联动机制。陈清泰认为，"这就是市场机制在发挥作用"①。2014年8月中共中央政治局审议通过的《中央管理企业负责人薪酬制度改革方案》对央企负责人的薪酬水平作出了限定，而中集集团总裁麦伯良作为职业经理人并不受该方案的限制，其薪酬是体制内高管平均薪酬的数倍。作为市场化选聘的高管，自然也享受着市场化的薪酬待遇。公开资料显示，从2010年开始，麦伯良的薪酬连续5年超过500万元，2012年以998万元的高薪位列央企总经理之首。"好的制度设计一定要符合市场的逻辑，就是对社会贡献多的人应该多得，国企经理层完全可以实现市场化操作，达到标准年薪上亿元也可以。"②

国药控股通过引入强大的民营资本，使国有企业传统优势与民营企业在经理人激励、考核评审等方面的优势实现了有机结合，调动了经理

---

① 《研究员谈国企改革：高管薪酬高一点不是坏事》，《企业观察报》2014年7月21日。
② 严学锋：《麦伯良"下海"再审视》，《董事会》2014年第11期。

人的积极性。虽然经理人的薪酬接近市场化的水平，但在企业内部实行的是双轨制薪酬，职业经理人制度还没有完全建立。行政任命的经理人，其薪酬由工资加福利构成；市场化选聘的经理人，其薪酬由市场化的机制决定。① 在接下来的混合所有制改革中，国药控股将不断实行市场化机制，通过经理人市场选聘经理人，取消行政任命，实施单一的薪酬激励制度，并探索经理人股权激励。

NW 公司注重发挥股东会、董事会、监事会和经理层的职能，以制度化和制衡化的方式推行董事会领导下的总经理负责制，并按照市场需求对企业发展进行资源配置和评价考核。在制定科学有效的战略发展目标的基础上，将任务目标按年度进行分解，结合战略维度、财务维度、竞争力维度、价值维度等对经理人的绩效进行系统考评，根据年度目标和战略发展目标完成情况给予绩效年薪和任期激励。同时，通过访谈发现，NW 公司正在制定相关的股权激励方案，以加大对经理人的激励力度。

三 事业平台与精神激励

国有企业混合所有制改革一方面能够帮助国有企业做大做强，另一方面能够实现国民共进共赢，在该过程中势必会为经理人提供更加广阔的舞台和空间，以发挥其经营管理才能。通过对案例企业的业务框架和组织结构分析发现，四家案例企业涉及的业务范围十分广泛，事业部制的组织结构层级明确。例如，中集集团为提升经理人的战略性关键能力和专业能力，设置了相应的专业培训和奖学活动，以提升经理人的领导力和精益制造能力；NW 公司作为某集团公司的下属公司，涉及钢材贸易、金属及配件贸易、货运代理、仓储物流等业务领域，这些业务单元具有较强的关联性，经理人可以在集团内部各业务单元实现轮换，获取更加广阔的事业发展。可以看出，案例企业的多元化发展不仅能够为经理人提供广阔的事业发展平台，还能够通过事业平台留住人才。

---

① 《魏玉林：国药集团和复星医药混合十年资产增百倍》，新浪财经，http://finance.sina.com.cn/hy/20140823/155520100412.shtml，2014 年 8 月 23 日。

除薪酬和股权激励外，案例企业还为经理人提供社会保险、健康体检、节假日慰问、生日祝贺、培训资助、带薪休假等福利待遇。例如，NW 公司的第一大股东云南某国有投资集团每年会在集团内部评选管理创新奖和年度人物，以表彰为集团作出突出贡献的经理人和员工，NW 公司的总经理则获得了 2012 年年度集团管理创新奖和 2013 年集团的年度人物称号。这不仅是对经理人的物质激励，还是精神上的鼓励和社会地位上的认同。

四 约束与退出机制

经理人激励制度包括激励和约束两个方面，基本的薪酬激励和中长期激励是留住人才、凝聚人心的有效手段，而完善的监督约束机制是企业健康发展的重要保障。作为混合所有制改革的典型企业，四家案例企业经理人的约束和监督主要来自三个方面：一是外部监督，包括外部金融机构、第三方审计、税收等政府职能部门；二是内部监督，包括股东、董事会、监事会、薪酬委员会、党委等内部治理机构；三是经理人的职业精神，包括优秀的职业素养、职业操守和精神。来自企业内部和外部的监督约束机制使经理人时刻保持着较高的职业道德，为了保持在经理人市场中的声誉而不会违法违规，这种监督约束机制使得案例企业极少发生高管贪腐的现象。

在经理人惩戒和退出方面，案例企业以任期制和契约化管理为基础，建立了市场化的约束、流动和追责机制，实现了经理人的能上能下、能进能出。同时，对经理人实行劳动合同管理，完善和落实市场化的用工制度。例如，国药控股以业绩为导向，科学评价经理人对企业的贡献，切实做到经理人的收入能增能减和奖惩分明，并建立与激励相对称的经济责任审计、信息披露、延期支付、追索回扣等惩戒机制。案例企业在混合所有制改革中，打破原有的行政惩戒和问责机制，进而实施更有效的市场化惩戒与退出机制。案例企业经理人激励结束方式如表 5-9 所示。

表5-9　　　　　　　　案例企业经理人激励约束方式

案例企业	经理人激励	经理人约束
中国建材	基本年薪、业绩薪酬、特别奖和股票增值权	外部机构的监督、内部公司治理机构的约束、个人职业道德约束
国药控股	基本年薪、福利或业绩薪酬、即将推行股权激励计划	
中集集团	基本年薪、利润分红、股票期权、特殊福利	
NW公司	基本年薪、绩效年薪、任期激励、即将推行股权激励计划	

资料来源：根据案例企业定期报告、网络报道、访谈资料、期刊文献和书籍等资料整理。

无论案例企业是通过联合重组、引入民营资本和战略投资者，还是在境内外上市实现混合所有制改革，都建立了规范的公司治理制度环境和市场化的经理人激励机制，企业的业绩也因此而大幅度提升。2006年至2011年，中国建材的营业收入、净利润、总资产复合增长率均超过55%，国有资产保值增值率超过400%；国药控股的销售收入从2003年混合开始的80亿元增长到2013年的1690亿元，销售收入增长了20倍，利润也从1亿元增长到46亿元，增长了45倍；中集集团的总资产在20年内增长了50余倍，累计实现净利润322.72亿元，公司业绩证明了中集集团公司治理的规范性和经理人团队的专业性。NW公司成立之初的营业收入为48亿元，2013实现营业收入86亿元，2014年则实现营业收入176亿元，收入贡献排名云南某国有投资集团第一，实现了国有资本与民营资本的保值增值。

经以上分析发现，案例企业业绩的改善得益于在混合所有制改革中建立了规范的公司治理和经理人制度，并对经理人实施市场化的激励措施，充分调动了经理人的工作热情，激发了企业的经营活力。竞争性国有企业混合所有制改革中的经理人激励不是单纯的物质激励和精神激励，而是包括公司治理结构和机制在内的一整套激励机制。在这套激励机制中，多元化的股权结构和规范的公司治理结构是制度性激励，加之市场化的经理人选聘和激励机制,对于激发企业活力、提升企业绩效大有裨益。

第三节 结果讨论

继中共十八届三中全会提出发展混合所有制经济以来,中共中央、国务院于 2015 年 8 月先后发布了《关于深化国有企业改革的指导意见》和国务院 9 月发布的《关于国有企业发展混合所有制经济的意见》,为国有企业改革提供了政策指导。在实践中,竞争性国有企业混合所有制改革已有成功的典范供参考和借鉴。本章对四家竞争性国有企业混合所有制改革中的经理人激励进行了探讨和分析,主要研究结论如下。其一,竞争性国有企业混合所有制改革首先应解决一股独大的问题,通过引入民营资本或战略投资者实现股权多元化,建立更规范的公司治理和董事会结构,确立董事会在公司治理中的核心地位,实行董事会下的总经理负责制。其次是取消经理人的行政任命,建立市场化的经理人选聘制度,这些制度环境的优化能够促进经理人职业成长和更好地履职,这是有效实施经济性激励和社会性激励的前提条件。其二,通过对案例企业改革历程的纵向对比发现,在混合所有制改革以前,企业存在治理不规范、效率低下等问题。通过不同方式的混合所有制改革以后,企业在公司治理制度和经理人选聘方面都大有改善,对经理人实施的经济性激励和社会性激励也更加有效,企业业绩因此得到大幅度提升。其三,通过案例企业之间的横向对比发现,无论采取联合重组、民营参股、引入战略投资者还是在境内外上市的混合所有制改革方式,案例企业建立的约束与退出机制,充分体现了经理人薪酬能增能减和经理人能上能下的原则。因此,竞争性国有企业混合所有制改革,既要为经理人提供更为有效的经济性激励和社会激励,又要从公司治理和经理人选聘制度两方面为经理人提供制度性激励,并建立市场化的约束与退出机制。

小　结

本章选择多案例分析法，运用扎根理论和质性分析探讨了竞争型国有企业混合所有制改革中制度性激励、经济性激励和社会性激励等问题。基于"制度性激励（前提）—经济性激励和社会性激励（核心）—企业绩效（结果）"的研究路径，首先通过资料编码分析了四家竞争性国有企业在混合所有制改革中的相关资料，纵向对比分析了每个案例企业在改革前和改革后的公司治理、经理人激励和业绩改善情况，并通过案例企业之间的横向对比分析了各企业混合所有制改革方式、董事会结构、经理人选聘和激励机制。通过纵向对比研究发现，在改善公司治理制度环境和建立市场化的经理人激励机制以前，案例企业发展缓慢，绩效也相对低下。经过混合所有制改革以后，公司治理结构得到优化，经营管理机制逐步与市场接轨，经理人也由原来的行政任命转变为市场化选聘，并通过建立薪酬与绩效挂钩的市场化激励机制使经理人的工作热情大大提高，企业绩效也因此大幅提升。同时，横向的对比研究表明，无论采取何种混合所有制改革方式，建立规范的公司治理制度环境和市场化的激励机制是竞争性国有企业混合所有制改革的必由之路。

第 六 章

国有企业混合所有制改革中的经理人激励机制构建

有效的激励机制是建立在一定的理论基础之上的。根据前文的理论框架，经理人作为"复杂"个体，既要有经济性激励又要有社会性激励，在混合所有制改革的特殊背景下，还应有制度性激励，这是有效实施经济性激励和社会性激励的前提条件。定量分析和多案例分析结果表明，竞争性国有企业混合所有制改革，既要加大薪酬激励的力度，又要减少政府对股权激励的行政干预，实行以市场为导向的经济性激励。同时，案例分析表明，规范透明的公司治理和经理人选聘制度作为制度性激励，能够促进经理人履行职责并实现职业成长，而多样的事业发展通道和精神激励能够满足经理人的社会性需求。因此，依据理论框架、定量分析和多案例分析结果，本章主要从公司治理制度、经理人选聘制度、薪酬激励、股权激励、事业平台激励、精神激励、约束与退出机制等方面构建竞争性国有企业混合所有制改革中的经理人激励机制（见图6-1）。

好的制度环境能够有效解决企业内部委托人与代理人之间的矛盾，降低代理成本[1]。从企业微观层面来看，公司治理和经理人选聘制度作为企业内部的正式制度，对经理人行为有着重要影响。在企业微观运行制度上，公司治理机制的建立和完善能够培育企业家的创新精神并诱导创

---

[1] Rafeal La Porta, Florencio Lopez – De – Silanes and Andrei Shleifer, "Government Ownership of Banks", *The Journal of Finance*, Vol. 57, No. 1, 2002.

```
          制度性激励
          公司治理制度
          选聘制度

社会性激励      经理人激励      经济性激励
事业平台激励       机制         薪酬激励
精神激励                       股权激励

          约束与退出
            机制
```

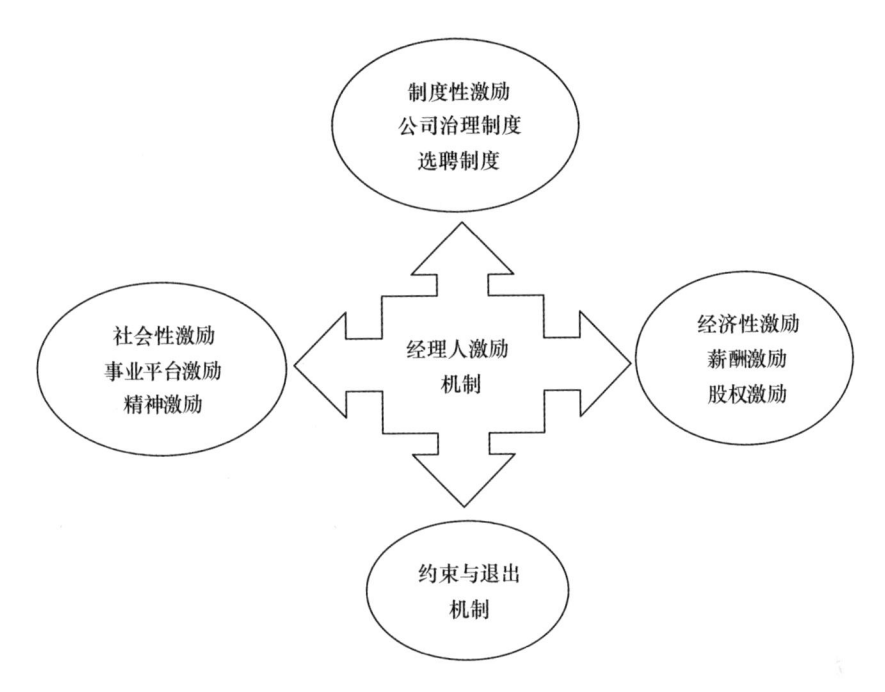

图 6-1　竞争性国有企业混合所有制改革中的经理人激励机制

新行为[①]。良好的公司治理制度不仅对经理人的行为具有诱导作用，还能影响其他激励机制效用的发挥。目前，竞争性国有企业的行政性治理制度已经影响到了经理人的正常履职和市场化激励机制的实现，混合所有制改革就是要从目前的行政型治理制度向经济型治理制度转变，这种转变不但能提升企业绩效，还能培养经理人的企业家精神，有利于经理人成长并促进经济性激励和社会性激励机制的实现。因此，本章将从公司治理和经理人选聘制度两方面建立竞争性国有企业混合所有制改革中的制度性激励。

竞争性国有企业混合所有制改革中经理人的薪酬激励应多样化，"可以考虑采取现金激励与股权激励相结合、短期激励与长期激励相促进的

---

① 李维安、王辉：《企业家创新精神培育：一个公司治理视角》，《南开经济研究》2003 年第 2 期。

'薪酬包'形式"①。前文的定量分析和多案例分析发现，股权激励、更高的薪酬水平和较大的薪酬差距能够促进企业绩效的提升。可见，基于绩效的薪酬和股权激励将是竞争性国有企业混合所有制改革中经理人经济性激励的主要方式。外在的经济性刺激固然能够对经理人起到激励作用，而事业平台激励与精神激励更能为经理人带来责任感、使命感和成就感。事业成长与精神激励将是对薪酬和股权激励的有效补充，有利于经济目标的实现。竞争性国有企业混合所有制改革应废止经理人的"高官"角色，以事业成长而非政治前途为社会性激励方式实现企业的经济目标。因此，在完善制度性激励的前提下，对经理人实施经济性激励、社会性激励有利于经济目标的实现。

一般来说，经理人获得的激励力度越大，其受到的约束就越大。激励和约束作为同一事物的两面，相互依存、作用和影响。如果只强调激励，就会导致经理人的机会主义行为，损害国有股东和非国有股东的利益；如果只强调约束和惩罚，就会打击经理人的工作积极性，阻碍企业的发展。法律法规和企业管理制度作为正式制度对经理人具有约束作用，董事会可依据法规和制度对违约、违规和违法的经理人实施惩罚，也可根据契约解除与经理人的劳动关系。市场声誉作为一种非正式制度，对经理人既有激励作用又有约束作用。当法律法规不健全时，声誉约束机制不仅能节约监督成本，还能起到改善和提高公司治理的作用②。传统儒家思想深刻影响着企业文化的形成与经理人的道德修养，崇尚儒家伦理道德的企业文化氛围越浓，以及经理人个人道德水平越高，对经理人行为的软约束作用也就越强。因此，竞争性国有企业混合所有制改革中的经理人既要受到来自外部的法律法规和市场声誉约束，又要受到来自内部的道德约束，而健全的惩戒和退出机制将有助于构建一个完整的经理人激励机制。

---

① 高明华：《公司治理与国企发展混合所有制》，《天津社会科学》2015年第5期。
② 醋卫华：《公司丑闻、声誉机制与高管变更》，《经济管理》2011年第1期。

第一节 公司治理与经理人选聘制度

人是成就企业的核心，而制度是成就人的关键。企业的成功与公司治理团队密不可分，而在竞争性国有企业混合所有制改革过程中，经理人才能的发挥得益于有好的公司治理结构和经理人选聘制度，分责分权的公司治理制度和科学的经理人选聘制度将是激励经理人的持续动力。

一 公司治理制度

竞争性国有企业混合所有制改革是一个股权结构多元化，以及企业所有权与经营权有效分离的过程，在该过程中不同利益主体将在公司治理层面进行协作与博弈。公司治理是一套制度安排，是一套处理利益相关者的权力、义务和责任的制度体系。[①] 公司治理的核心是在所有权与经营权分离的条件下产生的委托代理关系，目的是降低代理成本，使经理层以股东利益和公司利润最大化为目标。公司治理结构是对公司进行管理和控制的体系，它不仅规定了董事会、经理层、股东等利益相关者的权利和责任，还明确了决策公司事务的规则和程序。[②] 公司治理机制是公司治理结构中各主体之间的相互关系，包括决策运行机制、监督制衡机制、绩效评价机制、激励约束机制和代理权竞争机制等。经过多年的建设与发展，我国的公司治理改革已初步形成"治理有所依、治理有所约、治理有所得"的局面，上市公司治理质量得到明显改善，上市公司股东治理和董事会指数（CCGI）分别由 2004 年的 56.47 和 52.6 上升到 2013 年的 62.89 和 61.74。[③] 虽然大部分国有企业根据《公司法》以及上市公司要求建立了相应的公司治理结构和机制，但问题依然频出，仍然存在

[①] 杨红英、童露：《论混合所有制改革下的国有企业公司治理》，《宏观经济研究》2015 年第 1 期。

[②] 王国平、陈禹志、胡继灵：《现代国有企业治理研究》，化学工业出版社 2011 年版，第 12 页。

[③] 李维安：《深化公司治理改革的风向标：治理有效性》，《南开管理评论》2013 年第 5 期。

"形似而神不似"的问题,这些公司治理问题需要通过混合所有制改革进一步解决。因此,竞争性国有企业混合所有制改革除了建立规范的"股东会、董事会、监事会和经理层"(三会一层)的治理结构外,还需建立有效的治理机制。

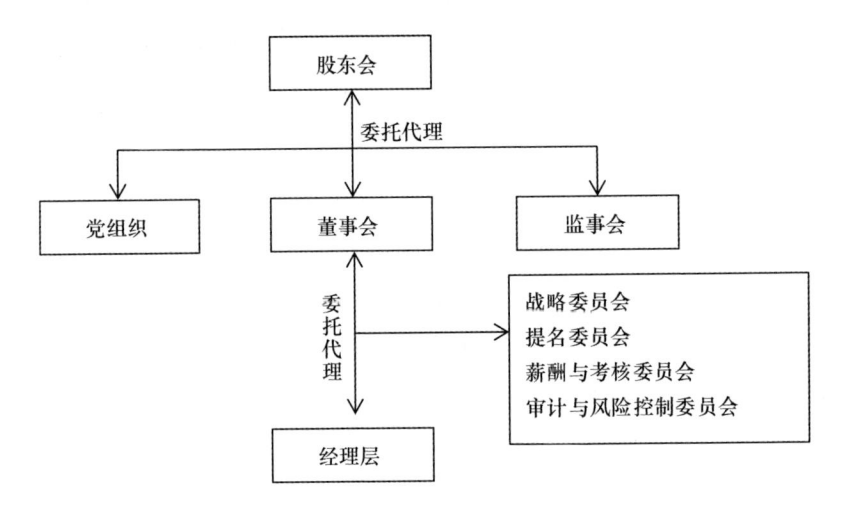

图 6-2 竞争性国有企业混合所有制改革中的公司治理结构

(一) 股东会

股东会是公司的最高权力机构,是不同股东表达其意志、利益和要求的场所。竞争性国有企业混合所有制改革是通过引入非国有资本投资者进一步降低国有股权比例,解决国有资本"一股独大"的问题,通过优化股权结构明确"所有者身份"。股权结构多元化是竞争性国有企业混合所有制改革的主要特征,不管是国有资本还是非国有资本,都以发挥最大效率为最终目的,作为股东的国有资本和非国有资本都在市场和相关法律法规的规范下运作,各自的合法利益神圣不可侵犯。竞争性国有企业在混合所有制改革中规模不断扩大、股权逐渐分散和经营复杂性不断增加,股东会由国有股东和非国有股东组成,多元化的股东主体对公司具有管理权、监督权、财产所有权,以及取得股息的收益权。股东一般不参与公司的经营管理,而是通过董事会间接地参与对公司日常事务的领导和管理。国有股东和非国有股东的权力和义务由其所持股份的多少而定。

（二）董事会

董事会是负责公司经营管理活动的决策机构，在股东会闭幕期间，它是公司的最高决策机构。在以上治理结构中，"股东会、董事会、经理层"三者之间是双重代理关系，董事会独立于股东，也独立于经理人，董事会的独立性加强，有利于提高董事会的决策效率与有效性。董事会作为股东的代理人以及经理人的委托人，是解决所有权与经营权分离产生的委托代理问题的传统解决方案，也可以看作股东对经理人有效监管的产物。因此，董事会的主要职责："一是代表股东进行科学的决策，二是对管理层进行独立的、有效的监督。"[①] 根据国际经验，董事会的设置有两种模式：一种是单层董事会模式，董事会执行经营决策权和监督权，这种模式在英美国家的公司治理结构中比较常见；另一种是双重董事会模式，经营决策权和监督权分别由执行董事会和监督董事会承担，这种模式在德日等国家的公司治理结构中经常采用。郭建鸾认为我国董事会建设应结合实际，大型国有企业转型而成的上市公司应借鉴双层董事会模式强化董事会的监督职能，中小国企和民企借鉴单层董事会模式提高决策和应变能力。[②] 根据目前国有企业的性质和特征，竞争性国有企业混合所有制改革中的董事会模式应借鉴德日模式，设置由执行董事会和监督董事会构成的双层董事会架构，但董事会与监事会之间不是上位机构与下位机构的关系，而是横向的平等关系，两者既是监督与被监督的关系，也有协同与合作的关系。由于董事会工作量大、涉及面广，需要设置战略委员会、提名委员会、薪酬与考核委员会、审计与风险控制委员会等专业委员会。这些委员会的人数不宜过多，以外部董事为主，也可吸收少量非董事参加。监督董事会是国有股东和非国有股东监督权的常设机构，可由党组织成员、中小股东和员工组成，提高监事会的地位，加强对经理人的内部监督与控制。

董事会既是决策机构，也是不同股东通过委托代理实现利益博弈的

[①] 高明华：《公司治理与国企发展混合所有制》，《天津社会科学》2015年第5期。
[②] 郭建鸾：《单双层董事会模式比较与我国董事会模式改进》，《经济管理》2008年第18期。

场所。竞争性国有企业混合所有制改革需要在董事会层面进一步明确董事的来源、职责和权利。一般来说，竞争性国有企业混合所有制改革中的董事来源有四种途径：一是政府委派，代表国有股东利益的外部非独立董事；二是非国有股东委派，代表其他非个人股东利益的外部非独立董事；三是市场化选聘，代表所有股东利益的外部独立董事；四是市场化选聘的高管董事，即由总经理等经理人担任的内部董事（见图6-3）。董事会应该由不同类型的人组成，外部董事既可以是具有行政级别的政府官员（享有行政级别）、民营企业家，也可以是机构投资者、专家学者等，多样化的董事会将有助于企业决策，在不同利益主体间形成有效的权力制衡。内部董事（执行董事）作为企业的经营管理者，主要向外部董事传达、解释、说明公司经营情况和战略发展方向，有利于战略决策的执行。对上市的股份制企业而言，其董事会规模在9—15人为宜，少于9人就无法安排足够的董事任职于专业委员会，多于15人则不利于董事之间的讨论。根据目前公司治理的普遍做法，竞争性国有企业混合所有制改革应建立外部独立董事制度，使外部独立董事占所有董事人数的半数以上，以保证董事会的独立性。

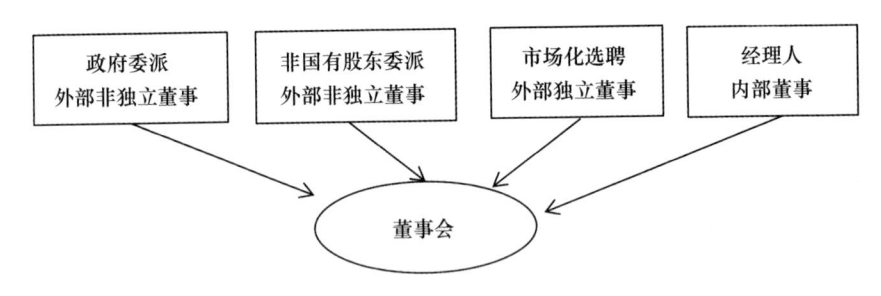

图6-3 竞争性国有企业混合所有制改革中的董事来源

（三）党组织

"党组织是我国国有企业不可或缺的重要组织机构之一，其存在具备极为厚重的法理基础。"① 《中华人民共和国宪法》《中国共产党党章》对

---

① 陈仕华、卢昌崇：《国有企业党组织的治理参与能够有效抑制并购中的"国有资产流失"吗?》，《管理世界》2014年第5期。

中国共产党组织的性质和内涵进行了界定,同时,《公司法》要求公司根据相关规定设立中国共产党党组织,并为党组织的活动提供必要条件。党组织在国有企业公司治理中与董事会、监事会、经理层之间存在密切的关系。《中国共产党党章》第三十二条规定,国有企业和集体企业中的党组织在企业中发挥政治核心作用,支持股东会、董事会、监事会和经理(厂长)依法行使职权,并参与企业重大问题的决策;非公有制经济组织中党的基层组织要贯彻党的方针政策,引导和监督企业遵守国家的法律法规,促进企业健康发展。通过以上分析可以发现,党组织在任何所有制性质的企业中必须依法存在,其在不同所有制企业(国有企业、集体企业、非公有制企业)中的作用和定位明显不同。因此,竞争性国有企业混合所有制改革须根据《公司法》要求成立党组织,通过党组织贯彻国家的方针政策,加强对企业的监督和控制,防止国有资产在混合所有制改革中流失。但在竞争性国有企业混合所有制改革中需对党组织的作用和定位作出新的规定和要求,进一步明确党组织与董事会、监事会、经理层之间的关系和职责。竞争性国有企业混合所有制改革是一种国有企业与非公有制企业之间的混合,应在党组织与股东会、董事会、监事会和经理层之间建立一种支持与被支持的关系,发挥党组织在员工思想政治引导、良好价值观塑造和监督方面的政治核心作用。混合所有制改革中党组织的具体职能可体现在以下三个方面:一是在公司治理中集中体现党组织的政治影响力,正确引导员工思想,帮助党员干部和员工树立正确的价值观、人生观,规范经理人的权力,防止权力滥用和贪污受贿的情况,促进董事会决策制定和经理层决策执行的科学化和民主化;二是党组织带领党员队伍执行公司决策,通过工会、共青团、其他群众组织的领导独立自主创造性地开展工作,充分发挥党员群众的桥梁和纽带作用,支持股东会、董事会、监事会和经理层的治理;三是贯彻党的方针政策,引导和监督企业遵守国家的法律法规,维护员工的合法权益,促进企业健康发展。"我国法律法规中多次强调党组织在企业中发挥政治核心作用,但如何发挥,以及政治核心与经济决策之间的关系如何厘清,一直以来都是困扰着国有企业的一大问题。"① 因此,有必要通过制定相应的法律法规对以上党组织的定位和作用做出详细界定。

(四) 经理层

经理层是企业经营管理的主体,是受托于董事会的执行机构,对董事会负责。经理层由董事会选聘产生,作为董事会的代理人,通过与董事会的契约关系获得授权,并拥有企业的经营管理权和代理权。董事会通过激励机制设计,使经理人为国有股东、非国有股东创造更大价值。传统的观点认为,经理人受聘于董事会,是上下级关系和领导与被领导的关系。然而在公司治理结构中,股东会、董事会、经理层三者之间是纵向的授权关系,而非等级关系。董事会代表资本市场不同股东的力量,经理人代表经理人市场的力量,董事会与经理层是上位和下位关系,董事会与经理层的权力和责任受到相关法规的保护与约束,任何一方都不能违反治理程序。混合所有制改革,无论谁是控股股东,经理人都必须由董事会来选聘,以此体现董事会的独立性。

尤金·法马 (Eugene F. Fama) 和迈克尔·詹森 (Michael C. Jensen),将决策分为提议 (提出资源利用和契约结构的建议)、认可 (对所需贯彻的提议作出决策选择)、贯彻 (执行已认可的决策)、监督 (考核决策代理人的绩效并给予奖励) 四个步骤,其中,提议和贯彻是决策经营,认可和监督是决策控制。② 在原始的组织中,决策制定 (或控制) 和决策执行 (或经营) 统一于企业创始人,企业经营风险也由企业家自己承担。在为生存的竞争中,决策经营和决策控制未分离的组织将处于不利地位③。竞争性国有企业混合所有制改革将面临投资主体多元化、股权结构分散、董事会成员身份多样和经理人职业化等多个问题,是一种复杂的组织形态变革,这种变革需要将决策控制与决策经营分离。为保证经理

---

① 马连福、王元芳、沈小秀:《国有企业党组织治理、冗余雇员与高管薪酬契约》,《管理世界》2013 年第 5 期。
② [美] 尤金·法马、迈克尔·詹森:《所有权与控制权的分离》,载陈郁《所有权、控制权与激励》,上海人民出版社 2006 年版,第 168 页。
③ [美] 尤金·法马、迈克尔·詹森:《所有权与控制权的分离》,载陈郁《所有权、控制权与激励》,上海人民出版社 2006 年版,第 180 页。

人的独立性，董事长与总经理应分开，由董事会负责决策控制和监督，经理人负责决策经营，充分发挥经理人的能动性。因此，在决策控制过程中需创造一种开放的决策环境，鼓励经理人参与董事会的决策过程，使竞争性国有企业混合所有制改革过程中的公司治理更加灵活有效。决策经营和控制的分离如图6-4所示。

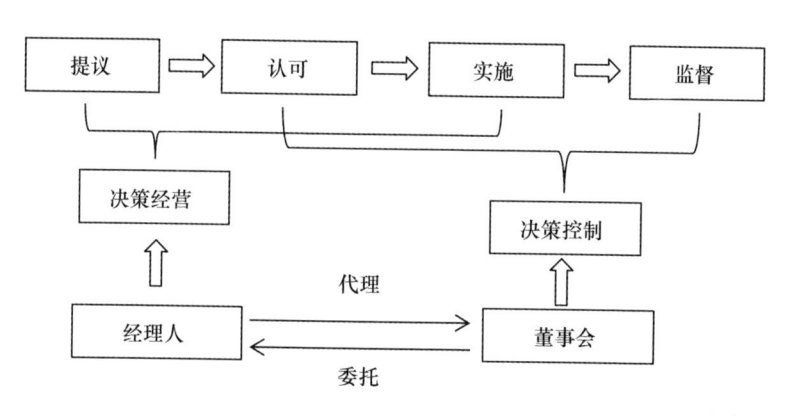

```
提议 ⇒ 认可 ⇒ 实施 ⇒ 监督
    ↓              ↓
  决策经营       决策控制
    ↑              ↑
          代理
  经理人  ←——→   董事会
          委托
```

图6-4 决策经营和控制的分离

传统观点认为，公司治理机制的作用是选择合适的经理人，强化对经理人权力的控制，并在经营失败时撤换不称职的经理人。但约翰·庞德认为，在今天的企业环境中，经理人并不拥有过度的权力，公司治理的失败不是由于权力失衡，而是缺乏有效的决策过程[①]。因此，在竞争性国有企业混合所有制改革中，董事会作为较高层次的代理人，将决策经营赋予具有特定知识的经理人，经理人在公司发生问题时提出决策建议，董事会对经理人的决策提议和实施情况进行监督和指导，这有利于经理人的人力资本价值在决策程序中发挥应有的效能，国有股东和非国有股东可以获得更多的决策收益。

二 经理人身份转化与选聘制度

本书第四章的内容指出，竞争性国有企业混合所有制改革主要有四

---

① ［美］约翰·庞德：《治理型公司的前景》，载《公司治理》，孙经纬、高晓晖译，中国人民大学出版社2004年版，第72页。

种方式,这四种改革方式是"存量"与"增量"的变化,不同的改革方式经理人来源可能不同。在"存量"改革方面,原国有企业人事关系复杂,有行政任命的经理人存在,对于这部分经理人如何实现身份转化是需要解决的问题;在"增量"改革方面,对新成立的混合所有制企业来说,如何选聘经理人是混合所有制改革中的关键工作。此外,国有企业与民营企业实施混合所有制改革,可能涉及民营企业家身份转化的问题。无论是身份转化还是市场化选聘,都应明确经理人的角色、职能和目标,赋予其独立的权力与责任,实施市场化的激励以发挥其主观能动性。竞争性国有企业混合所有制改革中的经理人来源如图 6-5 所示。

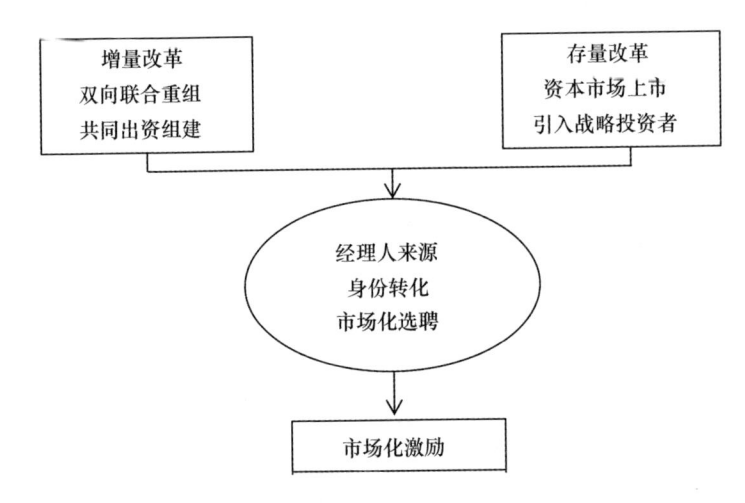

图 6-5 竞争性国有企业混合所有制改革中的经理人来源

(一) 国有企业经营管理者身份转化

竞争性国有企业混合所有制改革,去行政化管理是必要的,也是必需的,应该把"高管"和"高官"彻底分开。有研究发现,经理人的"高官"身份在一定程度上能够提升企业绩效,但是却没能提升企业的创新绩效,未在资源配置过程中发挥合理的作用,应该予以取缔[①]。在现有

---

① 曲亮、任国良:《高管政治关系对国有企业绩效的影响——兼论国有企业去行政化改革》,《经济管理》2012 年第 1 期。

管理体制下，国有企业经理人一般都是"能上不能下"，但在混合所有制改革中，经理人应该"能上能下"，收入"能高能低"，只有这样才能对其实施有效的激励约束。否则，不利于经理人队伍的稳定性并破坏经理人队伍的纯粹性。

竞争性国有企业混合所有制改革应为国有企业经营管理者提供以下两种通道：一种是留在国有资本出资人代表里，领取国有资本管理部门给予的行政化薪酬；另一种是选择当经理人，领取市场化的薪酬（见图6-6）。也就说，竞争性国有企业的经营管理者参与混合所有制改革，要么保留行政级别，要么放弃行政级别成为经理人，并实行与选任方式相匹配的差异化薪酬。在混合所有制企业中，组织任命的出资人代表可以成为董事会、监事会成员，这部分高级管理人员可以有相应的行政级别并享受同级别公务员待遇，但总经理、副总经理、财务总监、风险控制总监等岗位必须由身份转化后的经理人担任，并享受市场化的薪酬水平。

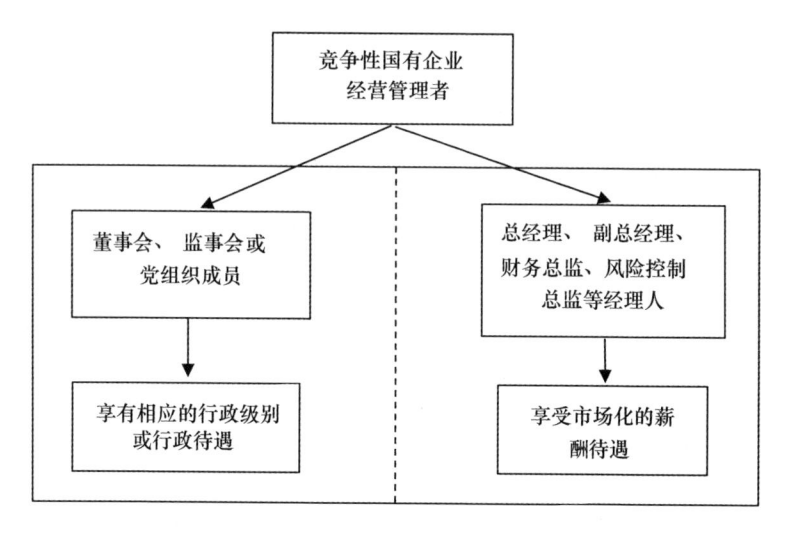

图6-6 竞争性国有企业经营管理者的身份转化方式

身份转化意味着使具有企业家潜能的经营管理者成为经理人，逐步淘汰那些占据高层经营管理岗位但不愿意转化身份的人，使具有企业家精神的经理人取而代之。身份转化的关键是要为经理人提供具有自主经营权的环境，只有这样才能使具有企业家精神的经理人崭露头角，并淘汰滥竽充数的人。竞争性国有企业经营管理者选择身份转化是机会，也是挑战。如果其具备潜在的企业家能力和素质，混合所有制改革对他来说就是如鱼得水，就会在市场中得到历练和发展，并成就自己的一番事业；如果其不具备企业家潜能，面对竞争激烈和变化无常的市场就会使他变得手足无措。身份转化后的经理人在享受市场化待遇的同时，必须接受相应的约束并承担经营风险。为防止能力不足的国企经营管理者变身经理人，需要加强对其身份转换后的业绩考核，若未完成预期目标或董事会对经理人不满意，董事会有权根据契约条件对经理人实施奖惩或撤换，身份转化而来的经理人必须自谋出路并承担相应的市场风险。

　　混合所有制改革实践中，有不少具有企业家精神的经理人脱颖而出，他们目光远大、敢于创新、锐意改革，使一些连年亏损的企业获得新生，他们敢于向旧体制发出挑战，建立自己的企业王国。在身份转换方面比较典型的案例是中集集团总裁麦伯良，20世纪90年代，麦伯良代任中集集团的总经理，但其身份属于招商局的人事编制。当时麦伯良有两个选择：一是作为招商局的外派干部到香港上班，月薪高达5000元；二是辞去招商局的职务，以独立身份正式担任中集集团的总经理，月薪是500元。这个对于一般人来说几乎不需要思考的选择题，却让麦伯良做出了在当时看起来不可思议而在今天看起来却十分正确的选择——他选择留在当时营业规模只有2亿—3亿元的中集集团担任总经理，原因有两个：一是他已经明确了中集集装箱布局和成为世界第一的战略规划；二是他觉得不能离开跟他一起打天下的兄弟们。在麦伯良看来，经理人的身份不是代表权力，而是代表对股东和员工的责任，代表对客户和供应商的承诺，同时也代表他赢得了开创事业的机会。[①] 正是他这种与生俱来的责任心、领导力和企业家精神让他成就了一番事业，其年薪在2013年达到了869.7万元。

[①] 郑贤玲：《中集：可以复制的世界冠军》，机械工业出版社2012年版，第36—38页。

(二) 民营企业家转化

国有资本在入股民营企业进行混合所有制改革中，民营企业家身份的转化是重点。竞争性国有企业在选择混合所有制改革对象时，要注意选择"良币"，应将目光瞄准在国内优秀的企业和企业家身上，加强对民营资本质量、诚信与操守、债权债务关系等内容的审核，优先选择规范经营的民营企业、优先选择社会和企业员工信任的民营企业家，限制有不良记录的企业和企业家进入国有资本。民营企业参与竞争性国有企业混合所有制改革，可能存在国有大股东侵害民营中小股东权益的现象。在这种情况下，民营企业参与竞争性国有企业混合所有制改革的动力不足。竞争性国有企业与民营企业发展混合所有制，关键在于营造平等、共生、共赢的环境，为民营企业家保留一定比例的股份，实现国有股东与民营股东权利的平等。民营企业家在参与混合所有制改革中，既可以成为国有控股混合所有制企业的董事、董事长，也可以成为总经理。董事或董事长是企业的决策人之一，并没有凌驾于总经理之上的特别权力。民营企业家转化为经理人需满足两个条件：一是高能力和高素质，二是要对国家和社会忠诚，满足以上两个条件的民营企业家不在少数。民营企业家在转化为经理人之后，不仅可以享受保留股份带来的股权收入，还能够享受一般经理人的薪酬待遇，同时，国有企业的品牌背书和融资优势在一定程度上能够进一步激发其活力，提升其社会地位和荣誉。

民营企业家向经理人的转变在混合所有制改革中屡见不鲜，中国建材集团就是典型的例子。中国建材集团在选择民营企业和民营企业家参与混合所有制改革时，提出了三个要求：一是符合公司发展战略的企业；二是能够接受规范化管理、运作规范、效益良好的企业；三是能与现有企业产生协同效益的企业。而中国建材集团给出的优惠条件是：公平的收购价格，在政策允许范围内可以适当溢价收购；将部分股权留给被收购企业或企业家，一般为30%；将原有企业老总转变为混合所有制企业的职业经理人，继续做管理者。[①] 振石集团（民营企业）与中国建材集团

[①] 童露、杨红英：《国有企业混合所有制改革中的联合重组与公司治理——基于中国建材集团的案例分析》，《技术经济与管理研究》2015年第10期。

联合发起成立的中国巨石股份有限公司，由民营企业家张毓强担任副董事长和总裁，并为其保留一定的股份。时任中国建材集团董事长宋志平认为，民营企业家带着股份加入，充分发挥了民营企业的灵活性、激励机制和企业家精神，两者相互融合、取长补短，形成了强大的竞争力。

（三）市场化选聘

董事会对经理人实施激励加强其能动性，必须通过市场化的选聘赋予其独立性。然而，中国特色的国有企业高管任命方式，加剧了经理人对身份的纠结，导致市场化的激励约束机制失灵。竞争性国有企业混合所有制改革，完善公司治理，对经理人实行市场化的激励约束机制，首先需要在去行政化、人事制度改革等方面进行制度变革，将经理人的选聘权交给董事会，而非由中组部或国资委直接任命。其要义是通过市场而非行政手段选择符合企业需要的经理人和经理人团队，这不仅可以充分发挥市场机制在经理人选聘上的决定性作用，还能够实现人力资本的最优配置和企业效益最大化。

人是企业经营管理中最活跃的因素，竞争性国有企业经营的好坏很大程度上取决于是否具有全球化视野和战略远光的优秀企业家。"企业家不是董事长，而是总经理，其独立性表现在选聘方式上，能动性表现在薪酬激励方面。"[①] 在现代企业管理制度中，制定决策和选人用人是董事会的关键职责。竞争性国有企业混合所有制改革，只有在赋予董事会用人权的前提下才能发挥董事会的决策职能。相对于国资委等主管部门，董事会对企业的情况更为熟悉，对经理人的选聘也更有针对性和实效性。同时，与董事会签约的经理人对董事会有更强的责任感和承诺感，并愿意接受董事会的监督和约束。

竞争性国有企业混合所有制改革中，向董事会充分授权，加大经理人的市场化选聘力度，使具备较强业务能力、沟通能力、团队精神和道德诚信的经理人脱颖而出。在经理人选聘管理上，国有资本和非国有资本可以充当红娘的角色，不能担任管家的角色。也就是说，竞争性国有

[①] 高明华、杜雯翠：《国有企业负责人监督体系再解构：分类与分层》，《改革》2014年第12期。

企业混合所有制改革中的经理人既可以由民营资本或机构投资者等非国有股东推荐，也可以由国有企业或其主管部门推荐。不管是国有股东推荐还是非国有股东推荐，都必须在统一的条件下与外部市场中的经理人进行竞争上岗，按照报名、资格审查、测试、面试、考察、协商、决定聘用、签约等程序进行选聘，由企业重点考察经理人的职业道德水准，并由社会中介机构对经理人的能力和素质进行考核分析，供企业择优录用。同时，竞争性国有企业混合所有制改革所需的经理人还可以通过经理人市场、猎头公司等渠道选拔。市场化选聘的经理人必须实行任期制和契约化管理，先与其签订一年的聘用合同，一年期满经考核合格的，依法履行任期聘任手续，不合格的免去聘用职务。签约一年的方式不仅可以使市场化选聘的经理人感受到压力，也能有充足的时间从多方面考验经理人的工作能力和道德素质。例如，2014年9月，中国石化销售有限公司在便利店、O2O、金融、广告、汽车服务、环保产品等6大新业务领域实行混合所有制改革，并发布公告称，面向社会公开招聘非油业务经理人9名，拟招聘岗位执行职业经理人制度，并实行契约化管理和薪酬待遇市场化运作。

与此同时，要建立和完善激励约束机制，按照市场规律建立经理人激励约束机制，对竞争上岗的经理人实行市场化的薪酬水平。在打破国有企业高管铁饭碗的基础上，给予与市场化激励机制相容的薪酬待遇，做到激励与约束的平衡。市场化选聘的经理人是自由人，没有行政级别，更不是党政干部，从市场中来，到市场中去，不受国有企业高管薪酬制度的限制，按照市场化原则决定薪酬。此外，建立透明的、具有充分信息的经理人市场是选择经理人的重要保障。

总之，无论是竞争性国有企业经营管理者身份转化，还是民营企业家身份转化，或是市场化选聘而来的经理人，都必须实行市场化的激励机制，并受到经理人市场的监督和约束。

第二节　契约化的薪酬激励

在现代企业制度中，薪酬契约是一种重要的公司治理机制。获取经济收益是经理人从事经营管理工作的基本目的之一，工资、奖金、福利等薪酬对于经理人来说十分重要，其激励作用不容忽视。薪酬属于外在和物质激励的范畴，从马斯洛的需求层次论和马克思主义的唯物辩证观点来看，经济基础决定上层建筑。薪酬、分红、福利等物质激励属于低层的外在和物质激励，能够满足经理人的生活需要。薪酬对于经理人来说要比那些需抚养一个家庭的人的重要性低得多，但对于经理人的个人发展和家庭需求仍然十分重要。对于经理人来说，薪酬可能不是最主要的激励措施，但它可以起到吸引和留住经理人的作用。因为薪酬往往比其本身拥有更多的价值，薪酬的多少已成为衡量经理人个人贡献、权力、社会地位和社会价值的激励因素。此外，经理人通常参照与他们相同地位经理人的收入来评价自己的薪酬水平是否具有外部公平性。因此，在竞争性国有企业混合所有制改革中，要使薪酬等物质激励成为有效的激励因素，需要建立契约化、稳定且富有弹性的物质激励方式。契约化是对经理人的权利和义务进行约定，稳定是维持经理人家庭物质的需要，弹性是对工作绩效的反应和工作能力的认可，即通过契约将经理人的薪酬水平与企业绩效联系起来，通过弹性薪酬反映经理人的绩效和能力，实现竞争性国有企业混合所有制改革中经理人激励的市场化。

一 经理人薪酬契约

（一）契约与契约精神

契约是关系范畴，是当时双方为达到某种目的而建立的约定关系。具体内容包括两个以上的人与人之间的交往，意味着要做什么或不做什么，意味着某种程度上的一致意见以及由于主体之间的合意或允诺产生的对他方的义务和责任[①]。阿尔钦和德姆塞茨认为，企业具有契约性质。科斯将企业的本质理解为各种合约的联结物，是一种非市场合约和长期合约。威廉姆森将契约分为古典契约、新古典契约和关系型契约，企业的契约是关系型契约和长期契约。企业契约的内容和涉及的经济活

---

① 陈秀萍：《契约的伦理内核——西方契约精神的伦理解析》，《南京社会科学》2006年第8期。

动复杂多变、难以确定，即使企业的规章制度十分完善也不能有效发挥作用。因此，企业契约只能是粗线条的、不完全的，此时非正式的规则即默认契约就极为重要①。同样，竞争性国有企业混合所有制改革中经理人薪酬激励的契约是一种关系和约定，是一种互惠互利的交易行为，这种关系和行为以正式合约为主，当正式合约不完全而产生争议时，应遵守契约精神，以契约精神调解企业与经理人之间的关系和义务。

契约精神在中国传统文化中表现为"信义"二字，是个人素质的最高体现。随着政治、经济和社会的发展，契约精神已经成为现代文明社会的主流精神。契约精神主要分为私人契约精神和社会契约精神。在私人契约精神方面，包括契约自由精神、契约平等精神、契约信守精神及契约救济精神。竞争性国有企业混合所有制改革中经理人薪酬激励的契约应遵守自由、平等、信守和救济的精神。自由精神是指经理人根据自己的意志与企业签订契约，而非被迫或服从企业上级主管单位的决定和安排；平等精神是经理人在签订契约时与企业具有相对平等的地位，不存在命令与服从关系，在财产、人身、行为等方面互不依赖；信守精神要求经理人与企业诚实守信，双方基于信任履行约定，尽量满足双方的合理要求；救济精神要求经理人和企业其中一方违约而令另一方遭受损失时，受害方可以提起上诉，从而保护自己的利益。

竞争性国有企业混合所有制改革中，经理人薪酬激励契约的设计只有遵从以上四种精神，才能使企业在完全的市场化竞争中具备良好的信誉和形象，实现企业的长远发展。经理人遵守以上四种契约精神将有助于经理人在市场中拥有良好的个人信用和社会声誉，这是经理人开展经营管理活动的基础。契约精神是对弱者的保障，在竞争性国有企业混合所有制改革中建立契约精神是为了使弱势一方的利益能够得到保障，当经理人违反契约或努力不够而对企业造成损失时可依据契约进行惩罚，当企业未履行契约时，经理人的合法权利应该根据契约得到保护。

---

① 参见王立宏《企业契约性质理论的问题研究》，《社会科学辑刊》2014年第6期。

(二) 经理人薪酬契约建立的原因

竞争性国有企业混合所有制改革中与经理人建立薪酬契约主要基于以下四个原因。一是经理人是自私自利的、理性的，也是复杂人。经理人参与企业的经营管理活动是为了使自身效用最大化，在该过程中经理人存在偷懒、搭便车和风险规避等机会主义行为，竞争性国有企业混合所有制改革中需要建立有效的薪酬契约来解决经理人的这些机会主义行为。二是竞争性国有企业混合所有制改革使企业的所有权与经营权有效分离，国有股东和非国有股东追求企业利润最大化，经理人追求自身效用最大化，这就导致了股东与经理人之间的代理问题。解决代理问题的有效途径就是使股东与经理人的利益最大化，通过薪酬契约设计将两者的代理成本最小化。三是股东与经理人之间存在信息不对称，经理人可能利用信息优势损害股东的利益来实现自身效用最大化。在信息不对称的情况下，作为股东代表的董事会应与经理人建立薪酬契约诱导经理人朝着股东利益最大化的方向努力。因此，经理人在竞争性国有企业混合所有制改革中为了满足自己的某些需要与企业签订契约进行交易，这是经理人使自身效用最大化的具体表现，也是企业通过契约关系解决代理问题的理性选择。四是国有企业改革进入深化时期，不仅强调国有资本的保值增值，还强调对人力资本的重视，但旧有的企业管理制度一直阻碍着国有企业的改革，基于人力资本产权的激励机制还未建立。竞争性国有企业混合所有制改革一个主要的任务就是建立人力资本产权制度，给予经理人人力资本产权价值的保护，解决国有企业效率低下的问题。

虽然各级国资委对竞争性国有企业经理人的薪酬作了限制，制定了国有企业负责人薪酬与业绩考核结果挂钩的薪酬制度，但由于信息不对称等问题，竞争性国有企业经理人的薪酬契约已经成为委托代理问题之一。竞争性国有企业混合所有制改革将使所有权与经营权有效分离，委托代理关系将更加明晰，国有资本和非国有资本作为出资人不仅需要采取市场化方式选聘经理人，还应通过制度安排来规定双方的权利和义务，授权经理人对企业进行经营管理，这样一种制度安排就是契约。其中最重要的是通过薪酬契约对经理人实施激励，并以此作为薪酬发放的依据。

有学者将经理人的薪酬激励分为显性契约激励（薪酬）与隐性契约激励（在职消费）两种[①]。王永钦认为，通过法律来实施的是显性契约，依靠双方长期博弈的为隐含契约[②]。经理人在职消费水平的高低是经理人与股东长期博弈的结果，竞争性国有企业混合所有制改革将提高公司治理水平，强化对经理人的监督和约束，有效抑制经理人的在职消费，将隐性契约转变为显性契约。

（三）薪酬契约理论框架

美国组织行为学家坎贝尔和普列查德在分析激励理论文献的基础上指出，绩效是个人能力水平、技术水平、对任务的理解、努力程度、坚持努力的时间，以及个体不能控制的外部条件的函数，用公式表示如下：

$$绩效 = f（主客观条件）$$

将经理人不能控制的外部条件看作激励，经理人自身具备的能力、技术、努力看作能力，可以得出以下公式：

$$绩效 = 激励 \times 能力$$

其中，激励是影响企业绩效的外因，能力是影响企业绩效的内因，能力强的经理人将获得较高的外部激励，外部激励又反作用于能力，通过对经理人的激励作用影响企业绩效。竞争性国有企业混合所有制改革需要创造均衡的激励机制，创新与变革经理人激励方式，使市场化的经理人薪酬激励机制成为决定企业绩效的关键因素。同时，这一公式说明高激励并不能导致高绩效，激励只是高绩效的影响因素之一。许多在激励条件下努力工作的人并没有取得好绩效，这是因为他们缺乏完成绩效目标的能力和技能。因此，竞争性国有企业混合所有制改革中，首先要求董事会在市场化选聘经理人的过程中综合考虑经理人的能力和素质，选聘具有经营管理能力和企业家精神的经理人，然后为经理人提供各种激励条件。当然，对于具有发展潜力的经理人也应当大胆任用，并在任用过程中为其提供培训和教育机会。为帮助经理人达到企业绩效目标，

[①] 赵岩、苑卉：《中国上市公司企业家激励约束机制与企业业绩关系再研究——国有控股与非国有控股公司的比较视角》，《经济管理》2014 年第 12 期。

[②] 王永钦：《互联的关系型合约、内生的制度与经济发展》，《学术月刊》2006 年第 11 期。

董事会应给予其指导和培训，提高其经营管理能力。同时，为其提供必要的工作条件和环境，帮助他们克服工作中所遇到的困难和问题。此外，邀请经理人参加必要的董事会和外部联络会议，使其充分了解企业发展战略和决策制定过程，这不仅有利于其完成工作任务，还可以增强其完成工作任务的信心，进而改进激励，形成良性循环。

这里借鉴周明和何炼成，葛玉辉建立的理论框架[①]，构建竞争性国有企业混合所有制改革中经理人薪酬契约模型。

假设企业扣除非人工成本与折旧后的收益为 r（$r_l \leqslant r \leqslant r_h$），$r$ 取决于经理人的努力水平（用 e 表示）和外部随机因素。假设经理人只有两个努力水平可以选择，即较高的努力水平 e_h 和较低的努力水平 e_l。外部随机因素用条件概率来表示，即在 e_l、e_h 和 $r_l \leqslant r \leqslant r_h$ 都存在一个大于零的条件概率 $f(r|e)$，根据这个条件概率，经理人的任何努力都可以为企业带来收益，企业产出较好时，经理人工作努力的概率要大于不努力的概率，即 $f(r|e_h) > f(r|e_l)$。

假定经理人的薪酬收入由 w 构成，其努力与闲暇构成替代关系，经理人的效用函数可以用 $U(e, w)$ 表示。为分析方便，经理人的效用函数可以用薪酬收入效用和闲暇效用的代数和来表示，即：

$$U(e, w) = U(w) + [-D(e)]$$

其中，$U(w)$ 为经理人薪酬收入得到的效用，$-D(e)$ 表示因付出努力而减少闲暇导致的负效用。

因此，经理人越努力，负效用 $-D(e)$ 越大，并且 $U'(w) > 0$，$U''(w) \leqslant 0$。竞争性国有企业混合所有制改革，经理人可以在经理人市场中自由流动，经理人市场提供给经理人的平均工资为 w_0，在此工资水平下经理人的效用函数为 U_0，称为保留效用。

在经理人与股东之间信息分布对称的情况下，经理人的努力可以观测，经理人与企业签订的薪酬契约是根据经理人付出劳动努力情况而定

---

① 周明、何炼成：《企业家人力资本组织契约激励约束机制分析》，《西北大学学报》2003年第1期；葛玉辉：《企业家人力资本产权界定与国有企业绩效》，《管理工程学报》2006年第4期。

的，企业支付给经理人的薪酬应该不低于保留效用下的薪酬水平，该薪酬契约可以表示为：

$$\max \int (r - w(r))(r|e)dr\{w(r)\}$$

$$\text{s.t.} \int U(w(r))f(r|e)dr - D(e) \geq U_0$$

构造拉格朗日函数（λ）微分后其最优解的一阶条件为：

$$-f(r|e) + \lambda U'(w(r))f(r|e) = 0$$

整理后得：

$$U'(w(r)) = 1/\lambda \tag{1}$$

在（1）式中，由于 λ 的参数性质，决定了经理人边际薪酬效用 $U'(w(r))$ 也是一个常数。因此，在信息分布对称的情况下，最优的薪酬契约是让经理人领取固定薪酬。

由于经理人具有信息优势，国有股东与非国有股东只能依据企业产出对经理人实施奖惩。对于经理人来说，付出的努力越多就能够获得越多的薪酬回报，其人力资本价值就能够得以体现。如果经理人不努力，将影响企业产出，因此必须增加约束条件，即经理人付出较高努力水平获得的效用不低于付出较低努力水平获得的效用，只有这样才能对经理人产生激励作用，即：

$$\max \int (r - w(r))f(r|e_h)dr\{w(r)\}$$

$$\text{s.t. } 1. \int U(w(r))f(r|e_h)dr - D(e) \geq U_0 \tag{2}$$

$$2. \int U(w(r))f(r|e_h)dr - D(e_h) \geq \int U(w(r))f(r|e_l)dr - D(e_l) \tag{3}$$

令 λ≥0 和 ψ≥0 分别为第一个约束条件式（2）和第二个约束条件式（3）的拉格朗日函数，对其微分可得最优解的一阶条件：

$$-f(r|e_h) + \lambda U'(w(r))f(r|e_h) + \psi U'(w(r))(f(r|e_h) - f(r|e_l)) = 0$$

整理后得：

$$U'(w(r)) = 1/(\lambda + \psi(1 - f(r|e_l)/f(r|e_h))) \tag{4}$$

从（4）式可以看出，在信息分布不对称的情况下，需要付给经理人比固定薪酬更高的薪酬，且薪酬中的一部分必须与企业的产出相联系，只有这样才能使经理人付出更多的努力，从而使经理人获取更大的收益。因此，竞争性国有企业混合所有制改革中对经理人的薪酬激励，不仅需要根据经理人能力、知识、经验等因素制定固定薪酬，还必须建立一种基于企业绩效的浮动薪酬。

二 经理人薪酬结构

经理人在很大程度上决定着竞争性国有企业混合所有制改革的成败，为经理人设计科学合理的薪酬结构十分重要。经理人薪酬激励对于竞争性国有企业混合所有制改革来说是一把双刃剑，用好了能够吸引、留住和激励经理人，用不好将对竞争性国有企业混合所有制改革带来危害。随着现代薪酬激励的发展，经理人薪酬激励表现出绩效化、长期化和多样化的特点。首先，在竞争性国有企业混合所有制改革中，单纯的高年薪并不能对经理人起到很好的激励作用，只有与绩效相结合的薪酬才能够调动经理人的积极性，绩效薪酬将丰富经理人薪酬结构的内涵。其次，在竞争性国有企业混合所有制改革中，经理人通过市场化选聘的方式产生，不再具有行政级别和政治性收入，薪酬激励的长期化将成为留住优秀经理人的有效措施。再次，对竞争性国有企业混合所有制改革中的经理人来说，薪酬激励的形式可以是多样化的，包括基本薪酬、绩效薪酬、任期激励、提成分红等，可以将经理人个人的利益同企业经营绩效和经营风险联系起来，调动经理人的积极性，改变单一的薪酬发放方式。

经理人薪酬有广义和狭义之分，以货币、实物等物质形态支付的薪酬通常被称作狭义薪酬，这里主要是从狭义薪酬的角度出发研究竞争性国有企业混合所有制改革中的经理人薪酬结构。根据市场化的要求以及竞争性国有企业混合所有制改革的实际，经理人薪酬结构的制定应采取以下方法：

$$w = \alpha + \beta R + \pi$$

上式中，w 为经理人的薪酬收入，α 为固定收入，β 为激励系数或利润提成比例，R 为企业利润，π 为福利性收入。当 R 为正时，经理人可按

照 β 获得绩效性薪酬，当 R 为负时，经理人只能领取固定薪酬 α 和一定数量的福利性收入 π。因此，竞争性国有企业混合所有制改革中，经理人的薪酬结构应该由"基本年薪、绩效年薪、任期激励、福利、津贴"等多种形式构成。

（一）基本年薪

基本年薪是经理人的年度基本收入，为体现薪酬的吸引力和行业竞争性，竞争性国有企业混合所有制改革中经理人的基本年薪不应受到国家政策的限制，将经理人的基本年薪限制在企业员工年平均工资的2倍，应充分发挥市场机制的作用，根据经理人市场行情、经理人自身能力和素质、企业所在行业状况、企业规模等要素确定。一般来说，企业规模越大、经理人能力素质越强，经理人的基本工资就越高。基本年薪作为经理人生活的基本保障，是经理人劳动的回报，其功能是保障性服务，是保健因素，应根据按岗位价值大小来确定，不与经营绩效挂钩。根据赫兹伯格的双因素理论，作为保健因素的基本年薪过高，并不能给经理人带来满意，起不到激励的效果，但基本年薪却可以消除经理人的不满。竞争性国有企业混合所有制改革中，经理人的基本年薪要有弹性，不能实施"保障年薪"，因为在经济不景气的情况下，企业无法保证经理人的基本年薪不变，也无法支付与经济环境不符的基本年薪。因此，经理人的基本年薪不能过高，也不能保持不变，应根据行业、企业情况的变化进行调整。

（二）绩效年薪

在经理人工资固定不变的情况下，由于缺乏基于业绩的直接激励，经理人可能倾向于偷懒[①]。为此，竞争性国有企业混合所有制改革中，必须考虑与经营业绩挂钩的绩效年薪。绩效年薪是经理人薪酬的重要组成部分，与经理人年度考核评价结果相联系，是对经理人完成短期目标的奖励，主要用于刺激经理人提高短期业绩。经理人作为企业高管，进一步晋升的空间较小，同时，身份的转化和市场化选聘机制的建立切断了经理人政治晋升的可能，因此，在薪酬结构中可考虑为其提供基于表现

---

① 张维迎：《理解公司：产权、激励与治理》，上海人民出版社2014年版，第378页。

的奖励，表现优异可获得大幅加薪和表彰，以弥补晋升的不足。经理人绩效年薪应根据年度考核评价结果、绩效年薪调节系数、经营难度、经营责任、风险程度等因素确定，具有较大的弹性空间，能够对经理人年度中的收入带来较大波动，是一种具有刺激作用的激励因素。由于绩效年薪与企业的短期业绩相关，可能会造成经理人追求短期绩效而采取不利于企业长远发展的行为。因此，绩效年薪的发放可采取延期支付的方式，将经理人绩效年薪的一定比例（比如70%）在年度考核后以现金的方式兑现，其余部分根据任期考核结果等因素，延期到任期考核结束后兑现。

延期支付将经理人的绩效年薪分为前后两个时期：工作期和延期支付期。工作期对应于经理人的任期，延期支付期对应于经理人任期结束后的一段时期，这两个时期并称为经理人的绩效年薪报酬期（如图6-7所示）。

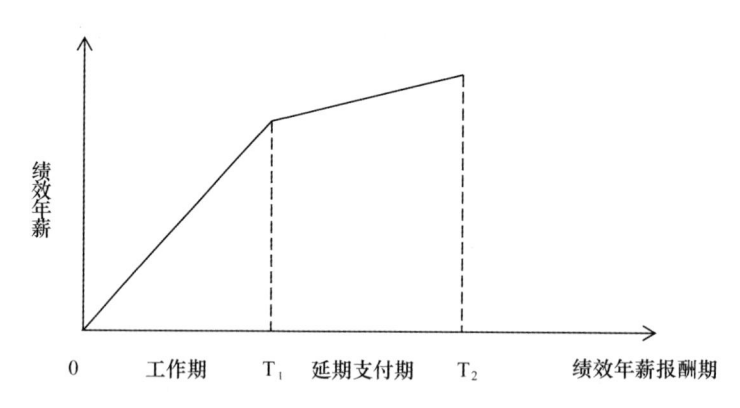

图6-7　竞争性国有企业混合所有制改革经理人绩效年薪报酬期

在工作期内（$0—T_1$），经理人可以获得基本年薪和大部分绩效年薪；在延期支付期内（$T_1—T_2$），经理人可能正经历下一个任期，也可能不再经营企业。如果不再经营企业，经理人就只能获得延期支付的绩效年薪；如果继续经营企业，既可以获得下一任期的基本年薪和部分绩效年薪，也能获得延期支付的上一任期的绩效年薪。姚凯从激励性、约束性、接受性、适用性、操作性等维度对年薪制、股票期权制、延期支付式年薪制进行的综合比较发现，延期支付式年薪制的综合评价较高，是一种值得推广的企业家薪酬激励机制。① 虽然延期支付绩效年薪对经理人有一定约束作用，但由于激励力度不强，依然不能完全防止经理人的短期行为，应采取更加积极有效的长期激励措施。

（三）任期激励

竞争性国有企业混合所有制改革可参照国有企业的做法，在经理人薪酬结构中增加任期激励，将经理人个人利益与企业的中长期发展紧密联系起来，防止经理人经营管理中的短期行为，奖励为企业中长期发展作出贡献的经理人。这是一种防止经理人短期行为、解决代理问题和增强企业长期竞争力的中长期薪酬激励制度。任期激励是一种契约化的管理方式，需要明确经理人的责任、权利、义务，严格任期管理、目标考核与奖惩，保持经理人合理的稳定性和必要的流动性。任期激励可与企业的经济增加值（EVA）相挂钩，将经理人是否为企业创造价值作为任期激励的标准，并合理确定激励水平。在经理人任期届满当年年底至次年年初开始实施任期评价，结果可作为经理人是否续任的主要依据，并作为兑现绩效年薪延期支付的依据。为保护经理人的权利不受侵害，根据契约救济精神，应对经理人建立补偿机制，若董事会在经理人任期未满前提前与经理人解除聘任关系，企业应支付相应的赔偿费用。

薪酬契约不仅是经理人薪酬发放的依据，还是经理人是否续任的主要依据。竞争性国有企业混合所有制改革中，作为市场化选聘的经理人，其本身具有的能力、素质、知识和经营管理水平，企业并不十分清楚，只有在经过一段时间的工作后才能体现出经理人的价值。在经理人任期即将到期时，不再由国资委等上级主管部门决定是否留任，而是依据聘任时签订的契约和任期内的考核结果由董事会讨论决定是否留任，这就在经理人的留任方面做到完全的市场化，将经理人的留任权下放到企业的董事会，对经理人实施契约化的任期激励。

以上薪酬结构将逐步拉大经理人与董事之间、经理人与经理人之间的薪酬差距，绩效好的经理人将获得较高的薪酬收入，甚至超过部分董

---

① 姚凯：《基于企业家工作性质的延期支付式年薪制研究》，《管理世界》2008年第11期。

事的薪酬水平。同时，根据上文的定量分析以及锦标赛理论，薪酬差距与企业绩效正相关，与竞争性国有企业相比，民营企业经理人薪酬差距与企业绩效的相关性更明显。即，较大的薪酬差距将使经理人付出更大的努力，有利于企业绩效的提升。因此，竞争性国有企业混合所有制改革必须通过薪酬结构的调整拉大经理人的薪酬差距。此外，经理人的知识、能力、素质和经验是依附于经理人身上的人力资本，通过绩效考核体现的薪酬差距也是对经理人知识、能力、素质和经验的尊重，也是对经理人前期进行人力资本投资的适当回报。

三　经理人绩效评价

进一步完善国有企业法人治理结构，建立健全经营业绩考核与薪酬分配有效衔接的激励约束机制一直是国有企业改革的重点。竞争性国有企业混合所有制改革需建立体现经理人人力资本价值的绩效评价体系，以经理人的努力和产出为基础进行激励，通过财务审计和综合考核的方式对经理人经营绩效的真实性和合法性进行考核，并依据契约化的经营绩效指标支付经理人报酬。

根据前文的定量分析以及对现有文献的分析，企业绩效由于具有较好的测量性经常被用于评价经理人努力的程度，以此作为经理人奖惩的依据。经理人薪酬与企业绩效挂钩的契约机制可以在一定程度上约束经理人的懈怠行为，经理人薪酬与企业业绩敏感性越高，基于业绩的薪酬契约越有效[1]，但由于股东难以低成本、直接地观测企业业绩，且业绩不能完全反映经理人的努力程度，因此，与企业业绩挂钩的薪酬契约机制不能起到最有效的治理作用。国有企业高管存在操纵薪酬契约的行为，管理层权力越大，越有可能对薪酬契约进行操纵，仅仅基于业绩的薪酬契约可能会在权力的影响下助长高管的机会主义行为，在薪酬政策制定时应加入非财务指标[2]。有效的经理人薪酬激励契约应该有科学合理的评

---

[1] Jensen, Murphy, "Performance Pay and Top-Management Incentives", *Journal of Political Economy*, 1990b, pp. 225–264.

[2] 罗宏、宛玲羽、刘宝华：《国企高管薪酬契约操纵研究——基于业绩评价指标选择的视角》，《财经研究》2014年第4期。

价体系,根据评价结果对经理人实施奖惩。竞争性国有企业混合所有制改革将进一步提高企业外部市场竞争程度,经理人薪酬与企业业绩之间的敏感性将进一步提高,两者的相关性将与民营企业趋同。因此,竞争性国有企业混合所有制改革中经理人的薪酬激励契约应根据以上薪酬结构制定不同的绩效评价方式,将绩效年薪与年度目标考核和社会责任完成情况挂钩,任期激励与任期考核(平衡计分卡)相挂钩。经理人薪酬结构与绩效评价方式如表6-1所示。

表6-1 经理人薪酬结构与绩效评价方式

	激励方式	绩效评价方式
薪酬结构	基本年薪	根据行业和企业情况动态调整
	绩效年薪	年度目标考核和社会责任考核
	任期激励	任期考核(平衡计分卡)

(一)基于目标管理的年度考核

最终检验管理的是企业的绩效,在制定决策和采取行动时,管理层必须把企业的经济绩效放在首位①。竞争性国有企业混合所有制改革不是简单地追求利润最大化,而是在赚取足够资金避免亏损的基础上,赚取额外利润满足企业未来成长和扩张所需。所以,足够的利润能够使企业承担看得见、看不见的风险。根据德鲁克的目标管理原理,经理人的年度考核目标必须源自企业的年度目标和任务,经理人必须了解企业年度目标以确定年度绩效,董事会根据该目标评判经理人的绩效。董事会应激励经理人在正确的方向上投入精力,鼓励经理人发挥最大的人力资本效能,把特有的人力资本当作实现企业绩效目标的手段。

经理人的年度绩效目标是向上负责,即向董事会负责。经理人必须根据企业每年的发展规划及经营状况,并对照行业发展水平,提出本年度将完成的年度经营考核目标和利润目标。董事会根据行业状况、企业

---

① [美]彼得·德鲁克:《管理的实践》,齐若兰译,机械工业出版社2009年版,第6—8页。

经营情况,对经理人提出的年度考核目标和利润目标进行审核,在审核过程中让经理人积极参与目标的讨论和沟通,在充分理解年度考核目标的基础上签订年度经营业绩责任书。董事会和监事会在年中和年末对经理人绩效情况进行动态跟踪,由经理人对年中和年末绩效考核目标和利润完成情况进行总结,董事会和监事会对年中和年末绩效考核目标和利润完成情况进行考核,将年中和年末考核结果作为经理人获取绩效年薪的依据。

德鲁克的目标管理理论的贡献在于以更严格、精确、有效的自我控制代替外部强制性管理,管理者的工作动机不是来自外部的压力,而是内在的动力。竞争性国有企业混合所有制改革中,对经理人实施年度目标管理不仅有利于经理人以自由人的身份采取行动,更有利于经理人控制自己的绩效,达到比目前竞争性国有企业绩效标准更高的绩效。要想获得较高的绩效与回报,经理人会制定更高的绩效目标和更宏伟的愿景,因此,经理人的自我控制意味着更强的工作动机和工作目标。

(二)基于平衡计分卡的任期考核

一味追求财务绩效会诱使经理人采取最糟糕的经营方式和行为,危害企业的生存和发展。比如,为了提高现有产品的销售而忽视了对新产品的开发投入,导致企业在未来的竞争中处于不利地位。竞争性国有企业混合所有制改革需要设法平衡各种需求和目标,建立衡量企业绩效的可靠标准,才能对经理人实施有效激励。卡普兰与戴维·诺顿于 1992 年为企业提供了一套业绩评价体系,该体系打破了传统的只注重财务指标的业绩管理方法,在保留传统财务指标的基础上,增加了客户、内部业务流程、学习与成长三个非财务指标[1]。实物和财力资源、获利能力反应企业的财务绩效,市场地位反应客户对企业产品或服务的认同,创新和生产力反映企业内部业务流程再造的能力,员工绩效和工作态度、管理者绩效和培养管理者反应企业的学习与成长能力。

---

[1] 参见杨红英《基于平衡计分卡的国有企业综合绩效评价体系探析》,《企业经济》2014 年第 2 期。

1. 财务指标

财务指标与企业的获利能力有关，经济增加值（EVA）是衡量企业获利能力的核心指标。在国资委职能转变（从管理企业向管理资本转变）和关注资本回报率的背景下，竞争性国有企业混合所有制改革应进一步深化经济增加值考核，将经理人的任期激励与 EVA 挂钩。根据经理人为企业创造的经济效益、经济增加值贡献大小和业绩考核结果，按照任期激励考核办法确定经理人的任期报酬。

经济增加值 = 税后净营业利润 – 资本成本

其中，资本成本为调整后资本与平均资本成本率的乘积。

竞争性国有企业混合所有制改革中，衡量企业战略是否得到有效执行的标准是股东长期价值是否得到增长。经理人的年度绩效考核采取的是企业短期财务指标，经济增加值则强调企业长期财务指标的实现。在平衡计分卡中，卡普兰和诺顿克服了传统财务评价指标的不足，使短期财务指标和长期财务指标相结合，为经理人的任期考核奠定了基础。

2. 客户价值

在客户层面，卡普兰和诺顿引进了一个新的概念，即客户价值主张。市场份额、客户获得率、客户保持率、客户满意度、客户获利率等是衡量经理人为客户提供价值大小的关键指标，企业必须确定自己的客户是谁、顾客在哪里、顾客有哪些未满足的需求，只有这样才能使顾客和股东满意。深入研究这些问题之后，企业根据自己的产品线和客户需求来分析产品和服务，即企业必须以顾客为导向，并考虑竞争对手的产品和服务并设定营销目标。企业满足了客户的需求，就意味着为客户、股东和社会创造了价值。在客户价值创造方面，可从企业提供的产品、服务特征；企业和客户的关系；企业以怎样的品牌、形象出现在客户的面前三个方面来衡量经理人的绩效。这三个方面的指标还可进一步细分。比如：产品特征包括产品价格、质量、可用性、可选择性功能等，这些都是描述产品特征的具体要素，企业和客户之间的关系，可以通过提供的服务和客户建立的关系得到具体描述。

3. 内部业务流程

考核经理人内部业务流程的关键指标包括运营管理流程、客户管理流程、创新流程、法规与社会流程。其中，最关键的是创新流程和运营管理流程两个关键指标。创新包括产品和服务创新，创新目标可能不会像财务和营销目标那样清晰，但创新目标的建立有利于发现新的商业机会。为了给经理人设定创新目标，企业首先必须根据产品线、现有市场、潜在市场和服务的要求预测要达到的营销目标创新，然后评估在技术上可能实现的创新。比如，为达到营销目标需要开发新产品、新服务、新流程、新制度等。创新是一个缓慢的过程，将内部业务流程再造作为经理人的任期考核指标可以避免短视行为，合理评估经理人的创新行为。经理人最重要的工作就是通过运营管理流程的优化不断改善生产力，这是最困难的工作。衡量生产力最有效的标准是经理人对企业的贡献值，也就是营业毛收入与创新支出之间的差额。在现代企业内部业务流程中，经理人的首要任务是让采购的原料和服务发挥最大的效用，提高现有资源的生产力。

4. 学习与成长

学习与成长来源于员工能力的提升、信息系统的加强、组织程序和日常工作的理顺，即"人力资本、信息资本、组织资本"。以上三种无形资产本身不创造价值，只有与关键业务流程进行配合才能为企业创造价值。可见，人力资本、信息资本和组织资本能不能与内部业务流程相配合是无形资产价值能否有效发挥的关键。因此，三种无形资产与内部流程相配合的程度可以作为经理人学习与成长维度的考核标准。

（三）社会责任

竞争性国有企业混合所有制改革必须选聘具有才干、活力与高素质水平的经理人来为企业服务，单纯为经理人提供事业、生活和经济上的激励还不够，必须基于经理人愿景和使命感，满足他们履行社会责任的愿望，将履行社会责任作为竞争性国有企业混合所有制改革中经理人绩效评价的标准。社会责任不仅是现代社会对企业的外在要求，也是经理人体现自我价值的内在需要。目前，一些垄断性央企、大型地方国有企业、部分民营企业和外资企业建立了企业社会责任报告制度。据中国社科院经济学部企业社会责任研究中心、新华网、正德至远社会责任机构共同编著的《中国企业社会责任报告（2014）》显示，中国企业社会责任报告数量持续增长，2014 年达 1526 份，国有企业和上市公司是发布企业社会责任报告的主力军。① 在现代企业中，经理人的责任不仅体现在对企业、对股东负责，还体现在对社会、对公众的关注度。因此，竞争性国有企业混合所有制改革不应忽略企业的社会性和公共性，必须要求经理人思考企业的社会责任，并将其作为经理人绩效考核的一项主要内容。

经理人作为受托人负起管理企业的责任，其他一切社会责任都源于这种委托关系。因此，经理人的首要责任是实现盈利和企业成长。企业盈利不仅能够实现国有资本和非公有资本的保值增值，同样也能够创造和增加社会财富，这是经理人不能放弃和推卸的责任。此外，经理人还应承担其他的社会责任，比如员工的幸福感、环境污染防治、社区公益慈善、反腐合规、职业病防治、企业公益政策、纳税情况等都应该成为经理人考核的标准。竞争性国有企业混合所有制改革必须将股东和社会公众的利益放在心上，有效调节公共利益和私人利益之间的关系，使竞争性国有企业改革为真正意义上的代表广大人民群众利益的共同体。

在经理人的年度考核和任期考核中可设立年度或任期特别奖，例如，"业绩优秀奖"、"产品创新奖"、"管理进步特别奖"、"品牌建设特别奖"和"社会责任突出贡献奖"等奖项，以此鼓励在品牌营销、产品开发、运营管理、社会责任等方面表现突出的经理人。

第三节　基于人力资本的经理人股权激励

经理人是竞争性国有企业混合所有制改革中最稀缺的资源，也是企业价值增长的核心资本。经理人的人力资本能否发挥，发挥多大的作用，关键在于是否建立了符合人力资本价值的股权激励机制，即人力资本股权化。人力资本股权化是以人力资本价值和贡献大小为基础，给予人力

---

① 《解读〈白皮书〉：2014 年企业社会责任报告八大发现》，新华网，http：//news. xinhuanet. com/fortune/2015 - 01/15/c_127389654. htm，2015 年 1 月 15 日。

资本所有制一定股权，使其参与企业剩余收益的分享①。竞争性国有企业混合所有制改革中，对经理人实施股权激励，不仅是对经理人过去工作业绩的肯定和回报，还赋予经理人参与决策和分享企业红利的权力。也就是说，股权激励不仅是对经理人的奖励制度，也是对经理人人力资本的定价制度。竞争性国有企业混合所有制改革中，人力资本定价制度的建立意味着经理人与企业之间的关系从"传统的资本雇佣劳动制转化为财务资本和人力资本共享企业所有权"。②经理人因此可摆脱单纯的雇佣地位，参与企业剩余收益分配。

詹森和梅克林的研究表明，经理人在公司中所占的股权比例越小，其偷懒的动机越强，其短期行为将给企业带来较大的成本和损失，如果经理人持有一定比例的公司股票将有效降低股东的代理成本和损失。③股权激励作为一种有效协调股东与经理人之间矛盾的重要形式，在西方国家的企业中得到了广泛的应用。现代企业制度中，股权激励能够使经理人分享企业的剩余索取权和剩余控制权，解决代理问题，提高企业绩效。竞争性国有企业混合所有制改革中，股东与经理人之间的双重委托代理关系意味着既是代理人又是委托人的董事会要制定激励约束机制来激励或监督经理人，使经理人为自身利益最大化和股东利益最大化而努力。对经理人实施股权激励，是竞争性国有企业混合所有制改革中完善公司治理的重要环节，也将使经理人从经营者转变为所有者，实现委托代理身份的合一，增强经理人的责任感和履约能力。虽然股权激励使公司支付了更高的经理人报酬，但能够提高企业绩效并降低代理成本，有利于维持企业长期经营业绩。

人力资本同物质资本、技术资本、资金资本等非人力资本一样，具有稀缺性、增值性等自然属性和私有性、让渡性等社会属性。人力资本作为经理人的私有财产，其依附于经理人，只有科学合理的激励才能激

---

① 李玲：《论人力资本股权化及其对会计的影响》，《会计研究》2003年第10期。
② 杨有红：《试论人力资本股权奖励的运作模式》，《北京工商大学学报》（社会科学版）2003年第4期。
③ Jensen, Michael C., William H. Meckling, "Theory of the Firm: Managerial Behavior, Agency Costs and Ownership Structure", *Journal of Financial Economics*, Vol. 3, No. 4, 1976, pp. 305 – 360.

发经理人的人力资本价值。经理人对人力资本具有自由支配的权力,当经理人认为自己的人力资本价值没有得到体现时,可以选择辞职离开。例如,据国资委相关部门负责人介绍,由于薪酬和激励不到位,一些处于竞争领域的国有企业已经出现了经理人流失的案例。当企业认为经理人没能很好地发挥人力资本价值时,也可选择辞退经理人。竞争性国有企业混合所有制改革中,契约化的激励机制是一种合约,企业经营风险由经理人、董事会和股东共同承担。乔红学和段俊研究发现,"现代企业中的非人力资本最具有退出自由,能迅速逃避风险的不是人力资本所有者而是非人力资本所有者"。[①] 也就是说,国有股东和非国有股东作为出资者可以在资本市场上自由进退,而经理人需要承担企业经营风险的连带责任。同时,按照马克思的劳动价值论,劳动创造价值,物质资本只有通过与人力资本的结合才能创造价值。因此,在竞争性国有企业混合所有制改革中,为激励经理人采取有利于股东价值增长的行为,需通过人力资本股权化使经理人分享企业的剩余控制权和剩余索取权,维护经理人人力资本产权权益。

一 股权激励的政策与实践依据

(一) 政策依据

自推行股份制改造以来,国有企业的股权激励制度一直处于探索阶段,其间经历了多次调整。为推进资本市场改革开放和稳定发展,进一步完善上市公司治理结构,促进上市公司规范运作与持续发展,证监会于 2005 年发布了《上市公司股权激励管理办法(试行)》。2006 年,国务院国资委和财政部颁布了《国有控股上市公司(境内)实施股权激励试行办法(2006)》以规范国有控股上市公司的股权激励。在以上《办法》的指导下,上市公司不断探索有效的股权激励方式。但在实践过程中,国有上市企业股权激励存在激励对象不全面、股权激励分割偏小、股权激励方案监管审批时间较长等问题。因此,国务院在《关于 2015 年

---

① 乔红学、段俊:《人力资本分享企业剩余的相关问题分析》,《经济与管理》2006 年第 6 期。

深化经济体制改革重点工作的意见》中提出要"修改上市公司股权激励管理办法",进一步规范和健全对高管人员与核心技术人员的股权激励。中共中央十八届三中全会提出,允许混合所有制经济实行企业员工持股,形成资本所有者和劳动者利益共同体。同时,据国资委相关部门的负责人介绍,国资委正在研究制定《国有控股上市公司实施股权激励工作指引》,进一步的股权激励制度的工作也在进行之中。一时间,股权激励问题再次成为企业界和学术界讨论的焦点。虽然国有企业股权激励存在各种问题,但各种政策文件的出台为混合所有制改革中的股权激励提供了明确的政策指导和依据。

在国有企业混合所有制改革新时期,对经理人实施股权激励不仅有利于充分发挥经理人的人力资本价值,还有利于引入非公有资本参与竞争性国有企业混合所有制改革。但要特别注意的是,股权激励的实质不是额外的福利,而是让国有股东、非国有股东与经理人共享改革带来的福利。

(二) 实践与市场要求

统计数据显示,自 2005 年上市公司推行股权激励以来,共有 712 家上市公司施行了股权激励,其中,民营企业有 572 家,占比超过 80%。[①] 截至 2014 年 9 月,先后有 56 家国有控股上市公司经国资委批准并实施股权激励计划,占中企控股境内外上市公司总数的 15%。[②] 可见,无论是民营企业还是国有企业,在股权激励的政策制定和企业实践中,股权激励已经成为上市公司激励高管人员的主要方式。中共十八届三中全会以后,不少国有控股上市公司希望能够实施股权激励,加大股权激励的力度。

在当前改革背景下,竞争性国有企业面临的市场竞争依然激烈,其混合所有制改革带来的社会责任和经济责任更多,这就需要更多优秀的经理人。经理人的人力资本价值需要在股权分配上得到体现,因此,在混合所有制改革中经理人对中长期激励的要求更高。同时,股权激励也

[①] 安青松:《股权激励应当明确税收优惠政策导向》,中证网,http://www.cs.com.cn/hyzb/2014gsjl/,2014 年 9 月 2 日。

[②] 夏凡:《目前有 56 家央企上市公司实施股权激励计划》,中证网,http://www.cs.com.cn/sylm/jsbd/201409/t20140902_4500458.html,2014 年 9 月 2 日。

是完善公司治理机制的必要措施，能够使经理人激励政策公开化，体现公平、公正和公开的原则。竞争性国有企业混合所有制改革在非国有资本加入以后，资本的逐利性更强，股权激励使经理人与企业的利益联系更加紧密，有利于增强经理人对企业的归属感和认同感，也是国有资产实现保值增值的新途径。因此，竞争性国有企业混合所有制改革，必将迎来股权激励制度实践推广的新时期。

二 股权激励的实施原则

为解决以往股权激励不到位的问题，混合所有制改革中的股权激励应遵循以下原则。

（一）长期激励导向的原则

经理人股权激励作为一种长期激励机制，具有不确定性和风险性，但可以弥补货币薪酬等短期激励方式的不足。经理人作为企业价值创造者，是企业经营风险的主要承担者。为实现风险与收益的对等，应将股权激励带来的长期收入与企业未来价值增长紧密联系，在降低经营风险的同时使经理人关注企业长期价值的增长。竞争性国有企业混合所有制改革中，可借鉴英国、法国、美国的经验，使经理人认购的股份在若干年内不得流通和转让，将股权激励与经理人的退休金和社会保障联系在一起，解除经理人退休后的后顾之忧，起到激励经理人长期为企业服务的作用。

（二）体现人力资本价值的原则

经理人人力资本价值难以通过货币薪酬的方式体现，最直接的办法就是将对经理人的回报与企业公司价值的持续增长紧密联系起来。早在明清时期，晋商就允许掌柜以"身股"的方式参与企业利润的分享，这体现了东家对掌柜人力资本的重视。如今的混合所有制改革应更进一步，不仅让经理人参与企业利润分配，还应该让经理人享有一定的控制权，实现对企业的自主经营和管理。经理人参与企业利润分享，不仅可以避免经理人侵害股东利益，还能激励经理人努力工作，体现经理人人力资本价值，并进一步扩大国有资本与非国有资本总量。在混合所有制改革的过程中，将经理人的人力资本价值回报与企业价值的持续增长紧密联系，有利于实现股东利益持续最大化。

（三）兼顾效率与公平的原则

国有企业改革已经进入社会资源再配置、效率公平兼顾的阶段，经理人薪酬已成为社会关注的焦点。混合所有制改革中的股权激励能调动经理人积极性，也必然会扩大经理人与一般员工的薪酬差距。只有兼顾效率与公平，才能激发全员创新，提高企业生产效率。在市场机制不健全和收入分配不均衡的情况下，如何兼顾效率与公平显得尤为重要。竞争性国有企业混合所有制改革引入股权激励应注意把握节奏、循序渐进，通过完善收入分配机制发挥股权激励的积极作用并避免负面影响。

三 股权激励模式及其选择

（一）股权激励模式

股权激励模式主要包括股票期权、限制性股票、业绩股票、股票增值权、管理层收购、延期支付和虚拟股票等。前四种股权激励方式是国内外上市公司最为常用的，也是我国股权分置改革以来上市公司普遍采用的激励模式。

股票期权（Stock Option，SO），作为企业授予经理人的一种报酬，取决于经理人能否通过自己的能力和努力证明自己可以获得股票期权。若企业业绩好，股票价格上升，经理人行权买卖公司股票而获得的价差就成为经理人报酬的一部分。其最大优点在于企业不需要支付现金成本就可将经理人与企业的利益紧密联系，通过赋予经理人参与企业剩余索取权使经理人选择有利于企业长期发展的战略。股票市场波动带来的风险，可能导致公司真实价值与股票价格不符，经理人可获得超高的收入，也可失去行权的机会。股票期权激励比较适合初始资本投入少、处于成长期的企业，这样的企业资本增值快，经理人的人力资本价值能够通过股票价格的变动来体现。

限制性股票（Restricted Stock Option，RSO），企业将股票以奖励的形式直接赠予经理人，不需要经理人付钱购买，作为激励其为企业长期服务的一种股权激励，其目的是激励经理人将更多的时间和精力投入企业长期战略目标中。不同于股票期权，限制性股票具有一定的惩罚性。只有当公司股票价格上涨到某一目标价格时,经理人才可通过出售限制性股票而获益。限制性股票还通过设定解锁条件(一般限制期为 3 年)和未能解锁后的处置规定,对经理人进行直接的经济惩罚,如果经理人在契约履行期间提出辞职离开公司将失去这部分奖励股份。

业绩股票(Performance Shares),是企业在年初确定年度业绩目标,经理人在完成年度业绩目标后可获得一定数量的股票或获得一定数量的奖金购买公司股票,股票的数量要由经理人是否达到事先约定的业绩指标而定。业绩股票需要在一定年限后才可兑现,其实质是年度奖金的延迟发放,增加了经理人离开企业的机会成本,具有长期激励效果。业绩股票虽然具有较强的激励约束作用,但业绩目标难以确定、激励成本高,适合于业绩稳定的上市公司或集团公司。

股票增值权(Stock Appreciation Rights,SARs),是公司授予经理人的一种权利,在公司股价上升或业绩上升时,经理人可按一定比例获得由股价上升或业绩上升所带来的收益,这种收益权力可以是现金、股票,也可以是股票与现金的组合。股票增值权激励操作简单,但激励效果一般,且成本较高,对企业现金支付的要求较高,不太适合于对资金需求较大的初创企业。

管理层收购(Management Buy-out,MBO),公司管理层利用杠杆融资购买本公司股份,从而改变公司股权结构、资产结构和控制权,从而达到重组公司的目的。管理层收购能使经理人成为公司的控股股东,使经理人拥有企业的所有权和控制权,激励作用十分明显。管理层收购需要大量的内部和外部资金,若处理不当将导致内部人控制,适合于资产剥离或主辅业务分离的企业。竞争性国有企业混合所有制改革是公司治理方式的转变,而非全面退出竞争性领域,因此,管理层收购的激励方式不适合目前的混合所有制改革。

延期支付计划(Deferred Compensation Plan,DCP),作为一种激励目标模式,经理人的一部分股权收入不在当年发放,而是根据当年的股价折算成一定数量股票后在规定的年限后再以现金方式支付给经理人。这种激励方式将经理人的股权收入置于任期之外,能够约束经理人的短期行为并防止"59 岁现象"。由于其激励力度有限,比较适合于业绩稳定的上市公司或集团公司。

虚拟股票（Phantom Stock），是公司授予经理人的一种"虚拟"股票，经理人可根据业绩目标完成情况享受一定数量的分红和股价升值收益，但没有所有权和表决权，不能转让和出售，在经理人离开公司时自动失效。虚拟股票是企业给经理人参与企业未来分红的凭证，不享有其他权利，也不影响企业的股权结构。这种股权激励模式是在不授予经理人股票的情况下，将经理人的收益与企业股票价格相联系，从而起到激励和约束经理人的作用。在这种激励模式下，经理人分红的意愿强烈，容易导致其过分关注短期利益，导致公司现金支付压力较大，该激励模式适合现金流比较充裕的企业。

根据以上各股权激励方案的分析，可以从短期激励性、长期激励性、约束性、激励成本等四个方面对股权激励方案的特点进行对比（见表6-2）。

表6-2　　　　　　　　股权激励方案特点对比

	短期激励性	长期激励性	约束性	激励成本	综合评价
股票期权	低	中	高	低	高
限制性股票	中	高	高	中	中高
业绩股票	中	中	中	高	中
股票增值权	低	中	低	高	中低
管理层收购	低	高	低	高	中
延期支付计划	低	高	高	低	中高
虚拟股票	高	中	中	高	中

通过锐思数据库（www.resset.cn）2006年1月24日—2015年7月17日的数据显示，实施股权激励计划的上市公司有426家（见表6-3），其中，实施双重股权激励方式的企业有26家（见表6-4）。

表6-3　　实施股权激励计划的上市公司（2006—2015年）

股权激励模式	限制性股票	管理层持股	股票期权	股票增值权	激励基金	其他
数量（家）	303	4	113	4	1	1

表6-4　　实施双重股权激励方式的企业（2006—2015年）

公司股票代码	公司全称	股权激励模式
C000893	广州东凌粮油股份有限公司	股票期权、限制性股票
C000932	湖南华菱钢铁股份有限公司	股票增值权、限制性股票
C000997	福建新大陆电脑股份有限公司	股票期权、限制性股票
C002032	浙江苏泊尔股份有限公司	股票期权、限制性股票
C002063	远光软件股份有限公司	股票期权、限制性股票
C002099	浙江海翔药业股份有限公司	股票期权、限制性股票
C002104	恒宝股份有限公司	股票期权、限制性股票
C002137	深圳市实益达科技股份有限公司	股票期权、限制性股票
C002206	浙江海利得新材料股份有限公司	股票期权、股票增值权
C002250	联化科技股份有限公司	股票期权、限制性股票
C002335	厦门科华恒盛股份有限公司	股票期权、限制性股票
C002519	江苏银河电子股份有限公司	股票期权、限制性股票
C002631	德尔国际家居股份有限公司	股票期权、限制性股票
C300011	北京鼎汉技术股份有限公司	股票期权、限制性股票
C300054	湖北鼎龙化学股份有限公司	股票期权、限制性股票
C300058	北京蓝色光标品牌管理顾问股份有限公司	股票期权、限制性股票
C300095	江西华伍制动器股份有限公司	股票期权、限制性股票
C300145	南方泵业股份有限公司	股票期权、限制性股票
C300166	北京东方国信科技股份有限公司	股票期权、限制性股票
C600122	江苏宏图高科技股份有限公司	股票期权、限制性股票
C600180	瑞茂通供应链管理股份有限公司	股票期权、限制性股票
C600498	烽火通信科技股份有限公司	股票期权、限制性股票
C600588	用友网络科技股份有限公司	股票期权、限制性股票
C600690	青岛海尔股份有限公司	股票期权、限制性股票
C600804	鹏博士电信传媒集团股份有限公司	股票期权、限制性股票
C600887	内蒙古伊利实业集团股份有限公司	股票期权、其他

资料来源：根据锐思数据库（www.resset.cn）的数据整理。

(二) 经理人股权激励模式选择

从股权激励方案特点对比和以上数据分析可知，由于股票期权和限制性股票两种激励模式具有明显优点和可操作性，得到了上市公司的普遍采用。一般来说，股票期权激励模式适合处于成长初期或扩张期的企业，限制性股票适合于成熟期的企业。竞争性国有企业混合所有制改革，股权激励模式应与企业所处的改革阶段相匹配。在竞争性国有企业混合所有制改革初期（见图 6-8：$0-T_1$），没有大量现金激励经理人，可采取股票期权的激励模式，这种模式既可以降低企业激励成本，又可以实现激励经理人的目的。当混合所有制改革完成进入成熟期之后（见图 6-8：T_1 之后），可考虑采用限制性股票的激励模式，经理人可以将自身利益与企业长期战略目标结合起来，实现企业的长期持续发展。在企业现金充足的情况下，竞争性国有企业混合所有制改革还可采用股票增值权和虚拟股票的激励模式。无论采取何种股权激励模式，都可实施延期支付计划，将股权激励延期支付与绩效年薪延期支付相结合，形成经理人一揽子报酬激励方案。这也符合国务院国资委和财政部提出的国有控股"上市公司应以期权激励机制为导向，根据实施股权激励的目的，结合本行业及本公司的特点确定股权激励的方式"的相关要求。

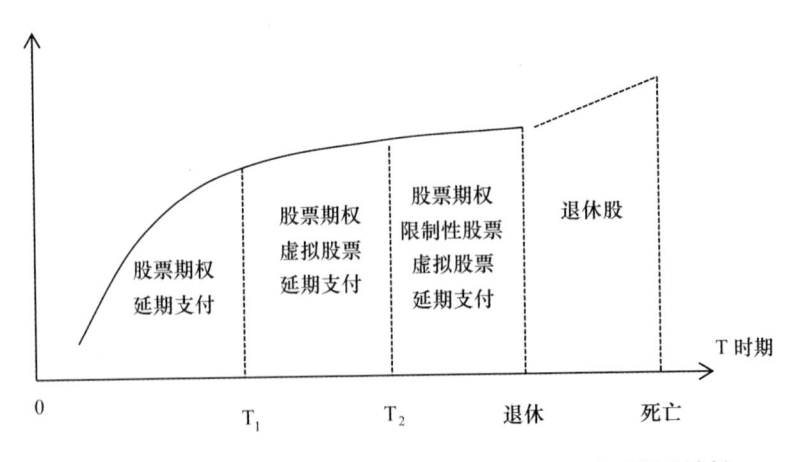

图 6-8 竞争性国有企业混合所有制改革中的股权激励模式选择

在竞争性国有企业混合所有制改革成熟阶段可采取虚拟股权的激励

模式，该模式的最大价值在于调动经理人为企业长远发展而努力的积极性，能够为企业留住优秀的经理人。在虚拟股权激励模式下，企业亏损由股东承担，在企业盈利的情况下，经理人可以参与分红，因而具有很强的激励作用。与股票期权相比，虚拟股权不受激励股票来源的限制性规定，"公司只需要在公司内部虚拟出特定数量的'虚拟股票'并在财务上予以反映即可，不发生真实股票交易，不改变公司现有股本结构"。①虚拟股权负盈不负亏的性质很容易导致经理人的冒险行为，但这种股权激励模式也会对经理人的行为产生约束作用。首先，一旦经理人的冒险行为失败，虽然不会有货币上的损失，但会降低经理人获得虚拟股权的数量以及虚拟股权长期收益的机会，其在人力资本市场上的价值也随之降低。其次，在信息充分传播的条件下，经理人冒险失败的信息会很快传播出去，会对经理人的市场声誉造成不良影响，导致其很难找到下一份工作。因此，经理人有内在的动机和压力克制过度冒险行为。虚拟股权对经理人的激励作用较强，既能够抑制过度冒险行为，又能够激发经理人的适度冒险行为，两种作用的结果是企业既能够稳定发展，也能够保持创新。

在晋商的企业制度中，享受身股的掌柜或员工"若正常退休则享受'退休股'，按其退休前所顶身股分红，亡故后仍可享领应支红利数年或数个账期，此谓'故身股'"。② 同样，竞争性国有企业混合所有制改革也可采取该模式，在实行虚拟股权激励的同时，为经理人设计"退休股"。当经理人从企业正常退休后可获得一定数量的退休股，参与企业盈利的分红，这是虚拟股权的一种延续。退休股的设计将进一步将经理人个人利益与企业长期利益结合在一起，进一步强化中长期的激励作用。即经理人不仅要追求在位时的收益，还要追求其退休后的收益最大化。过度冒险行为是一种不能延续的行为，与经理人人力资本收益最大化不相符合，因此，退休股也能够对经理人产生一定的约束作用。

---

① 刘辉：《尴尬的虚拟股权激励》，《董事会》2015年第7期。
② 郑文全、卢昌崇：《晋商的制度逻辑》，东北财经大学出版社2009年版，第67页。

四 股权激励授予额度

证监会于 2005 年 12 月 31 日颁布的《上市公司股权激励管理办法（试行）》对上市公司实施股权激励做出了明确规定，而后于 2008 年配套出台的 1 号、2 号、3 号备忘录分别对"提取激励基金问题、主要股东和实际控制人成为激励对象问题、限制性股票授予价格的折扣问题、分期授予问题、行权指标设定问题、授予日问题、激励对象资格问题、股东大会投票方式问题"；"激励对象问题、股权激励与重大事件间隔期问题、股份来源问题、其他问题"；"股权激励计划的变更与撤销、股权激励会计处理、行权或解锁条件问题、行权安排问题、同时采用两种激励方式问题、附条件授予权益问题、激励对象范围合理性问题"等做了详细规定。国务院国资委和财政部也分别于 2006 年 3 月和 9 月发布了《国有控股上市公司（境外）实施股权激励试行办法》和《关于印发〈国有控股上市公司（境内）实施股权激励试行办法〉的通知》，针对国内外国有控股上市公司的股权激励提供了法律法规依据和相应要求。

经过近 10 年的探索和实践发现，国有企业实施股权激励并不像民营企业那样想做就做，而是受到证监会和国资委的双重监管。国有企业在实施股权激励的过程中存在许多障碍，这些障碍首先来自股权激励额度的限制。2006 年颁布的《国有控股上市公司（境内）实施股权激励试行办法》第 14 条规定，"上市公司全部有效的股权激励计划所涉及的标的股票总数累计不得超过公司股本总额的 10%""上市公司首次实施股权激励计划授予的股权数量原则上应控制在上市公司股本总额的 1% 以内。"第 15 条规定，"上市公司任何一名激励对象通过全部有效的股权激励计划获授的本公司股权，累计不得超过公司股本总额的 1%，经股东大会特别决议批准的除外"。此外，第 16 条规定"在股权激励计划有效期内，高级管理人员个人股权激励预期收益水平，应控制在其薪酬总水平（含预期的期权或股权收益）的 30% 以内"，也就是说在激励对象的股权收益超出上述比重的，尚未行权的股票期权归国有或不再行使。由此，国资委和证监会对国有企业上市公司高管人员股权激励总量和个量都做出了明确限制。而民营企业只受股权激励总额不超过股本总额的 10% 和个人股权激励不超过公司股本总额 1% 的限制，且股权收益在经理人薪酬结构中的占比没有受到限制，完全将经理人的激励收益与企业市值、业绩挂钩，直接反应经理人的人力资本价值。例如，通用电气前 CEO 杰克·韦尔奇在 1998 年的总收入中，股权收益占 96% 以上，大大超过了工资和奖金收入。联想集团 2013 财年报告显示，联想集团给董事及高级管理层发放薪酬合计 2402.3 万美元，其中股权激励为 1442.1 万美元，占比 60.02%，其首席执行官杨元庆的薪酬由三部分组成：基本薪金、表现薪金和股权激励，其中股权激励占 60%。可见，股权激励已成为跨国公司普遍采用的激励模式，股权收益在经理人的薪酬中占有绝对重要的作用和较高的比重。

股权激励之所以能提高经理人的工作积极性是因为经理人在获得股权之后，经理人努力工作可以从两个方面来提高自己的收益：一是获得当期分红；二是提高持股比例。经理人获得的当期分红来自企业的利润，利润的多少决定了能够获得收益的多少，如果企业利润不多，经理人股权收益也就无法实现。经理人持股比例越高越能够将经理人与企业的利益紧密结合，并激发经理人对工作的关注度。

竞争性国有企业混合所有制改革，股权激励是金手铐，也是吸引优秀经理人的必要手段，以上管理制度设置的各种红线不能满足竞争性国有企业混合所有制改革的需要，严重限制了股权激励的力度，难以体现经理人的人力资本价值。中海油前董事长傅成玉在离职时持有 4 亿港元的期权价值，但他选择了放弃期权。原因有三：一是在国有企业，领导人和一般员工的薪酬差距应该保持在一个合适的比例；二是傅成玉作为国家行政任免的高管，享有隐性的行政级别，不能再享受市场化的好处；三是中海油处于非完全竞争性行业，具有企业性质所带来的垄断收益。基于以上原因，其股权收益理应受到限制。傅成玉表示，"如果我们国有企业的领导者想赚大钱，你最好离开这个平台"[1]，而竞争性国有企业混合所有制改革将为经理人搭建一个完全不同的竞争平台，在这个平台上经理人将不再拥有行政级别和官员身份，可以享受市场化带来的好处。

---

[1] 严学锋：《国企股权激励从"弃"到"求"》，《企业观察报》2014 年 10 月 27 日，第 18 版。

经理人股权激励也不应受到证监会和国资委的双重监管和限制，应该与其他性质的企业一起受到证监会相关制度的管理和约束，激发股权激励的创造力与活力。国资委之所以对国有控股上市公司股权激励设置以上各种红线，是为了防止股权激励稀释国有股权的比例，防止"内部人控制"。为此，竞争性国有企业混合所有制改革不仅可以在证监会的相关规定下实施股权激励，还可采取另外一种股权激励模式——"虚拟股权"。也就是上文所提到的，在虚拟股权模式下，经理人享受一定数量的分红和股价升值收益权，但没有所有权和表决权，这不会对企业的股权结构产生实质性的影响。竞争性国有企业混合所有制改革初期，股权结构不能过于分散于经理人手中，要由国有企业股东和非国有企业股东掌握企业的控制权，在股权激励中一方面要严格遵守证监会的相关规定，另一方面还要通过虚拟股权来激励经理人。

虚拟股权的激励模式在明清时期的晋商中就已经存在，当时的股份分为"银股"和"身股"，即"出资者为银股，出力者为身股"。东家对掌柜（经理人）和伙计实施身股制，"掌柜以人力顶股，不出分文却享有与银股同样的分红权利"。① 这是一种更高境界的财富分配制度，是对人力资本的重视。身股厘数根据掌柜和伙计的工作年限、能力和贡献而定，劳绩显著者"身价"倍升。"随着享受身股员工数量和身股厘数的增加，在一定时期内，身股总数超过了银股。"② "乔家大德通票号1888年有银股20个，身股9.7个，到1908年其银股资本额虽扩至22万两，但股数仍为20个，而身股数却增至23.95个。"③ 身股作为虚拟股，在数量上虽然超过了银股，却没有对股东对企业的控制权产生影响。

因此，竞争性国有企业混合所有制改革，通过虚拟股权的方式，既可以绕开各种规章制度对股权激励总量与个量的红线限制，也可以对经理人实施有效激励，体现经理人的人力资本价值。

---

① 郑文全：《组织长寿研究——基于企业、大学与宗教组织的比较》，《经济与管理研究》2010年第9期。

② 郑文全：《组织长寿研究——基于企业、大学与宗教组织的比较》，《经济与管理研究》2010年第9期。

③ 郑文全、卢昌崇：《晋商的制度逻辑》，东北财经大学出版社2009年版，第67页。

五　股权激励行权时效与业绩考核

（一）股权激励行权时效

股权激励行权时效应体现在沟通过程短、激励及时两个方面。国有企业实施股权激励要经过上级主管单位、地方国资委、省国资委和国务院国资委的层层审批，这个审批过程一般要持续半年到一年，而民营企业一般只需要一两个月。较长的沟通审批链条使国有企业股权激励周期变长，导致股权激励错过最佳时机。竞争性国有企业混合所有制改革，必须对相关的审批条件作出调整，可由企业股东会和董事会决定是否实施股权激励以及制定股权激励的细则，证监会审批通过，并报相关部门备案，从而在政策上推动股权激励方案的实施。

根据《国有控股上市公司（境内）实施股权激励试行办法》的规定，"行权限制期原则上不得少于2年，在限制期内不可以行权"。"行权有效期为股权生效日至股权失效日止的期限，由上市公司根据实际情况确定，但不得低于3年。"这使得经理人要获得股权激励收益至少要等待两年以上，增加了经理人行权的风险，激励的时效性大打折扣。根据《上市公司股权激励管理办法（试行）》，其他性质的企业其禁售限制为1年，可根据企业的实际情况合理安排股权激励方案的实施进程。对于处于充分竞争性行业的国有企业来说，在混合所有制改革中应遵守《上市公司股权激励管理办法（试行）》，与民营企业公平竞争不应设置过多的限制条款束缚股权激励的效果，应以"小步快跑"的方式每隔一年推出一期股权激励计划，使股权激励成为经理人激励的关键部分。

（二）股权激励的业绩考核

根据国务院国资委2008年6月公布的《关于规范国有控股上市公司实施股权激励有关问题的补充通知（征求意见稿）》，国有控股上市公司在设置业绩考核指标时要与同行业企业进行对标，要求在授予激励对象股权时的业绩水平不低于公司近3年平均业绩水平及同行业对标企业50分位值。行权时的业绩水平要在授予时业绩水平的基础上有所提高，并不得低于公司同行业对标企业75分位值。行权条件远远高于民营企业，这些条件的内在原则和逻辑是国资委希望大型国有企业能够在行业中做到前三名，也只有在行业内数一数二的企业才有能力和条件实施股权激励。这一条件的弊端在于绝大部分面临竞争环境更加激烈的竞争性国有企业没有办法通过股权激励来吸引人才。因此，竞争性国有企业混合所有制改革需要从政策上有所突破，以适当的业绩考核标准为依据，鼓励企业通过股权激励等中长期激励方式做大做强。

第四节　事业平台与精神激励

金钱报酬与成长机会等方面的物质激励可以称为"升官和发财"，在国有企业体制内，经理人更加看重"升官"，即行政职务上的升迁。然而，在竞争性国有企业混合所有制改革中，经理人完全由市场化的选聘机制产生，不再具有"高管"和"高官"的双重身份，而是单一的企业雇员身份。因此，其"升官"的路径被切断，只能通过提升自己的经营能力和经营绩效来实现事业发展和自身价值。

前面所论述的契约化的薪酬激励与股权激励属于外在激励的范畴，本节将从竞争性国有企业混合所有制改革中的经理人事业平台搭建、声誉激励和控制权激励、肯定与赞赏等方面进行论述和分析。

一　事业平台激励

（一）建立平台化的组织结构

经理人作为特殊的人力资本，其职业发展到达了一个较高的高度，能够晋升的空间较小。因此，竞争性国有企业混合所有制改革需要建立一种平台化的组织结构，为经理人提供多样的职业选择和晋升路径，这样的组织结构必须以企业绩效为目标，减少管理层级，使经理人能够在自己的岗位上当家作主。

竞争性国有企业混合所有制改革，在组织结构方面可以有两种选择，一种是职能制组织结构，一种是事业部制组织结构。和君咨询公司董事长王明夫认为，"流程化和管控型组织已死、平台化和生态化组织诞生。流程森严、秩序井然、按部就班的公司，正在失去快速反应能力。野蛮生长、灵活机动、放手人才各自为政各自为战的公司，却可能乱中取胜、大获全胜"。① 这是因为事业部组织结构鼓励经理人在事业平台上施展才华，可以脱离效率低下的分工秩序和流程体系，是一种最有效和最具生产力的组织结构，比较适合产品种类多的大企业。对于一般的小企业来说，其本身就是一个自主管理的事业部，比较适合采用职能制组织结构。事业部组织结构将整合所有的职能活动，将企业活动组织成自主管理的产品事业，各事业部拥有自己的市场和产品，并自负盈亏。事业部组织需要强有力的"中央"，该"中央"由"总裁"负责，制定清晰、有效的目标，并指导所有事业部的工作，"副总裁"则分管相应的事业部，使经理人的努力聚焦在企业和各事业部的经营绩效和成果之上，降低经理人的自我欺诈、安于现状而不敢创新。万科前总裁郁亮认为，年薪制、聘用职业经理的做法，已经拢不住人才了，必须搞事业合伙制。海尔打破以往的大工业组织，鼓励员工内部创业，搞阿米巴组织。这样的事业平台能够使经理人成为事业合伙人，并通过股权激励使经理人拥有公司股份，吸引和留住优秀的经理人。王明夫认为，企业需要建立一种新的管理逻辑，让"人才动起来，组织跟随人才，组织适配人才，战略和组织都围绕人才转"。② 组织结构是为经理人效能有效发挥服务的，必须为经理人追求事业梦想创造条件。大型竞争性国有企业在混合所有制改革中应采取事业部制组织结构，打造稻盛和夫提倡的阿米巴，为经理人提供事业平台，充分激励、自负盈亏，这将有效发挥目标管理的功能，使各事业部经理人清楚自己的绩效目标，为经理人提供更大的管理范围与职权，具有雄心壮志的经理人也愿意去这样的企业施展拳脚。事业部组织结构中，企业利润是各事业部利润的加总，各事业部的盈亏直接反映企业的盈亏，各事业部之间相对独立，彼此竞争，这促使各事业部经理人加大努力和投入。

由于事业部制需要有独立的产品和市场，不能完全适用所有的竞争性国有企业，因此，当企业低于某个标准时，应采取职能制组织结构。

---

① 王明夫：《人才奔腾，怒放生命——王明夫在和君合伙人年终例会上的讲话》，和君咨询，http://www.hejun.com/thought/original/201501/3470.html，2015年1月4日。

② 王明夫：《人才奔腾，怒放生命——王明夫在和君合伙人年终例会上的讲话》，和君咨询，http://www.hejun.com/thought/original/201501/3470.html，2015年1月4日。

职能制组织结构同样能够为经理人提供事业平台，只是能够提供的经理人岗位较少。当企业规模不大且产品单一时，可考虑采取职能制组织结构。

(二) 构建事业合伙人分享机制

西周实行的分封制是一种政治制度，其目的是巩固国家政权，加强地方政权与周王室的隶属关系。分封是天子将自己的土地、人民授予下一级君主或诸侯，诸侯服从周王的命令，贡献财物，并派兵随从周王作战。用《左传·桓公二年》师服的话来说就是"天子建国，诸侯立家"。分封制是将分封这一行为在制度上给予肯定，从政治制度上规定地方政权与中央政权的关系。① 在企业的经营管理活动中，借鉴"分封制"政治制度，建立事业合伙人分享机制，"放权诸侯"，革新经理人激励机制，以加强经理人与股东之间的关系。

合伙人在法律上有明确的规定，普通合伙人是指共同出资、共同管理企业，并对企业债务承担无限连带责任的人。合伙人制度打破了原有的雇佣关系，将管理者转变为企业的所有者，让员工分享企业发展所带来的财富，其显著特点是合伙人共同出资、共同经营、共享利润与共担风险。传统的经理人与企业之间的雇佣关系既无法保证稳定的经理人队伍，也无法适应市场的需求，在经理人与企业关系方面不做出改变的企业必然会失败。竞争性国有企业混合所有制改革必须在经理人管理方面进行创新，重新界定经理人与企业的关系，将经理人看作企业的"人力资本合伙人"②，防止优秀经理人的过度流失，并吸引国内外优秀经理人加入。

企业的创新方式很多，只有在管理机制上的创新才是根本。万科在2010—2012年经历了高管流失之后，开始考虑搭建平台式的公司架构，将人才作为自己的资本，并在2014年提出了"事业合伙人"的概念。事业合伙人不仅是企业的管理制度，也是一种分享机制，其核心是从职业经理人向事业合伙人转化，将职业经理人和事业经理人合二为一。万科

---

① 黄中业：《西周分封制在历史上的进步作用》，《社会科学战线》1986年第3期。
② 彭剑锋：《从法定合伙人到人力资本合伙人》，管理之声（微信号），2015年7月23日。

前总裁郁亮认为，职业经理人与事业合伙人之间的差别在于"共担"，职业经理人与企业之间是一种"共创""共享"的关系，但缺乏"共担"，而事业合伙人还要求经理人与企业共担风险①。海尔将"事业合伙人"制度称为"内部创业"，由企业内部员工创立一个企业，海尔提供资金、技术等支持，最后将该企业发展为海尔的一个个独立核算、自负盈亏的业务单元，这样的模式有利于经理人实现创业梦想，也有利于将大企业"做小"，实现企业经营管理的灵活化。

竞争性国有企业混合所有制改革中，可借鉴万科等企业的做法，建立事业经理人分享制度，使经理人作为企业价值创造的参与者不仅为企业、为国有股东、为非国有股东创造价值，还为自己创造回报。这种回报不仅是工资性收入，还包括参与企业利润分享，参与企业决策，使经理人获得企业的控制权。事业经理人分享制度不仅能够解决企业发展的问题，还能够改变经理人管理方式，解决股东与经理人之间的利益分享问题，加强经理人与股东的长期利益关系。借鉴海尔模式，在企业内部搭建创业平台，或新产品开发小组，满足经理人的创业梦想，使企业获得更进一步的发展。比如，经理人通过前期准备在商业模式有一定雏形之后，可向公司提交商业计划书，公司作为平台为经理人提供启动资金、人才、服务和对接外部资源等。每个新创的企业或事业单元都可成为混合所有制企业的创业单元，组合起来就是企业的整体，将大企业变为数个小企业，小企业又不断创新变成大企业。在事业合伙人分享机制的建立过程中，一个最重要的问题就是控制权归属的问题，要通过机制的设计防止控制权旁落和经理人恶意收购，以维护国有股东和非国有股东利益。

因此，在竞争性国有企业混合所有制改革中建立事业合伙人分享制度，让经理人通过企业价值创造分享更多的利益，这种利益包括共享企业愿景、共享战略目标、共享企业文化，从而激励经理人更加努力的工作并实现创业梦想。此外，经理人的独立性也应该受到约束和控制，在

---

① 郁亮：《万科事业合伙人的三个做法》，新浪网，http://gz.house.sina.com.cn/news/2015-03-02/08585977964924398518482.shtml，2015年3月2日。

共享利益的同时也要共担分享,这种风险不只是财务上的,还包括经理人个人职业生涯和社会声誉,以防止经理人争夺企业控制权,损害股东利益。

二 声望和荣誉激励

对于经理人来说,单靠金钱激励远远不够,无论在企业内部还是外部,经理人都需要另外一种奖励——声望和荣誉。声誉是一把"双刃剑",没有良好的职业声誉将导致经理人职业生涯的结束,良好的职业声誉将增强经理人的讨价还价能力。前者对经理人有约束作用,后者对经理人有激励作用。同时,刘惠萍和张世英的研究证明,引入声誉机制的企业比未引入声誉机制的企业对经理人有更强的激励作用。[①]

追求良好声誉是经理人的"自尊和社交需要",也是经理人持续获得控制权的保障。当经理人的物质激励达到一定程度以后,货币薪酬不能替代良好声誉带来的心理满足。声誉激励需要解决如下三个问题:怎样把经营者长期形成的声誉表示出来;怎样保证评价经营者的声誉信息客观准确;如何把声誉与经营者的长期利益结合起来。[②] 竞争性国有企业混合所有制改革中,首先通过头衔来表现经理人长期形成的市场声誉,但给予经理人的头衔必须与其承担的责任和重要性相对称。对于搭建了事业部平台的企业来说,可称呼各事业部的负责人为事业部"总裁""副总裁",各部门主管"总监""副总监"等。在企业内部,经理人的头衔并不会有实质关系,但这些头衔却能够给经理人带来身份地位和荣誉感,提升经理人的工作动机和对企业的使命感。其次通过独立的社会中介机构来评价经理人的市场声誉,以保证声誉评价信息的客观性、公正性和独立性。比如,可通过现有的中国职业经理人协会建立和规范经理人的声誉评价体系,在政府的推动下,使该平台成为唯一的经理人声誉信息发布平台,并使其对评价风险承担相应的法律责任。最后市场声誉既是

---

① 刘惠萍、张世英:《基于声誉理论的我国经理人动态激励模型研究》,《中国管理科学》2005年第4期。

② 王国平、陈禹志、胡继灵:《现代国有企业治理研究》,化学工业出版社2011年版,第238页。

激励也是约束，经理人的声誉受到经理人市场的激励和约束，如果经理人想在经理人市场中不断提升其人力资本价值，必然要关注声誉对其长期利益的影响。

三　肯定与赞赏激励

马云在分析员工离职的原因时说道："一是钱没有给到位，二是心委屈了。"在物质丰富和选择多样的现代社会，工作是否开心成为员工选择工作的主要标准。同样地，当经理人感觉受到委屈或缺乏精神激励时就会缺乏进取和开拓精神，甚至抱怨或产生离职的想法。改革开放初期的计划经济时代，国有企业在物质匮乏的阶段对经理人提供了优秀企业家等荣誉称号，以此从精神上弥补物质匮乏的不足。在全面深化改革以及市场经济不断完善的现阶段，物质激励并不缺乏，如果只对竞争性国有企业混合所有制改革中的经理人实施物质激励，不讲精神激励将不足以激发经理人的工作积极性。国内外优秀企业的实践表明，只有把物质激励和精神激励结合起来才能对经理人产生良好的激励作用。

稻盛京瓷的员工将为公司做出了贡献而得到同事们的赞赏作为至高无上的荣誉，这样的想法和观念在稻盛京瓷员工的内心根深蒂固，阿米巴经营是能够让员工感受到自身参与经营喜悦的经营，是尊重每个人劳动的"尊重人性的经营"[①]。竞争性国有企业混合所有制改革中，高额的经理人薪酬和奖金能够反应经理人的业绩水平，但并不能完全笼络经理人的人心。为此，可借鉴稻盛京瓷的做法，在企业内部建立互相信任、赞赏和感谢的文化氛围。当经理人取得优异业绩为企业做出较大贡献时，能够得到股东、董事和其他员工的赞赏，将对经理人产生巨大的精神激励。

四　控制权激励

控制权能够为经理人带来成就、地位和声誉，是一种巨大的激励力

---

① ［日］稻盛和夫：《阿米巴经营》，陈忠译，中国大百科全书出版社2009年版，第63页。

量，是非物质激励的基础和前提①。控制权激励是一种被普遍采用的隐性激励机制，是一种寻求代理成本最小化的补偿性契约安排，能够使被激励者实现自我激励②。控制权激励具有积极性和消极性的双重性，企业将生产、销售、聘用、在职消费等权力授予经理人，能够对经理人产生内在的激励作用。如果经理人的控制权大于其对公司所做的贡献（控制权激励过度），控制权激励的消极性就会显现出来。

竞争性国有企业混合所有制改革中，对经理人实施控制权激励需要考虑其双重性，有效发挥其积极作用，避免激励过度带来的消极作用。如果一味地考虑消减经理人的控制权，将抑制经理人的工作积极性。经理人控制权激励的落实，首先需要通过公司法或企业规章制度赋予经理人权力，将企业的日常经营管理权力全部下放。这些权力是董事会依照法律和规章制度慎重考虑后授予的，符合企业实际，不能依股东或董事个人意愿随意收回。维持控制权的稳定性有利于经理人有效开展经营管理活动，并维护法律法规的严肃性。控制权的变动应根据经理人的努力程度和业绩而定，对于工作不努力或滥用控制权的经理人应解除或削弱其控制权，对工作努力、经营业绩突出的经理人应适当扩大控制权。经理人控制权无限放大或过于集中将导致控制权滥用的情况发生，容易形成内部人控制或管理层收购，导致国有资产和非国有资产流失。例如，从国美到上海家化，从绿城集团到雷士照明，公司内部控制权的争夺严重影响了这些企业正常经营、市值和品牌。因此，竞争性国有企业混合所有制改革应慎用控制权激励，需在充分理解公司治理规则和《公司法》的前提下对经理人的权责进行明确规定。

第五节 经理人约束与惩戒机制

约束与惩戒两者相生相伴，前者是事前预防与监督，而后者是事后

---

① 王国平、陈禹志、胡继灵：《现代国有企业治理研究》，化学工业出版社 2011 年版，第 239 页。

② 徐宁、徐向艺：《控制权激励双重性与技术创新动态能力——基于高科技上市公司面板数据的实证分析》，《中国工业经济》2012 年第 10 期。

惩罚。公司治理是内部治理与外部治理耦合作用的结果，两者相互协调才能保证公司治理合规、有效。① 同样，经理人的约束与惩戒需要外部市场与内部制度相结合。西方管理理论认为人具有机会主义倾向，经理人会为自己谋取最大利益，需制定严格的制度对其进行约束和监督。而东方管理思想则认为，多数人是有志向的，是有进取精神的，他们在工作上更加看重"义"，而非物质利益。例如，对于崇尚儒家思想的晋商来说，"以义制利"是其经商的核心理念，这样的自我激励理念教育并鼓舞着无数仁人志士兼济天下，发奋进取，也成就了无数英雄豪杰的千秋伟业。儒家的进取精神和理论认为人如果"逸居而无教，则类于禽兽"，便通过"使契为司徒，教人以伦"的自我激励方式教化社会成员积极进取，希望通过内在的自我激励使人超越本能，成为事业有成的"君子"。在竞争性国有企业混合所有制改革中，对经理人的约束除了正式制度以外，还需要道德和文化等非正式制度，两者的结合能够对经理人起到有效约束。如果经理人的行为有损股东、社会或他人的利益，必定会引发冲突，增加管理成本，因而需要在约束的基础上有一定的惩戒和退出机制。因此，好的激励机制必定是激励、约束与惩戒的合理均衡。

一 市场声誉及法规制度约束

竞争性国有企业混合所有制改革中，为激励经理人更好地为国有股东和非国有股东利益服务，可采取"胡萝卜 + 大棒"的方法。一方面采取薪酬、股权、精神激励等正向激励手段，另一方面则通过法律惩戒机制、市场声誉机制等负激励手段对经理人进行约束。

（一）市场声誉约束

竞争性国有企业面临激烈的市场竞争环境，只有高效率的企业才能生存，经理人在外部经理人市场中受到更大的约束。经理人市场根据经理人的经营业绩对其人力资本进行定价，如果经理人不努力，企业业绩表现不佳，经理人也就可能失业。也就是说，市场竞争越激烈，经理人受到的压力就越大，对自身的声誉关注也就越多，其偷懒的行为就越不

---

① 李维安：《阿里上市与网络治理模式创新》，《南开管理评论》2014 年第 2 期。

可能发生。

　　市场声誉机制之所以能够对经理人产生约束作用，是因为在经理人市场中，声誉是决定经理人人力资本价值的重要因素。在经理人长期生活的圈子中，欺骗行为会损害股东或企业利益，直接导致经理人与企业之间的关系破裂，如果一个经理人的坏声誉到处流传，不良信用将破坏经理人的社会关系和长远利益。所以，经理人必须通过自己的努力提升企业绩效，在经理人市场中获得好的声誉，只有这样才能够获得更高的职位和报酬。在前文经理人薪酬契约中，我们已经论述到，企业绩效是经理人个人能力水平、技术水平、对任务的理解、努力程度、坚持努力的时间，以及个体不能控制的外部条件的函数。简单地归纳为，企业绩效是经理人个人能力、努力情况和外部不可控条件的函数。外部市场能够观察到的是企业绩效，经理人的能力和能力情况不能直接观察，只能通过企业绩效来反映。企业绩效越好，经理人的能力和努力程度越强，市场声誉也就越高，其人力资本价值也就越能够得到市场的认可。"59岁现象"在企业中普遍存在，离退休年龄越近，经理人努力的积极性越低。张燃等的研究证明，国有企业的59岁现象比非国有企业更加严重[①]。国有企业经理人在退休前一年与企业之间是一次性博弈，导致其不再关注自己后续的职业生涯，因此不再关注企业的绩效，也没有动机去维护自己的市场声誉。在转型经济国家，法律等正式制度约束的成本较高，而声誉激励等非正式制度约束能够发挥稳定的作用[②]。竞争性国有企业混合所有制改革，在相关政策和法律法规不完善的情况下，应重视市场声誉对经理人的约束作用。市场声誉约束机制是经理人长期利益与短期利益之间的博弈，市场声誉机制要发挥作用必须满足四个条件：一是股东与经理人之间的博弈必须是重复的；二是股东和经理人要有足够的耐心关心未来；三是关于企业绩效的信息传递要足够快；四是股东要有积极性和

---

① 张燃、刘澄、连玉君：《经营者将要退休是否影响公司绩效——以中国A股市场为例》，《经济与管理研究》2011年第5期。
② 醋卫华：《公司丑闻、声誉机制与高管变更》，《经济管理》2011年第1期。

可能性对经理人实施惩罚①。竞争性国有企业混合所有制改革，企业要与经理人保持长期利益关系，这种关系不一定是雇佣关系，可以是投资关系，让经理人关注未来的收益。比如前文论述的股权激励和事业平台激励，都能够有效维持经理人与企业之间的长期关系，一定程度上减少或遏制"59岁现象"的发生。在目前的竞争性国有企业中，国家是虚拟股东，市场声誉机制并不能起到良好的约束作用，这是因为经理人在出现偷懒或欺骗行为时并不能受到上级部门的惩罚，上级部门对经理人做出惩罚积极性不高。竞争性国有企业混合所有制改革中，作为国有股东和非国有股东的代表，董事会要对经理人的欺骗或偷懒行为做出惩罚。经理人之所以重视信誉，是因为在发生欺骗或偷懒行为之后董事会将有权解聘经理人，经理人在市场中将面临长期利益的丧失。如果董事会缺乏惩罚经理人的积极性，也就为经理人提供了再次偷懒或欺骗的机会，股东的利益将受到损害。

在前文中，我们建立了经理人绩效评价体系，对经理人的年度绩效和任期绩效进行评价，这种短期、中期、长期的绩效评价能够及时将企业绩效信息传递给董事会、股东以及外部经理人市场或第三方评价机构，有了这样的信息传递机制，经理人的市场声誉约束机制也容易建立起来。在明清时代，晋商的最大特征是通过外部的道德、文化、价值观等非正式约束对掌柜实施惩戒。一旦某个掌柜因违反号规或道德准则将被辞出号，这一信息很快就会成为圈子中的公共信息，该掌柜将不会再得到其他企业的重用，这意味着违约成本极高②。当今社会，"这种约束难以发挥作用，原因是社会成员的流动性高，他们不再永久居住在一个相对稳定或封闭或熟悉的共同体中。在开放和流动的环境下，信息控制更难进行，由于关系抵押品不在，对失信者实施惩罚也变得不容易"。③ 所以，传统的人际关系网络对经理人的约束力在下降。但在信息发达的现代社会，信息获取突破了地域限制，获取半径大大拓宽。比如，美国是十分

---

① 张维迎：《理解公司：产权、激励与治理》，上海人民出版社2014年版，第386—387页。
② 郑文全、卢昌崇：《晋商的制度逻辑》，东北财经大学出版社2009年版，第75—76页。
③ 张静：《诚信及其社会约束机制》，《光明日报》2011年8月23日。

讲究信用的国家，在全美国已经建立了比较完善的个人信用体系，企业离职员工需要前雇主的推荐信才能找到下一份工作。竞争性国有企业混合所有制改革，如果能建立统一、规范、有效的经理人市场将有利于定期对经理人进行评估，有助于提高经理人的违约成本，促进市场声誉机制对经理人的约束作用。比如，可借助会计师事务所、律师事务所、管理咨询公司等第三方机构，从财务信息、企业重大交易事项等方面对企业的绩效进行跟踪评价，最终形成对经理人的市场声誉约束。

（二）法规制度约束

除了市场声誉约束机制以外，法律制度是促使经理人守诚信的另外一种约束机制。首先是法律法规的约束，包括国家法律条例、公司章程、合同契约等方面的约束。根据《公司法》的规定，经理人在享有一定权利的同时要负担相应的法律责任，当经理人违反法律、行政法规或者公司章程，并给公司造成损失的将承担赔偿责任。公司章程是企业的宪法，是在《公司法》的框架下对经理人责任、权力和行为的规定，经理人必须按章行事。公司章程可以约束经理人的行为，但一些竞争性国有企业的章程简单粗略，根本没有将公司章程当成约束经理人的"大法"来看待，因此在竞争性国有企业混合所有制改革中应完善公司章程，加强公司章程对经理人的约束。企业与经理人签订的聘用合同对企业和经理人的行为都有约束作用，应受到法律的保护，并由中介机构按照国家法律法规来制定，以保证合同的公正性和约束性。比如，美国企业对经理人的合同要求非常严谨，不仅对经理人的权责利作出明确规定，还附有补充协议，以防止经理人泄露企业的商业秘密并有竞业禁止协议。

自国资委等部门提出建立企业经营者业绩考核制度和决策失误追究制度以来，对国有企业经理人的管理约束制度并不少。但在执行的过程中各种规章制度被束之高阁，加之国有股权过分集中，公司治理结构中缺乏有效制衡，导致"内部人控制"和经理人决策权力过大，即使出现决策失误也可逃脱责罚。为进一步防范决策风险，约束经理人权力边界，应建立对经理人的考核评价和后评估制度，逐步健全经营失误纠错改正机制和责任追究制度。给企业造成重大经济损失的，应承担经济赔偿责任。在竞争性国有企业混合所有制改革中建立经理人经营管理责任追究制度，董事会可对违反法律法规、公司章程和管理制度的经理人追究责任，甚至可以对失信的经理人提起民事诉讼。对退休的经理人实施追责可消解"59岁现象"，让经理人重新反思过去经营管理的过失，使经营管理责任具有可追溯性，促进国有资产和非国有资产的保值增值。

竞争性国有企业混合所有制改革，还需要通过制度规范来约束经理人的职务消费和道德行为。经理人职务消费得到了国家领导人以及社会公众的广泛关注，竞争性国有企业在市场化改革中要根据国家的相关规定进一步建立健全经理人职务消费制度，细化严禁消费项目和业务支出管理办法，通过多元化的股东、独立的董事会与社会公众强化监督，从源头上堵住经理人乱消费的漏洞。在晋商的号规中，"不准吸毒、不准嫖妓、不准在外地纳妾、不准赌博"能够预防员工的道德风险行为，因为"坏品失节，乱规误事，皆由于此"。[①] 在当今的企业中，一些经理人由于品行败坏，利用职务之便窃取企业钱财进行不法行为，给企业造成了恶劣的社会影响。如果经理人的这些行为不得到约束和惩罚，将纵容经理人的不道德行为。因此，竞争性国有企业混合所有制改革，可借鉴晋商的做法，在企业的规章制度中对经理人的品行作出明确规定，支持品行良好者的利益，打击品行恶劣者的利益，防止由于经理人道德败坏给企业带来的风险。通过法规制度的约束更能打击坏的道德品行，激励好的道德品行。加快完善《公司法》《劳动合同法》《证券法》《税法》等法律法规，建立健全与混合所有制改革相匹配的重要法律制度，对于给企业造成重大经济和声誉损失的经理人，要实施决策失误追偿制度。此外，加强财务审批和审计制度，保证管理费用的正当性。

二 自我道德与企业文化约束

未来的管理者在工作上越成功，就越需要具备诚实正直的人格。无论管理者接受的是通才教育还是管理教育，在将来起决定性作用的既不

[①] 郑文全、卢昌崇：《晋商的制度逻辑》，东北财经大学出版社2009年版，第77页。

是教育，也不是技能，而是诚实正直的品格①。企业的使命是利润最大化，当经理人个人利益与企业整体利益出现矛盾时，经理人就会根据利己主义采取有利于自己的行为，有损企业的整体利益和道德标准。因此，竞争性共有企业混合所有制改革中的经理人必须具备更高层次的经营哲学和道德标准，避免以自我为中心的行为发生。

（一）自我道德约束

诚信是中华民族的传统美德，也是儒家思想所倡导的重要道德内容之一。儒家哲学提倡"治心"，即通过道德来实现自我约束。诚是人的内在德性，信是诚的外在表现，诚信是衡量一个人道德素质的标尺。② 孔子强调，做人以诚信为本，"人而无信，不知其可也"。③ 晋商以"信用"为生命，东家充分信任掌柜，将所有的事务交由掌柜处理。掌柜对东家忠心耿耿，不背信弃义，这也是对掌柜的基本道德规范要求。在现代企业经营管理中，诚信既是一种道德规范，也是一种经营方式。作为股东和董事会的代理人，经理人应将诚信的道德规范转化为自己的经营理念和基本行为准则，以"受人之托，忠人之事"的信誉体现经理人的敬业精神。所以，经理人在面对各种激励和诱惑的同时，需要抑制自己的利己主义欲望，确立最基本的道德伦理观。

一些经理人为凸显上市公司业绩，提高自己的奖金，置企业的长远利益于不顾，向外部公众提供虚假的年报和数据。一方面是因为绩效薪酬与企业绩效挂钩，另一方是经理人缺乏严格律己的伦理观来防止利己主义行为的发生。竞争性国有企业混合所有制改革需要有擅长经营管理和自律能力的经理人，也就是说，经理人不仅要具备经营管理能力，还需要具备与之相对应的良好人格。如果经理人不控制自己的欲望，将聪明才智用错了地方将产生意想不到的后果，即所谓的"聪明反被聪明误"。

竞争性国有企业混合所有制改革中，经理人受托于股东和董事会，

---

① ［美］彼得·德鲁克：《管理的实践》，齐若兰译，机械工业出版社 2009 年版，第 305 页。
② 信德俭：《明清晋商管理思想》，中国社会出版社 2008 年版，第 52 页。
③ 《论语·为政》。

具有经营管理、资金支配和日常事务处理的权力，负有国有资产和非国有资产保值增值的责任，其地位决定了必要的职业道德。经理人职业道德是外部硬性约束失效后最后一道约束防线，也是最高层次的约束，取决于经理人的道德水平和价值观。为防止经理人的道德风险，在招聘过程中应扩大信息收集范围，提高信息质量，充分了解经理人的道德水平，以事前甄选代替事中监督，有效降低代理成本。例如，本地人策略是晋商选人的惯例，非本地人不用，同时还通过"上查三代"进行背景审查，严格考核，新人入号须有上司作保，并实行为期三年的学习期选拔。[①] 竞争性国有企业混合所有制改革，市场环境和竞争程度将越来越成熟，对经理人提出的要求也更高，能力和道德素质同样重要。在选聘经理人的过程中，作为股东代表的董事会，在关注经理人能力、学历、知识和经历的同时，更要了解其政治表现和道德品质如何。道德水平高的经理人在任职前后都能正确处理个人与企业之间的利益关系，即便是维护自身利益，也不会以损害企业利益为代价。这样的经理人能够推动国有企业更好地发展，反之将可能阻碍国有企业混合所有制改革。经理人的道德主要体现在契约的履行上，契约作为约束双方的依据，一经签订就必须严格遵守。

（二）企业文化约束

由于经理人具有较大的信息优势，其行为不容易被股东和董事会监督，很容易产生道德风险。在此情况下，市场、法律法规和制度约束的有效性降低，而企业文化的约束作用将逐渐凸显。竞争性国有企业混合所有制改革，存在国有股东与非国有股东之间的冲突，需要建立一种包容开放的公司文化，并整合不同文化理念，形成企业统一的价值观和经营理念。经理人自我道德约束机制的建立不仅需要经理人具备基本的道德规范，还需要企业建立一种崇尚儒家伦理道德的企业文化。企业文化是精神激励的核心，也是一种行为规范，具有明确激励方向，从属于制度规范范畴[②]。企业文化之所以对经理人具有约束作用是因为文化对经理

---

① 郑文全、卢昌崇：《晋商的制度逻辑》，东北财经大学出版社2009年版，第64—65页。
② 陈晓川：《企业文化在激励约束机制中的作用》，《科技进步与对策》2004年第10期。

人是一种潜移默化的、深刻的，也是最持久的约束，主要通过道德、荣誉、信念和价值观的认同等来实施。在稻盛京瓷的经营管理中，稻盛和夫提倡"公平、公正、正义、勇气、诚实、忍耐、努力、博爱"的价值观，要求企业领导除了能力之外，还必须努力磨炼自己、提高心性、磨炼心灵，成为一个具备高尚人格的人。① 因此，竞争性国有企业混合所有制改革中，利用文化潜移默化的作用，在企业内部形成讲究诚信的文化氛围。通过各种渠道宣传和树立经理人优秀形象，使经理人切身感受到自己的贡献、地位、荣誉与自己的人力资本价值相符合。

在约束机制中，经理人的自律是核心。无论外在的约束机制如何严谨，都必须以经理人的自我道德修养为基础，从而达到自我道德约束与市场声誉、法规制度约束的有机结合。

三　市场化的惩戒与退出机制

（一）经理人惩戒机制

惩戒机制是董事会为维护国有股东与非国有股东利益，维持内部管理秩序而对违约、违规和违法的经理人实施惩罚、制裁的一种制度。惩戒机制具有"违约罚"与"违法罚"的双重性质，经理人加入企业是基于劳动契约，且董事会是基于保障股东利益和政策的经营管理活动而对违约、违规和违法经理人实施的惩罚和制裁。经理人在混合所有制改革中获得收益和职业发展机会的同时，需要承担相应的责任和义务，而惩戒机制能够将其行为限定在合理的范围之内。法律强制、经济罚款、名誉败坏、不可信赖和社会排斥等惩戒机制将使违背市场规则的经理人承担相应的后果，一旦建立起全面的惩戒机制将使经理人行为导入合理的预期轨道。如果激励机制只有激励，没有惩罚，经理人就可能钻制度的漏洞，各种腐败、权力寻租和搭便车行为就会滋生。如果惩戒机制非常严厉并使惩罚所引起的害处大于违规获得的好处，经理人在面对利益诱惑时就会放弃违规行为，从而信守契约和遵守规则。由于绝大多数经理人具有风险规避和避害趋利趋向，惩戒机制的多重效应将有利于弱化经

---

① ［日］稻盛和夫：《阿米巴经营》，陈忠译，中国大百科全书出版社2009年版，第61页。

理人的利己行为并防止负面影响。

因此,在混合所有制改革中可制定符合市场要求的惩戒种类,包括警告、减薪、降级、解除劳动关系等多种惩戒措施,这些措施既包括经济惩罚,也包括非经济惩罚。在实际操作过程中,企业只能单独使用其中一种惩戒方式,以防止惩戒的滥用,损害经理人的权利和工作积极性。由于警告、减薪、降级、解除劳动关系是常规的惩戒方式,竞争性国有企业混合所有制改革可采取经济责任终身追究和失信惩戒两种更具约束作用的惩戒机制。

1. 经济责任终身追究机制

在竞争性国有企业中经常发生的经理人违规行为并不是没有惩戒制度,而是违法违规者不能受到及时足够的惩罚。也就是说,现有的惩戒机制没能使违规成本大于违规收益,甚至一些法不责众的现象使部分经理人逃脱制度的惩罚。经济责任终身追究机制是经理人对自己的经营决策和行为终身负责,出现经济问题后不因时间、工作岗位或者职务的变动而免责。经济责任终身追究制能够有效遏制一些经理人的不负责任、以权谋私等不诚信行为。经理人的决策和行为决不能是短期的,必须能够经得起实践和时间的考验。只有经过实践和时间的检验,才能提高经营管理效率,提高经理人的自律意识。

竞争性国有企业混合所有制改革中的经济责任终身追究机制是一套责任体系,应该从制度的层面上来建构,将其分为决策责任、实施责任和监督责任。经理人作为决策的执行者,负有实施责任。对由于实施不到位、管理不善造成的损失应该由经理人承担并进行赔偿,而对于决策失误和监督不到位造成的损失则应该由董事会和监事会负责。为分清责任,必须从契约和劳动法的角度予以规范。

对经理人实施经济责任终身追究机制是基于经理人的同意,董事会才有惩戒权。经济责任终身追究机制是依据契约和制度规则的规定,不能随意扩展惩戒条款和事由。契约要求经理人与董事会之间具有平等的法律地位,若在不平等情况下实施的追责是没有理由也不合规合法。经理人与企业之间的契约应以劳动法的有关规定为依据,企业可依法享有对经理人的惩戒和终身追责权。企业所拥有的惩戒权并非私有权力,而是由国家授予的一种存在于经营体之上的司法权。在此情况下，对经理人的终身追责权从契约规范上升到法律惩戒的高度。现有的法律法规并未在惩戒事由方面做出具体规定，企业需根据自身情况制定符合经理人与股东双方利益的经济责任终身追责条款，这就给企业以充分的自主管理权。

程序规范对于经济责任终身追究机制来说十分重要。企业应对受到惩戒的经理人进行全方位的调查取证，认真听取经理人的申辩，从而保障经理人的申辩权，以免出现错误。在实施追责之前，应召开相关会议讨论，征得工会的同意，若工会对惩罚决定有异议可驳回惩罚意见。最后，企业应将经理人的追偿决定向相关机构和组织说明，并以书面的形式上报当地劳动部门或相关机构备案。企业应严格依据契约和相关法律法规，对经济责任终身追究机制的程序进行严格控制，保障惩戒机制有效发挥作用，并防止惩戒权滥用而损害经理人应有的权利。

2. 失信惩戒机制

失信惩戒机制是通过对经理人失信行为的记录、发布和应用，运用法律、行政、经济和道德等手段，提高经理人失信成本，使失信者付出沉重代价的机制。根据经理人失信性质和程度，由司法部门做出法律性惩戒，由行业主管部门做出行政性惩戒，由信用主管部门做出监管性惩戒，配合以"微博""微信"等新媒体的优势，发挥社会公众的评议、讨论和批评等作用，对失信的经理人做出道德性惩戒。通过失信惩戒机制，调节经理人的心理预期和行为决策，激发、引导经理人守法守信。

追究经理人的信义责任既应当依法进行，还要体现竞争性国有企业混合所有制改革中的特殊性。国有股东与非国有股东可依照《劳动合同法》和《公司法》对违背信义的经理人提起诉讼，非国有股东也可在国有股东怠于追究经理人责任时向相关机关提起诉讼，经理人给公司造成的经济或名誉损失应承担相应的赔偿责任。是否对经理人追究信义责任应该由股东和董事会共同决定。

3. 完善惩戒经理人的救济途径

一般来说，经理人在劳资关系中处于弱势地位，为防止惩戒权滥用，保障经理人的合法权益，健全惩戒经理人的救济途径十分必要。在维护自身合法权益的过程中,经理人有三种途径可供选择。第一,经理人可以向工会申请调查。根据《工会法》、《劳动法》和《劳动争议调解仲裁法》等有关规定,工会认为企业对经理人惩处不适当的,有权提出异议。特别是在解除劳动关系和实施经济责任终身追究机制时,必须通知工会。第二,根据《劳动法》相关规定,经理人可以向劳动行政部门提请申诉寻求救济,但劳动行政部门没有权力使企业直接撤销对劳动者的惩罚。第三,在以上两种途径都无法解决争议的时候,经理人可以向有关机关申请调解、仲裁甚至诉讼。

(二) 经理人退出机制

经理人退出机制是激励机制的重要组成部分,有效的退出机制能够激发经理人的积极性。竞争性国有企业混合所有制改革应遵循市场规律,建立以公平竞争为基础的多样化退出机制,打破竞争性国有企业经理人能上不能下的现实状况。优秀的经理人获得聘用是制度性激励,不合格者被淘汰是惩戒机制。经理人退出机制是将不适应经理人岗位的人员与岗位相分离的一套制度,应注重经理人的考核、解聘、回聘和补偿等问题。

1. 经理人退出的主要方式和流程

经理人退出主要有自然退出和被迫退出两种方式,自然退出包括劳动合同到期和正常退休,被迫退出是经理人因企业战略调整需要或个人业绩(或能力)达不到企业要求而与企业解除劳动关系。劳动合同到期和退休是经理人退出的正常机制,合同或年龄到期,经理人与企业终止劳动关系。在现实操作中,企业很难采取在劳动合同到期后与经理人终止劳动关系的做法。因为在现有的《劳动合同法》规定下,企业可以在第一期合同期满后与经理人终止劳动合同,一旦企业与经理人续订了劳动合同,就无法以经理人低绩效为由而终止合同。经理人在达到法定年龄后自然进入退休程序,经理人根据相关法规和企业制度领取退休金,并正常退出企业。被迫退出包括与经理人解除劳动合同,经理人退出企业。被迫退出是企业与经理人提前终止劳动合同,解除双方的权利义务关系。混合所有制改革中的经理人退出机制应根据企业战略和发展需要,而非政治需要,依据经理人的绩效考核结果,对达不到绩效要求的经理人采取调岗或解雇。劳动关系的解除分为协议解除、经理人或企业单方面解除。协议解除是企业在调整发展战略的情况下，与经理人共同协商解除劳动关系。经理人或企业单方面解除是经理人"个人意愿"或"业绩不佳"而对劳动关系作出的调整，这种退出方式程序烦琐，容易产生纠纷。双方协商解除劳动关系有利于企业和经理人双方接受，有可能成为混合所有制改革中经理人退出的主要方式。

经理人退出机制应建立规范的退出流程，严格规范经理人退出过程的操作环节、环节间的衔接过渡及各环节具体工作内容。由于经理人退出的原因和退出的方式不同，其流程也存在一定的差异。例如，由于劳动合同或年龄到期而导致的经理人退出，其程序相对简单，只需要核对劳动合同内容、确定符合条件、报董事会审批、通知退出经理人、组织离职面谈、办理退出手续即可；如果是由于企业战略调整或经理人个人原因而单方面解除劳动关系的，还要与经理人解释企业发展战略与经理人绩效考核结果、了解经理人主动辞职的原因，在流程上做到公平、公开、透明，并接受监事会和工会的监督。

2. 经理人退出的补偿机制

竞争性国有企业混合所有制改革中的经理人退出补偿机制包括经济性补偿和非经济性补偿。对于经济性补偿，《劳动合同法》有具体的规定和要求。为凸显经理人的人力资本价值，在依据相关法律法规为经理人支付赔偿金的同时，应综合考虑经理人的任职年限、所任职务、行业状况和企业业绩等因素，适当提高经理人补偿标准，具体的补偿标准可以通过契约的方式在聘用合同中约定。经理人作为企业的高级管理人员，掌握着企业大量的核心商业机密，对签订了竞业协议的经理人，还需根据竞业禁止的时间期限，为经理人提供经济补偿。

此外，建立经理人召回制度和顾问制度为经理人提供非经济性补偿。加强对企业解雇或辞退经理人的信息跟踪和反馈，评估经理人的表现，及时发现并召回符合企业后续发展所需的经理人才。召回制度可以在一定程度上弥补企业在解雇或辞退经理人过程中的失误，真正做到"爱才、惜才"，在经理人市场和社会公众中树立良好的企业形象。加强对退休或主动辞职优秀经理人的联系，搭建返聘经理人内部交流和外部分享平台，继续发挥退出经理人的余热。

小　　结

　　本章在前文理论框架、定量分析和多案例分析的基础上,从公司治理制度、经理人选聘制度、薪酬激励、股权激励、事业平台与精神激励、约束与惩戒等方面构建了竞争性国有企业混合所有制改革中的经理人激励机制,这些内容构成一套完整的激励机制,以适应混合所有制改革的需要。首先,本章从经理人身份转化和市场化招聘两方面设计了经理人选聘制度,并通过规范的董事会治理,以明确董事会与经理人之间的权、责、利,为经理人履行职责和职业成长提供良好的制度环境。其次,对经理人实行"管理契约化",通过契约关系的建立规范经理人薪酬激励和股权激励,减少主管部门对薪酬激励和股权激励计划的行政干预,制定与市场竞争环境相适应的股权激励政策,根据契约和企业经济目标的完成情况对经理人实施奖惩。再次,本章将事业平台、市场声誉、肯定与赞赏等作为社会性激励的主要方式,鼓励经理人从多方面实现自我价值和职业成长。最后,通过引入市场法规和自我道德双重约束机制,使经理人受到来自市场法规的硬约束和来自企业文化和自我道德的软约束,本章还从经济责任终身追究和失信惩戒两方面提出了经理人惩戒机制,并讨论了经理人退出的主要方式和补偿机制。

第七章

国有企业混合所有制改革中经理人激励的保障条件

前文依据理论框架和实证研究结果，构建了竞争性国有企业混合所有制改革中的经理人激励机制。在混合所有制改革实践中，为更好地发挥经理人激励机制的作用，还应从宏观层面完善劳动人事制度、经理人市场和政策法规。竞争性国有企业混合所有制改革中的经理人激励，需重新认识和界定政府与企业、企业与市场、企业与经理人之间的关系。混合所有制改革中经理人激励的关键是要提高市场化水平，完善企业管理制度，实现管理体制市场化，这就需建立与混合所有制改革相适应的劳动人事制度、经理人市场和更加完善的政策法规，本章将从这几方面提出具体的保障条件。

第一节　建立市场化的经理人用工制度

竞争性国有企业混合所有制改革中的经理人激励，应建立以劳动合同管理为核心、岗位管理为基础的市场化用工制度，畅通经理人进出渠道，形成正常流动机制，建立经理人择优录用、能进能出的用工制度，实现经理人由"政治人"向"企业人"转变。

一　优化岗位体系并建立市场化用工机制

参照国内外同行业先进企业的人均劳动生产率，科学设置经理人岗位，明确具体岗位要求，严格控制经理人岗位总量。混合所有制改革应按照公平、公开、公正和择优录取的原则向社会选聘符合企业要求的经理人员，畅通经理人进入企业的通道，把好选人入口关，新进入者需通过考试合格后方能入职。董事会作为决策机构，具有依法选聘经理人的权力，任何个人或机构不能强制企业接收不符合要求的经理人，完成经理人由"身份管理"到"岗位管理"的转变。按照择优录取原则，对所有经理人实行竞聘上岗，依据岗位职责和要求，建立健全企业内部经理人岗位调整和淘汰机制，建立优胜劣汰的用工制度。对竞争上岗的经理人实行动态管理，依据考核结果，对不能胜任工作的经理人进行岗位调整或转岗培训，对经过培训或转岗仍不能胜任工作的，依据契约和法规与其解除劳动关系。

二 规范劳动关系并妥善安置富余经理人员

按照市场化原则，规范企业与经理人之间的关系，把推行经理人劳动合同制作为混合所有制改革中完善经理人用工制度的核心内容。企业依法对劳动关系进行清理，通过签订、继续履行、变更、解除或终止劳动合同等方式，规范劳动合同管理，建立经理人正常退出机制，确保经理人有序合理流动，形成正常流动机制。对违反法律法规和企业制度规定、绩效连续不合格的经理人应停薪留职，依法合规做好解除劳动关系和安置等工作。

竞争性国有企业混合所有制改革，必定涉及原企业中富余经理人员转移的问题，这需要通过转岗、待岗培训、解除劳动合同等多种途径安置富余经理人员。在国有资本作为大股东的情况下，原竞争性国有企业经理人身份不转变，但对其剩余工作年限就业权益进行保障。即在剩余就业年限内，由于企业变革等原因与企业解除劳动合同的，按其剩余年份给予其经济补偿。对已经离退休的经理人按照现有制度执行，并探索建立竞争性国有企业职工权益保障基金，以妥善安排已退休经理人的生活。

第二节　建立以业绩评价为主的人事制度

按照公开、公平、公正的原则,建立有别于公益类国有企业经理人员选聘、考核、奖惩和退出机制。在混合所有制改革中坚持去"行政化"管理,打破原有经理人双重身份的现状,积极探索建立经理人员竞聘上岗、能上能下的人事制度,建立健全科学有效的考核评价体系,加大对经理人经营业绩的考核力度。

一　创新组织结构并搭建事业平台

竞争性国有企业混合所有制改革,应根据企业战略、内部外部环境、经营策略和市场竞争需要,选择适合企业发展的组织结构变革模式。根据《公司法》规定和现代企业制度要求建立健全企业法人治理结构,合理设置职能部门、管理岗位,明确股东、董事会和经理人之间的责、权、利。适时选用扁平化组织、创新型团队、企业联盟、虚拟企业等新型组织结构模式,实现企业内部的分权管理、人本管理和柔性管理。组织结构创新是混合所有制改革和激励机制发挥作用的现实要求,不能采用原国有企业的拿来政策,应根据行业特点和实际情况对组织结构进行改造和创新,使组织结构不断适应改革的需要,为经理人提供多样化的事业发展平台。

二　建立科学公正的奖惩机制

科学的奖惩机制应体现公平公正原则,否则将对企业的人力资源管理带来负面影响。首先,应以经营绩效考核为基础,客观反映经理人的表现和贡献,对考评成绩优秀的经理人予以表彰奖励,对未达到考核要求的经理人给予警示、处罚和解聘。混合所有制改革应根据企业发展需要,引入竞争机制,实行公开选聘、择优录用,逐步建立起合理的经理人流动和岗位交流机制。在业绩考评方面,建立多元立体的业绩考评机制。针对经理人的具体岗位,制定合理的考核评价指标,赋予科学的权重,并且把指标分解到每月、每季度的重点工作目标中。根据企业经营发展目标和重点任务,建立定性与定量相结合的考核指标体系,将定量指标分解落实到具体的经理人,通过签订经济任务责任书明确责任和目标,将考评结果与经理人的薪酬挂钩,并作为经理人岗位调整、职务升迁和续聘的重要依据。

第三节 建立有效激励的利润分配制度

有效激励的利润分配制度强调以经理人的能力和业绩为核心,将企业经营业绩与经理人个人贡献结合起来,充分体现经济性激励的作用。竞争性国有企业混合所有制改革,应坚持效益决定利润分配的原则,合理确定与行业发展状况和企业竞争力相适应的经理人收入水平。

一 建立经理人岗位责任薪酬制度

建立健全体现经理人人力资本价值的薪酬体系,并优化与岗位价值相匹配的差异化薪酬结构,依据岗位决定薪酬水平,岗位变化则薪酬随之发生变化。在定薪方面,根据企业经济效益和经理人市场工资水平,结合岗位说明书的职责要求、贡献度、难易程度、知识技能要求等确定经理人工资基数和工资系数。以考核为基础确定岗位绩效薪酬,考核结果改变则薪酬水平改变,同时建立经理人薪酬协商机制,由董事会代表出资人与经理人进行协商。

根据经理人岗位特点,以岗位价值为导向,将责任、风险与经理人薪酬相统一,实现由分配上的平均主义向调整薪酬结构转变。根据岗位说明书和绩效考评体系,合理划分经理人基本薪酬和绩效薪酬的比例。基本薪酬要体现工作年限、岗位责任、岗位技能、岗位强度、岗位环境和市场水平等因素,并随企业经营状况的改变适当调整;绩效薪酬体现经理人个人业绩与贡献值,将企业业绩和经理人个人考核结果紧密挂钩,根据绩效结果上下浮动。

二 加大对经理人的货币激励力度

在规范企业内部分配制度的基础上,引入经理人市场工资指导价位,按照协商方式合理确定经理人的工资水平,更好地发挥市场对经理人人力资本配置与企业收入分配的调节作用。根据市场机制，适当拉大经理人与一般员工的工资差距，实行人力资本、科技成果入股等多种分配方式，提高经理人的工资水平。建立与企业经济效益和个人绩效紧密挂钩的经理人工资决定及正常增长机制，积极推进经理人个人收入工资化、货币化和公开化改革，最大限度减少灰色收入和实物分配。

第四节 建立健全经理人市场

建立健全经理人市场是中国经济深入发展的客观要求，也是深化国有企业混合所有制改革的现实要求。随着混合所有制改革进一步深化，经理人的选择、流动、评价、激励约束都需市场化，应该通过建立健全外部经理人市场来实现。狭义的经理人市场是指经理人这种特殊人力资本交易的场所，而广义的经理人市场是经理人这种特殊人力资本交易关系的总和，这种交易关系需通过市场机制来调节供给与需求，供求双方通过公平、公开、公正的方式进行双向选择。因此，建立健全经理人市场，首先应转变重官轻商的传统观念，增加经理人供给；其次，建立完备的经理人信息库，充分发挥经理人市场的惩戒机制；再次，建立统一的评估和认证体系，规范经理人市场的管理。

一 转变重官轻商的传统观念

经理人作为一种职业，在国外已经得到普遍认同和广泛实践，并形成了较完善的经理人市场。中国人的传统观念是"读书做官""学而优则仕"，这是几千年历史积淀下来的旧的价值取向和文化传统。中华人民共和国成立至今，这种重官轻商的观念一直没有改变，反而有所加重。2014年人社部的一项调查显示，"99％的50岁以上的国有企业负责人都不愿意转变身份"。此外，从大学毕业生报考公务员和国有企业等事业单位的规模可以看出，"轻商贱利"的观念依然盛行。为使更多优秀的高学历精英分子跨入经理人行列，必须更新观念，改变价值取向。

在欧美和日本等国家，追逐利润和争做经理人是社会的主要价值取向，企业发展和成就一番事业是人们追求的主要目标。具备冒险精神的企业家或经理人被看作时代英雄，比如，杰克·韦尔奇、比尔·盖茨、马克·扎克伯格、郭士纳、盛田昭夫和稻盛和夫等人是人们崇拜的对象。西方高等院校的一流人才大都投身到企业，到市场中去冒险，这些人或成为职业经理人，或成为企业家。而在目前的中国，将经理人作为一种职业选择的人不多，竞争最激烈的是政府部门和高校等事业单位，许多优秀的高层次人才将仕途作为主要奋斗目标，获得一定的官衔职位才能证明成功。即便是那些进入国有企业的人才，其经商观念并不强烈，更多的是将其作为政治晋升的跳板，获得再大的经济成就也不能满足其内心对仕途的追逐。

其次，转变重官轻商的观念，首先要提高经理人的社会地位，改变"轻商"观念，培养经理人的"企业家精神"，保护经理人的合法收入。在中国经济转型期和经济发展进入"新常态"时期，具备企业家精神的经理人是市场经济发展的主体，要使人们认识到，离开了具备企业家精神的经理人企业就没办法运转，经济社会也就没办法进一步发展。因此，建立健全经理人市场，激励和诱导更多的优秀人才加入经理人行列，承担起推动中国经济社会再次腾飞的重任。

转变重官轻商的观念，要赋予经理人崇高的社会成就感和荣誉感，进一步营造重商的舆论环境。通过宣传引导、政策激励在全社会营造"重商、亲商、利商"的环境氛围，在年度人物和劳动模范的推选上加大经理人比例，在全社会表彰优秀的经理人，加大经理人在国家经济建设方面的发言权，鼓励他们为国家经济发展做出贡献而受到社会尊重。经理人成就的大小应该以企业规模、市场占有率和企业业绩为衡量标准，而非官衔的大小。如果以加官晋爵作为表彰经理人的重要手段，则会加重重官轻商的观念。

此外，要在全社会树立这样的观念：经理人是一种需要创造力和特殊才能的职业。经理人的经营管理活动是一门科学，也是一门艺术，需要具备哲学、管理学、社会学、心理学、政治学等多方面的知识，诱导具备企业家精神的社会精英分子，尤其是潜藏在国有企业中的、目光远大和敢于创新的青年才俊投身到混合所有制改革，在改革中去开创一番事业。

总之，更新观念、改变价值取向，是拓宽经理人来源和保障混合所有制改革成功的重要条件。

二 建立完备的经理人信息库

在目前的竞争性国有企业中，经理人的选聘和信息披露制度并不完善。行政任命的经理人，其个人经营能力和素质水平等方面的信息不完全。上级主管部门和经理人个人也不愿将经理人的信息完全公开，这涉及两者之间的利益纠缠，建立统一和完备的经理人信息库有利于打破利益纠缠并选择符合混合所有制改革实际需要的经理人。

在经理人市场中，经理人供求关系实际上是经理人和企业两个主体之间的契约交易关系。对于需求方企业来说，不能完整了解经理人的个人信息。这种信息的不对称促使需求方在交易前努力寻求充分的信息，以做出对自己有利的选择。经理人信息库的建立将有利于节约企业的交易成本，并降低交易风险。为保障混合所有制改革的顺利推进并有效发挥激励机制的作用，可在全国范围内建立统一的经理人市场，并在该市场中建立完备的经理人信息库。在经理人信息库中，应该包括三个方面的信息：一是经理人的受教育水平、工作年限和工作经历等基本信息；二是实际工作能力方面的信息，包括实际能力、关系网络、社会责任、实际贡献等；三是职业信誉方面的信息，包括银行贷款信用、社会诚信、职业道德、监管机构的信用评价等。在充分真实的信息中，经理人信用、品质、能力、素质和精神等方面的信息都充分展现在企业主面前。完备的经理人信息库有助于完善经理人个人信用制度，使经理人信誉水平与自身的市场声誉和职业发展挂钩，使失信者受到监督和制约，形成守信者得利、失信者失利的良性机制。

三 加快对经理人的评估和认证工作

科学的经理人资格认证评估体系和认证工作有助于改善经理人市场混乱的现状，这也是健全经理人市场的重要内容。在完善经理人信息库的基础上，进一步强化对经理人的识别与评估，以此降低信息不对称所带来的交易成本，加快交易进程。同时通过立法等手段，进一步明确经理人执业过程中的责、权、利，强化信用制度的法律基础。经理人资质认证评价不仅需要对经理人的专业知识、职业能力进行测评考核，还需要对其职业经历、经营业绩、职业素养和品德、信用等级、职业心理适配程度等进行综合方面的系统认证与评价，这对于界定经理人职业化身份、提升专业化素养、推动经理人在人力资源市场中自由流动具有重要意义，这需要经理人自身、企业和相关行业协会的共同支持、配合及监督。经理人评估和认证工作应打破地域分割，建立统一的评估标准和认证体系，为经理人在不同地域、不同行业、不同企业之间的流动提供方便，降低人才流动成本。

经理人资质评价和认证是一项市场化的评价制度，不是国家行政部门的评价制度。它应该是由具有独立身份的第三方机构组织开展，政府、社会团体、企业和经理人广泛参与并体现社会共识的认证体系，对经理人个人来说是一种选择性的评估和认证，不是强制性的评价和认证。经理人市场的建立和完善需要政府的参与，任何个人或第三方机构都很难独立建立全国性的经理人市场和认证体系，需要政府进一步解放思想，本着执政为民的理念积极推动经理人市场建设，或借助政府的公信力和政策资源扶持具有一定社会知名度和公信力的第三方机构建立经理人市场。

第五节　完善股权激励的相关政策和法规

一　进一步调整税收政策

实行股权激励必须具备规范的公司化运作、成熟的证券市场和完善的法律法规等条件。[1] 欧美国家的企业实施股票期权的最初目的是规避高额的税收，因此，在实施股权激励中，税收问题成了企业和经理人关注的重点。作为激励经理人的一种有效方式，股权激励给混合所有制改革以不同程度的期待，但税收优惠政策是股权激励能否实施的关键影响因素。根据国外企业的成功经验来看，股权激励计划的有效实施依托于税收优惠的安排，尽管各国企业股权激励计划不同，但是都有税收优惠政

---

[1] 刘惠萍、张世英：《基于声誉理论的我国经理人动态激励模型研究》，《中国管理科学》2005年第4期；[日] 稻盛和夫：《阿米巴经营》，陈忠译，中国大百科全书出版社2009年版，第63页。

策。如果能够在经理人股权收益上推出相关的优惠政策，竞争性国有企业混合所有制改革会更加积极地推行股权激励计划。

中国针对公司的股权激励税收政策主要有两部分：一是针对非上市公司雇员或高管的股权激励税收政策；二是针对上市公司雇员或高管的股权激励税收政策；三是针对国有企业股权激励的税收政策。证监会先后于2005年出台了《上市公司股权激励管理办法（试行）》并于2018年发布了《关于修改〈上市公司股权激励管理办法〉的决定》；2014年，证监会出台了《上市公司实施员工持股计划试点指导意见》的出台，推动了股权激励制度快速发展。2016年，财政部、科技部、国资委三部委联合印发了《国有科技型企业股权和分红激励暂行办法》的通知，企业股权激励逐渐扩大。2016年，财政部、国家税务总局联合印发《关于完善股权激励和技术入股有关所得税政策的通知》，以上政策对激励科技人员创新创业、增强经济发展活力、促进我国经济结构转型升级将发挥重要作用。

按照以上现行股权激励税收政策，获得股权激励的经理人在税收方面面临两个问题。一是面临最高税率压力，根据现行个人所得税法的规定，我国最高所得税率为45%，股权激励通常要适用45%的最高税率，而在中国香港和新加坡的个税税率则为15%—17%。二是纳税义务与行权收益存在时间上的不对称，当激励对象在行权时或限制性股票达到解禁条件后，就立即产生纳税义务，这样的安排导致激励对象面临资金压力，而美国要求激励对象在实际出售时纳税，并根据持有时间长短而使用个人所得税或资本利得税。

从成熟市场经济体的经验来看，税收优惠是股权激励计划最重要的刺激措施之一。例如，美国税务法规对员工持股计划的税收优惠主要有以下几方面。一是银行或其他金融机构发放员工持股计划贷款而获得的利息收益的50%可免征联邦所得税。二是员工持股计划基金会分配给员工的股票红利部分和还贷部分均予免税，参加员工持股的员工在离开公司或者退休时得到的股份收益，可以享受税收优惠；员工退休后也可以将其拥有的股票继续留在信托基金，不用缴纳资产所得税。三是雇主赠予员工持股计划的部分可以减征工资税 0.5%。①

竞争性国有企业改革对经理人实施股权激励，需在税收方面给予相应的优惠政策。一是借鉴美国、英国、日本等成熟资本市场的做法和惯例，将经理人股权激励纳税义务产生时点适当延后，延后至实际出售时，即在股票实际出售以后，经理人才需要纳税。二是在税收方面进行改革，适当调低个人最高所得税率，由于个税是国家层面的统一税制，具有调节收入差距的作用，改革起来有一定难度，但可通过地方政府或企业退税的方式，退还一定比例的个人所得税给获得股权激励的经理人，或直接对经理人进行奖励，以发挥股权激励留住人才的作用。

税收优惠政策和支持是股权激励的内在要求，也是公司治理的制度安排，竞争性国有企业混合所有制改革，应使股权激励计划更符合国际惯例，有效调动经理人积极性。

二 建立健康稳定的股票市场

股权激励必须以健康、稳定的股票市场为基础。无论是成熟的股票市场还是处于发展阶段的股票市场，股价的上涨和下跌都是必然的，而且符合投资者预期，然而我国股票市场受政策的影响波动较大，存在暴涨暴跌的情况，增加了股权激励的风险。股价在相当程度上反映企业的盈利能力，而健康稳定的股票市场能够真实地反映企业价值和业绩，为股权激励提供依据和基础。经理人工作努力，企业业绩好，股票价格随之上升，经理人也能获得由股票价格上涨带来的股权收益。然而，我国股票市场存在严重的投机行为，股价偏离企业的真实价值，不能有效反映企业经营状况和业绩，无法体现经理人的努力水平。因此，股权激励要正常运转，必须有一个健康稳定的股票市场，提高股票市场的效率和稳定性。

建立健康稳定的股票市场，首先应推进股票发行注册制改革，引导长期资金和机构投资者入市。在尊重市场规律的基础上，最大限度减少和简化行政审批手续，建立以市场机制为主导的股市管理制度，同时，

---

① 安青松：《股权激励应明确税收优惠政策导向》，《中国证券报》2014 年 9 月 3 日。

加快监管转型，强化事中事后监管，让更多市场主体公平参与竞争，规范机构投资者行为，防止其操纵股市。其次，强化信息披露监管，完善信息披露监管体系。由于存在信息不对称，经理人容易通过信息优势进行内幕交易并从中谋利。因此，可依托大数据、云计算等信息技术强化信息披露监管，实现信息共享。同时，建立相关指引文件，对企业定期报告和临时报告的披露义务和责任人做出明确规定，以保证信息披露时限、格式、程序、内容的真实性和客观性。

三 建立健全相关立法

立法是保证股权激励健康发展的根本。欧美等国家在股权激励的范围、数量、持股年限、贷款和税收优惠等方面有明确的立法要求，而我国还缺乏切实可行的法律制度，这是导致我国企业股权激励不规范的主要原因之一。相对而言，非上市公司在股权激励方面还缺乏规范性法律法规，而上市公司股权激励有更加明确的规定和信息披露要求，上市公司股权激励的规范程度远高于非上市公司。然而，已有的对上市国有控股企业股权激励起指导作用的文件已经显得过时，对企业的引导作用和约束力有限。在竞争性国有企业混合所有制改革中，还涉及大量非上市企业，这些企业的股权激励亟须法律法规来规范。同时，作为股权激励最重要的模式之一，虚拟股权激励计划将在未来的实践中繁荣发展。现行的《公司法》《证券法》《上市公司股权激励管理办法（试行）》《国有控股上市公司（境内）实施股权激励试行办法》等法律法规都未对虚拟股权激励进行规定，其发行的原则、管理机构、股份回购等重要环节需要法律法规的进一步规范和完善。

针对我国企业股权激励法律法规严重缺乏的现状，亟须建立健全股权激励法律法规。借鉴欧美等发达国家的经验，在现有的法律法规中规范股权激励，建立健全虚拟股权激励法律规制体系，明确虚拟股权激励的法律地位、操作程序，通过设立专门机构，规范制度设计，实行统一管理。首先，从法律法规层面规范虚拟股票的发行原则、发行数量、授予范围；其次，明确虚拟股票的管理机构，通过员工持股会、信托基金会等增强公司内部的监督，保障虚拟股权激励计划的公平公正；再次，通过立法完善虚拟股份的回购，《公司法》对股份回购进行了严格的规定，为最大限度保障虚拟股权激励的效果，建议公司法放开对虚拟股份回购的限制①。由于股权激励"涉及金融、税收等多个方面的问题，因此，需要对《公司法》、《证券法》、《信托法》、《企业所得税法》、《个人所得税法》、《劳动法》和《社会保障法》等相关法律中的相关内容进行增补修订。"②

小　结

鉴于混合所有制改革的特殊性和复杂性，本章从劳动人事制度、经理人市场和政策法规三个方面提出了混合所有制改革中经理人激励的保障条件。混合所有制改革，既要完善经理人激励机制，还应进一步深化劳动、人事和分配制度改革。建立市场化的用工制度，坚持去"行政化"管理，打破经理人双重身份的现状；积极探索建立管理人员竞聘上岗、能上能下的人事制度，建立健全科学有效的考核评价体系，加大对经理人的考核力度；建立有效激励的利润分配制度，适当拉开经理人与一般员工的工资差距，提高经理人工资水平。建立健全经理人市场应转变重官轻商的传统观念，提高经理人社会地位，并通过建立健全经理人信息库和评价认证体系，发挥经理人市场的激励约束作用。此外，股权激励作为混合所有制改革中经理人激励的重要方式，需要在个人所得税政策、股票市场和相关立法方面进一步完善才能有效发挥股权激励的作用。

---

① 刘辉：《尴尬的虚拟股权激励》，《董事会》2015 年第 7 期。
② 黄群慧、余菁、王欣、邵婧婷：《新时期中国企业员工持股制度研究》，《东方早报》2014 年 8 月 19 日，第 B01 版。

结　　论

一　研究结论

混合所有制改革是深化国有企业改革的重要举措，构建适应国有企业改革需要的经理人激励机制是提高国有企业竞争力与活力的关键。本书在国有企业分类改革的基础上，以经理人激励为研究对象，对国有企业历次改革中的经理人激励状况做了历史审视，对当前竞争性国有企业混合所有制改革中经理人激励存在的问题进行了剖析。通过对经理人角色、需求、人性假设与行为的分析构建出经理人激励的基本理论框架，并对理论框架进行了实证检验，力图从公司治理制度、经理人选聘制度、薪酬激励、股权激励、事业发展平台与精神激励、约束与退出机制等方面构建出较为完善的经理人激励机制，并提出优化经理人激励机制的建议和保障条件。

第一，竞争性国有企业混合所有制改革应从制度性激励、经济性激励和社会性激励三个方面对经理人实施激励，这三方面的激励相互联系、相互补充，是一个完整的激励体系。良好的公司治理制度、经理人身份转化与选聘制度有利于经理人更好地履行职责并实现职业成长，这既是一种制度性激励，也是有效实施经济性激励和社会性激励的前提条件。经济性激励可以满足经理人生理、安全等低层次的经济需求，社会性激励则可以满足经理人社交、自尊、自我实现等高层次的社会需求，在混合所有制改革中，完善的制度环境将有利于提高经济性激励和社会性激励的作用和效果。

第二，竞争性国有企业混合所有制改革，制度性激励是关键。混合所有制改革中的经理人除了要承担一般经理人的角色和职能外，还要承担意识形态工作者和社会工作者等特殊角色和职能，这些角色和职能的履行应有良好的制度环境作为保障。科学的选聘制度和分责、分权的公司治理制度不仅能吸引和留住优秀的经理人，还能有效发挥经理人的特殊才能，并促进其职业发展与成长。因此，无论采取"增量"还是"存量"的混合所有制改革方式，都应建立规范的公司治理，并解决经理人双重身份的问题，只有在解决以上两个问题的前提下才能对经理人有效实施市场化的经济性激励和社会性激励。

第三，竞争性国有企业作为商业类国有企业，其首要目标是盈利，并按照市场机制参与竞争，在混合所有制改革中应建立起有别于公益类国有企业的经理人激励机制，这种机制的建立应以市场为导向，充分发挥市场机制在薪酬激励和股权激励中的主导作用。定量分析表明，竞争性国有企业在经济性激励方面与民营企业存在一定差距，主要原因在于市场化的薪酬制度和股权激励机制还未完全建立。混合所有制改革应根据市场水平和个人贡献大小来确定经理人薪酬水平，适当拉开经理人与其他员工的薪酬差距，并加快股权激励计划的实施步伐，减少主管部门对经理人薪酬和股权激励的干预，充分发挥市场机制在经理人激励中的作用。

第四，混合所有制改革将切断经理人政治晋升的路径，这势必要通过搭建更加广阔的事业发展平台来满足经理人的社会性需求，为经理人提供多样的职业选择和晋升路径，并建立经理人分享制度。在身份转化与市场化选聘之后，经理人不再具有"高官"和"高管"的双重角色，而是以单一的"高管"角色参与企业的经营管理。广阔的事业发展平台能够激励经理人努力工作并实现创业梦想，而经理人分享制度可让经理人共享企业愿景、战略目标、企业文化和经营利润，促使经理人与股东共担风险，以防止经理人损害国有股东和非国有股东利益，解决内部人控制问题。

第五，在提高经理人激励力度的同时，须建立市场化的约束与退出机制，以解决经理人能进不能出、能上不能下的问题。市场化的约束与退出机制要求对违反法律法规、公司章程和管理制度的经理人追究责任，并明确退出的条件和补偿机制。经理人的约束来自两方面：一是市场的监管能够提高经理人的违约成本，促进市场声誉对经理人产生约束作用；二是经理人作为高级管理人员应具备诚实正直的人格，这些道德修养将对经理人起到自我约束作用，良好的企业文化则有助于经理人提高道德素质，进一步实现自我约束。

第六，竞争性国有企业混合所有制改革实践中，为了更好地发挥经理人激励机制的作用，应该从宏观层面完善劳动人事制度、经理人市场和政策法规。经理人激励是一项复杂的系统工程，涉及经理人与企业之间劳动关系的调整，并受到外部市场、制度和政策法规的影响，应从劳动、人事和利润分配方面协调企业与经理人之间的关系，并建立完善的经理人市场和稳定的股票市场，完善股权激励的税收政策和相关法律法规，使激励机制在规范的环境中有效运转。

二 创新点

（一）提出了竞争性国有企业混合所有制改革中经理人激励的理论框架

以竞争性国有企业混合所有制改革为切入点，借鉴激励理论和委托代理理论的核心观点，从制度性激励、经济性激励和社会性激励三方面剖析经理人激励问题，提出了经理人激励理论框架。通过文献研究发现，传统激励理论以经济性刺激和社会性激励为主要激励手段，是目前讨论最多的激励方式。然而，竞争性国有企业混合所有制改革是各类资本的混合，也是不同管理机制的融合，这决定了竞争性国有企业混合所有制改革中的经理人激励具有特殊性，这种特殊性表现在公司治理和经理人选聘制度两方面。同时，良好的制度环境对于经理人来说是一种制度性激励，能够促使其更好地履行职责并满足其职业成长的需求。本书从混合所有制改革实践出发，从制度层面剖析混合所有制改革中的经理人激励问题，结合传统的经济性激励和社会性激励进一步拓展经理人激励理论，为经理人激励提供新的思路。

（二）提出了经理人激励机制的优化途径

结合竞争性国有企业混合所有制改革实践，采取定量分析和多案例分析的方法进一步论证了激励理论的有效性,并提出了经理人激励机制的优化途径。以往的研究结果表明,非国有企业的市场化程度更高,公司治理更有效,经营效率也更高。基于该前提,本书使用多元回归模型对竞争性国有企业与民营企业的薪酬激励和股权激励进行了对比分析,结果表明民营企业的薪酬激励和股权激励力度更大、更注重通过锦标赛的方式拉开经理人薪酬差距,以此提升企业绩效,因此,竞争性国有企业混合所有制改革应加大经济性激励力度,提高经理人货币薪酬收入,减少企业主管部门对经理人薪酬和股权激励计划的干预和限制。同时,结合竞争性国有企业混合所有制改革实践,确定公司治理制度、经理人选聘制度、薪酬激励、股权激励、事业发展平台与精神激励、约束与退出机制作为经理人激励的关键要素,通过多案例分析阐释了以上关键要素对企业绩效的重要影响,进一步揭示了制度性激励、经济性激励和社会性激励在混合所有制改革中的有效性。通过定量分析和多案例分析强调,竞争性国有企业混合所有制改革,既要为经理人提供更为有效的经济性激励和社会性激励,又要从公司治理和经理人选聘制度两方面为经理人提供制度性激励,并建立市场化的约束与退出机制。

(三) 完善了竞争性国有企业混合所有制改革中的经理人激励机制

基于激励理论、定量分析和多案例分析,本书进一步完善了以公司治理制度、经理人选聘制度、契约化的薪酬激励、基于人力资本的股权激励、事业平台激励与精神激励、约束与惩戒为主的经理人激励机制,这些激励机制之间存在依存关系,互为补充。首先,规范的公司治理和市场化的经理人选聘制度对经理人履行职责和职业发展具有重要影响,在某种程度上影响着经理人的努力程度,因此,公司治理和经理人选聘制度的优化是一种制度性激励,也是经济性激励和社会性激励的前提条件。其次,在实现经理人身份转化的基础上,实行激励契约化,通过契约关系的建立规范经理人薪酬激励和股权激励,减少股权激励的行政干预,制定与市场竞争环境相适应的股权激励政策,根据契约和企业经济目标的完成情况对经理人实施奖惩。再次,在政治晋升通道受到限制的情况下,多样化的职业发展通道和精神激励对经理人来说十分重要,可以满足经理人对职业发展和自我实现的追求,本书将事业平台、市场声誉、肯定与赞赏等作为社会性激励的主要方式，鼓励经理人从多方面实现自我价值和职业成长。最后，通过引入市场法规和自我道德双重约束机制，使经理人受到来自市场法规的硬约束和来自企业文化和自我道德的软约束，以充分体现经理人"市场中来、市场中去"的原则，本书还从经济责任终身追究和失信惩戒两方面提出了经理人惩戒机制，并讨论了经理人退出的主要方式和补偿机制。基于上述激励机制，本书还提出了优化混合所有制改革中经理人激励的保障条件。

自中共十八届三中全会以来，国有企业混合所有制改革成了理论界和企业界讨论的焦点和难点问题。随着混合所有制改革的逐步推进和深化，对经理人激励问题的讨论也将向更加细致的微观层面发展。

第一，国有企业混合所有制改革提出探索多种方式的员工持股计划，作为国有企业混合所有制改革的重要抓手，高管股权激励和员工持股计划将成为留住人才的重要手段。今后可从高管持股计划和员工持股计划两方面进行股权激励研究，以分析混合所有制改革中股权激励和员工持股的有效路径和方法，进一步完善混合所有制改革中的激励理论。

第二，由于混合所有制改革提出时间不长，可供研究的企业不多，许多国有企业还处于混合所有制改革的探索阶段，因此，随着混合所有制改革的深入，可以对相应的激励机制的实施效果进行检验，进一步研究制度性激励、经济性激励和社会性激励与公司业绩之间的关系。

第三，混合所有制改革涉及不同类型的国有企业，本书只是讨论了竞争性国有企业混合所有制改革中的经理人激励问题，而其他类型的国有企业在某种程度上也可实施混合所有制改革，其改革中的经理人激励问题也值得我们在将来深入研究。

参考文献

中文著作

陈维政、余凯成、黄培伦：《组织行为学高级教程》，高等教育出版社2004年版。

陈晓萍、徐淑英、樊景立主编：《组织与管理研究的实证方法》，北京大学出版社2008年版。

陈郁：《所有权、控制权与激励》，上海人民出版社2006年版。

金碚、刘戒骄、刘吉超、卢文波：《中国国有企业发展道路》，经济管理出版社2013年版。

李平、曹仰锋：《案例研究方法：理论与范例——凯瑟琳·艾森哈特论文集》，北京大学出版社2012年版。

李维安：《公司治理学》，高等教育出版社2005年版。

宋文阁、刘福东：《混合所有制的逻辑：新常态下的国企改革和民企机遇》，中华工商联合出版社2014年版。

孙国强：《管理研究方法》，上海人民出版社2007年版。

王国平、陈禹志、胡继灵：《现代国有企业治理研究》，化学工业出版社2011年版。

吴敬琏：《大中型企业改革：建立现代企业制度》，天津人民出版社1993年版。

信德俭：《明清晋商管理思想》，中国社会出版社2008年版。

杨红英、童露：《人力资源开发与管理》，云南大学出版社2014年版。

张维迎、盛斌：《企业家——经济增长的国王》，上海人民出版社2014年版。

张维迎：《理解公司：产权、激励与治理》，上海人民出版社2014年版。

张维迎：《博弈论与信息经济学》，上海人民出版社2012年版。

郑文全、卢昌崇：《晋商的制度逻辑》，东北财经大学出版社2009年版。

郑贤玲：《中集：可以复制的世界冠军》，机械工业出版社2012年版。

周其仁：《产权与制度变迁：中国改革的经验研究》（增订本），北京大学出版社2004年版。

中文论文

安青松：《股权激励应明确税收优惠政策导向》，《中国证券报》2014年9月3日。

曹立：《混合所有制研究：兼论社会主义市场经济的运行基础》，博士学位论文，中共中央党校研究生院，2002年。

陈伯庚：《混合所有制经济探索》，《华东师范大学学报》（哲学社会科学版）1998年第1期。

陈冬华、陈富生、沈永建、尤海峰：《高管继任、职工薪酬与隐性契约——基于中国上市公司的经验证据》，《经济研究》2011年第52期。

陈冬华、陈信元、万华林：《国有企业中的薪酬管制与在职消费》，《经济研究》2005年第2期。

陈佳贵：《评〈企业家激励约束与国有企业改革〉》，《中国人民大学学报》2001年第1期。

陈清泰：《国企改革转入国资改革》，《上海国资》2012年第6期。

陈清泰：《国有企业改革与公司治理》，《南开管理评论》2009年第5期。

陈仕华、卢昌崇：《国有企业党组织的治理参与能够有效抑制并购中的"国有资产流失"吗？》，《管理世界》2014年第5期。

陈维政、吴继红：《企业激励策略有效性实证研究》，《软科学》2008年第7期。

陈文强、贾生华：《股权激励、代理成本与企业绩效》，《当代经济科学》2015年第2期。

陈晓川：《企业文化在激励约束机制中的作用》，《科技进步与对策》2004年第10期。

陈秀萍：《契约的伦理内核——西方契约精神的伦理解析》，《南京社会科学》2006年第8期。

程承坪、焦方辉：《现阶段推进混合所有制经济发展的难点及措施》，《经济纵横》2015年第1期。

程仲鸣、夏银桂：《制度变迁、国家控股与股权激励》，《南开管理评论》2008年第4期。

醋卫华：《公司丑闻、声誉机制与高管变更》，《经济管理》2011年第1期。

戴文标：《论混合所有制形式的性质》，《浙江学刊》2001年第4期。

丁永健、王倩、刘培阳：《红利上缴与国有企业经理人激励——基于多任务委托代理的研究》，《中国工业经济》2013年第1期。

杜江、黄珊：《我国上市公司高管薪酬激励：绝对激励与相对激励》，《经济经纬》2014年第3期。

杜晶晶、丁栋虹：《异质性创业机会的识别与开发——两家母婴用品企业的案例研究》，《管理案例研究与评论》2013年第5期。

杜天佳：《厘清国有企业混合所有制改革核心问题》，《中国发展》2014年第4期。

方辉振：《"混合所有制经济"论》，《江淮论坛》1998年第1期。

干志平：《中国建材的联合重组》，《企业管理》2012年第7期。

高明华、杜雯翠、谭玥宁、苏然：《关于发展混合所有制经济的若干问题》，《政治经济学评论》2014年第4期。

高明华、杜雯翠：《国有企业负责人监督体系再解构：分类与分层》，《改革》2014年第12期。

高明华：《公司治理与国企发展混合所有制》，《天津社会科学》2015

年第 5 期。

高明华：《论国有企业分类改革和分类治理》，《行政管理改革》2013 年第 12 期。

高远洋：《混合所有权下的企业博弈研究》，博士学位论文，北京航空航天大学，1999 年。

葛玉辉：《企业家人力资本产权界定与国有企业绩效》，《管理工程学报》2006 年第 4 期。

巩娜：《上市公司管理者股权激励研究》，博士学位论文，吉林大学，2009 年。

顾钰民：《混合所有制的制度经济学分析》，《福建论坛》（人文社会科学版）2006 年第 10 期。

顾钰民：《所有权分散与经营权集中——混合所有制的产权特征和效率分析》，《经济纵横》2006 年第 2 期。

郭建鸾：《单双层董事会模式比较与我国董事会模式改进》，《经济管理》2008 年第 18 期。

郭马兵：《激励理论评述》，《首都经济贸易大学学报》2002 年第 6 期。

韩复龄、冯雪：《国有企业混合所有制改革背景下的商业银行业务机会》，《经济与管理》2014 年第 4 期。

韩慧林、孙国辉：《不同控制环境下高管薪酬对企业绩效的影响》，《经济与管理研究》2014 年第 12 期。

郝梅瑞：《对国有企业经营者激励与约束问题的分析》，《中国工业经济》2000 年第 7 期。

何德旭：《经理股票期权：实施中的问题与对策——兼论国有企业激励约束机制的建立与完善》，《管理世界》2000 年第 3 期。

何炜：《上市公司管理层股权激励研究》，博士学位论文，中南大学，2011 年。

侯鸿翔：《委托代理理论与国有企业改革》，《经济问题》1999 年第 4 期。

黄群慧、余菁、王欣、邵婧婷：《新时期中国员工持股制度研究》，

《中国工业经济》2014 年第 7 期。

黄群慧、余菁：《新时期的新思路：国有企业分类改革与治理》，《中国工业经济》2013 年第 11 期。

黄群慧：《国企发展进入"分类改革与监管"新时期》，《中国经济周刊》2013 年第 11 期。

黄群慧：《企业经营者年薪制比较》，《经济管理》2001 年第 5 期。

黄速建、余菁：《国有企业的性质、目标与社会责任》，《中国工业经济》2006 年第 2 期。

黄速建：《中国国有企业混合所有制改革研究》，《经济管理》2014 年第 7 期。

黄中业：《西周分封制在历史上的进步作用》，《社会科学战线》1986 年第 3 期。

贾根良：《混合所有制研究：现实主义方法论的新探——评〈过渡经济中的混合所有制〉》，《天津社会科学》2000 年第 6 期。

姜付秀、朱冰、王运通：《国有企业的经理激励契约更不看重绩效吗?》，《管理世界》2014 年第 9 期。

蒋一苇：《论社会主义企业管理的特征》，《经济管理》1980 年第 1 期。

金碚：《国企改革的方向》，《改革与理论》2000 年第 2 期。

金碚：《论国有企业改革再定位》，《新华文摘》2010 年第 13 期。

金雪军、余津津：《"股票期权"激励机制与国有企业改革》，《管理世界》2000 年第 5 期。

雷霆、周嘉南：《股权激励、高管内部薪酬差距与权益资本成本》，《管理科学》2014 年第 6 期。

李春琦、石磊：《国外企业激励理论述评》，《经济学动态》2001 年第 6 期。

李春琦：《国有企业经营者的声誉激励问题研究》，《财经研究》2002 年第 12 期。

李大元、陈应龙：《东方人性假设及中国管理流派初探》，《经济管理》2006 年第 17 期。

李富强、李斌：《委托代理模型与激励机制分析》，《数量经济技术经济研究》2003年第9期。

李海舰、魏恒：《重构独立董事制度》，《中国工业经济》2006年第4期。

李建标、巨龙、李政、汪敏达：《董事会里的"战争"——序贯与惩罚机制下董事会决策行为的实验分析》，《南开管理评论》2009年第5期。

李军林、张英杰：《国有企业激励机制有效实施的制度基础——一种市场竞争与信号传递的分析视角》，《经济学动态》2009年第4期。

李玲：《论人力资本股权化及其对会计的影响》，《会计研究》2003年第10期。

李寿喜：《产权、代理成本和代理效率》，《经济研究》2007年第1期。

李涛：《混合所有制公司中的国有股权——论国有股减持的理论基础》，《经济研究》2002年第8期。

李维安、邱艾超、古志辉：《双重公司治理环境、政治联系偏好与公司绩效——基于中国民营上市公司治理转型的研究》，《中国工业经济》2010年第6期。

李维安、孙文：《董事会治理对公司绩效累积效应的实证研究——基于中国上市公司的数据》，《中国工业经济》2007年第12期。

李维安、王辉：《企业家创新精神培育：一个公司治理视角》，《南开经济研究》2003年第2期。

李维安：《阿里上市与网络治理模式创新》，《南开管理评论》2014年第2期。

李维安：《深化公司治理改革的风向标：治理有效性》，《南开管理评论》2013年第5期。

李维安：《中国公司治理指数十年：瓶颈在于治理的有效性》，《南开管理评论》2012年第6期。

李亚光：《试论发展混合所有制经济》，《财经研究》1999年第8期。

李一：《探析源于中国本土文化的激励理论》，《领导科学》2005年第 13 期。

李义平：《论企业家及其产生的社会基础》，《管理世界》2002 年第 7 期。

李跃平：《回归企业本质：国企混合所有制改革的路径选择》，《经济理论与经济管理》2015 年第 1 期。

李增泉：《激励机制与企业绩效：一项基于上市公司的实证研究》，《会计研究》2000 年第 1 期。

李正图：《混合所有制公司制企业的制度选择和制度安排研究》，《上海社会科学》2005 年第 5 期。

李中义：《国有企业经营者薪酬激励制度变迁与模式选择》，《经济体制改革》2009 年第 5 期。

梁洪学、崔惠芳：《国企上市公司股权治理的逻辑与方向》，《江汉论坛》2013 年第 12 期。

梁巧转、马建欣：《不同激励机制有效性的系统分析》，《系统工程理论与实践》1999 年第 5 期。

梁上坤、李真、陈冬华、陈世敏：《级别、激励与绩效》，中央财经大学工作论文，2013 年。

林辉、吴广谋、何建敏：《转轨时期国有企业激励机制的沿革与经营者行为的选择》，《管理工程学报》2006 年第 3 期。

林毅夫、蔡昉、李周：《现代企业制度的内涵与国有企业改革方向》，《经济研究》1997 年第 3 期。

林毅夫、沈明高：《论股份制与国营大中型企业改革》，《经济研究》1992 年第 9 期。

刘诚、杨继东、周斯洁：《社会关系、独立董事任命与董事会独立性》，《世界经济》2012 年第 12 期。

刘凤委、孙铮、李增泉：《政府干预、行业竞争与薪酬契约——来自国有上市公司的经验证据》，《管理世界》2007 年第 9 期。

刘辉：《尴尬的虚拟股权激励》，《董事会》2015 年第 7 期。

刘惠萍、张世英：《基于声誉理论的我国经理人动态激励模型研究》，《中国管理科学》2005 年第 4 期。

刘俊海:《全面推进国有企业公司治理体系和治理能力现代化的思考与建议》,《法学论坛》2014年第3期。

刘青松、肖星:《国有企业高管的晋升激励和薪酬激励——基于高管双重身份的视角》,《技术经济》2015年第2期。

刘以安、陈海明:《委托代理理论与我国国有企业代理机制述评》,《江海学刊》2003年第3期。

刘长庚、王伟、许明:《上市公司业绩、资本市场特征与高管薪酬激励研究——以湖南上市公司为例》,《经济经纬》2014年第5期。

刘钊、王志强、肖明芳:《产权性质、资本结构与企业并购——基于中国制度背景的研究》,《经济与管理研究》2014年第2期。

刘子君、刘智强、廖建桥:《上市公司高管团队薪酬差距影响因素与影响效应:基于本土特色的实证研究》,《管理评论》2011年第9期。

陆建新:《从委托代理理论的视角看国有企业改革》,《经济学家》1996年第2期。

罗宏、宛玲羽、刘宝华:《国企高管薪酬契约操纵研究——基于业绩评价指标选择的视角》,《财经研究》2014年第4期。

马晶:《西方企业激励理论述评》,《经济评论》2006年第6期。

马连福、王丽丽、张琦:《混合所有制的优序选择:市场的逻辑》,《中国工业经济》2015年第7期。

马连福、王元芳、沈小秀:《国有企业党组织治理、冗余雇员与高管薪酬契约》,《管理世界》2013年第5期。

缪文卿:《国有企业企业家激励制度的变迁——兼与周其仁商榷》,《改革》2006年第11期。

牛雪、张玉明:《委托代理视角下的管理层股权激励实证研究》,《统计与决策》2013年第8期。

钱岩松、刘银国:《国有企业经营者激励与绩效关系研究——来自深交所国有上市公司的证据》,《经济学动态》2008年第12期。

钱颖一:《并不特殊的中国改革》,《商界(评论)》2008年第3期。

钱颖一:《第三种视角看企业的政府所有制:一种过渡性制度安排》,《经济导刊》2002年第5期。

钱颖一：《激励与约束》，《经济社会体制比较》1999年第5期。

钱颖一：《企业的治理结构改革和融资结构改革》，《经济研究》1995年第1期。

乔红学、段俊：《人力资本分享企业剩余的相关问题分析》，《经济与管理》2006年第6期。

秦永法：《党组织在国企法人治理结构中的作用》，《光明日报》2014年4月22日。

曲亮、任国良：《高管政治关系对国有企业绩效的影响——兼论国有企业去行政化改革》，《经济管理》2012年第1期。

任勇、李晓光：《委托代理理论：模型、对策及评析》，《经济问题》2007年第7期。

邵明朝：《我国混合所有制经济发展的基础及政策趋向》，《经济学动态》2004年第5期。

邵宁：《关于国企改革发展方向的思考》，《上海国资》2011年第18期。

邵帅、周涛、吕长江：《产权性质与股权激励设计动机——上海家化案例分析》，《会计研究》2014年第10期。

石磊：《经济学关于"人性假设"争论的若干问题》，《经济学家》2009年第9期。

宋培林：《基于不同人性假设的管理理论演进》，《经济管理》2006年第11期。

孙少岩、赵岳阳：《垄断性与竞争性国有企业经营者激励机制甄别》，《经济体制改革》2008年第4期。

童露、杨红英：《国有企业混合所有制改革中的联合重组与公司治理——基于中国建材集团的案例分析》，《技术经济与管理研究》2015年第10期。

万华炜、程启智：《中国混合所有制经济的产权经济学分析》，《宏观经济研究》2008年第2期。

汪平、邹颖、黄丽凤：《高管薪酬激励的核心重构：资本成本约束观》，《中国工业经济》2014年第5期。

王炳文:《从委托代理理论视角论继续深化国有企业改革》,《求实》2014年第6期。

王崇光、徐延君:《关于国有企业经营者年薪制改革的基本构想》,《经济管理》1995年第9期。

王华荣:《论混合所有制经济》,《经济问题》1998年第9期。

王君卫:《混合所有制下董事会怎么玩》,《董事会》2014年第7期。

王立宏:《企业契约性质理论的问题研究》,《社会科学辑刊》2014年第6期。

王永钦:《互联的关系型合约、内生的制度与经济发展》,《学术月刊》2006年第11期。

王跃堂、赵子夜、魏晓雁:《董事会的独立性是否影响公司绩效》,《经济研究》2006年第5期。

王再平:《混合所有制国企改革的新意与实现路径》,《毛泽东邓小平理论研究》2015年第2期。

吴敬琏:《建立有效的公司治理结构》,《天津社会科学》1996年第1期。

吴淑焜:《基于股权结构的董事会独立性与公司绩效的实证研究》,《西安交通大学学报》(社会科学版)2004年第3期。

吴云:《西方激励理论的历史演进及其启示》,《学习与探索》1996年第6期。

肖星、陈婵:《激励水平、约束机制与上市公司股权激励计划》,《南开管理评论》2013年第1期。

谢金生:《加强对国有企业管理者的激励与约束》,《理论前沿》1999年第7期。

熊胜绪:《国有企业经营者的精神激励机制探讨》,《经济管理》2003年第9期。

徐海波、李怀祖:《股权激励对象选择模型分析》,《管理工程学报》2008年第1期。

徐宁、徐向艺:《控制权激励双重性与技术创新动态能力——基于高科技上市公司面板数据的实证分析》,《中国工业经济》2012年第10期。

严学锋：《中国建材：混合所有制探路先锋》，《董事会》2014 年第 10 期。

严学峰：《麦伯良"下海"再审视》，《董事会》2014 年第 11 期。

杨海芬等：《美、德、日公司董事会模式的缺陷及改革》，《华东经济管理》2007 年第 11 期。

杨红英、童露：《论混合所有制改革下的国有企业公司治理》，《宏观经济研究》2015 年第 1 期。

杨红英：《基于平衡计分卡的国有企业综合绩效评价体系探析》，《企业经济》2014 年第 2 期。

杨蕙馨、王胡峰：《国有企业高层管理人员激励与企业绩效实证研究》，《南开经济研究》2006 年第 4 期。

杨江、袁春晓：《论国有企业经理的激励与约束机制》，《四川大学学报》（哲学社会科学版）1999 年第 2 期。

杨丽艳：《一部研究中国现阶段所有制结构理论与实践的力作——评〈中国现阶段所有制结构及其演变的理论与实证研究〉》，《武汉大学学报》（哲学社会科学版）2011 年第 3 期。

杨瑞龙、王元、聂辉华：《"准官员"的晋升机制：来自中国央企的证据》，《管理世界》2013 年第 3 期。

杨瑞龙：《国企宜实行分类改革》，《前沿》1997 年第 3 期。

杨瑞龙：《国有企业的重新定位及分类改革战略的实施》，《国企》2013 年第 7 期。

杨瑞龙：《论国有经济中的多级委托代理关系》，《管理世界》1997 年第 1 期。

杨有红：《试论人力资本股权奖励的运作模式》，《北京工商大学学报》（社会科学版）2003 年第 4 期。

姚凯、李凯风、陶学禹：《激励理论发展的新趋势》，《经济学动态》1998 年第 7 期。

姚凯：《基于企业家工作性质的延期支付式年薪制研究》，《管理世界》2008 年第 11 期。

尹凌青：《绩效考核新论："五度"考核国有企业战略绩效》，《企业文明》2008 年第 8 期。

于东智：《董事会、公司治理与绩效——对中国上市公司的经验分析》，《中国社会科学》2003 年第 3 期。

余菁：《"混合所有制"的学术论争及其路径找寻》，《改革》2014 年第 11 期。

袁仕福：《新经济时代需要新企业激励理论》，《中南财经政法大学学报》2012 年第 5 期。

曾国平、刘渝琳：《论混合所有制的滥觞与发展》，《经济问题探索》2000 年第 8 期。

曾湘泉、周禹：《薪酬激励与创新行为关系的实证研究》，《中国人民大学学报》2008 年第 5 期。

张芙华：《波特—劳勒综合激励理论的管理启示》，《社会科学辑刊》2004 年第 1 期。

张高丽：《混合所有制：公有制的有效实现形式——深圳市中兴通讯股份有限公司调查》，《求是》2001 年第 18 期。

张艳丽、黄群慧：《企业家的激励约束机制与国有企业改革》，《河北学刊》1999 年第 4 期。

张敏、王成方、刘慧龙：《冗员负担与国有企业的高管激励》，《金融研究》2013 年第 5 期。

张燃、刘澄、连玉君：《经营者将要退休是否影响公司绩效——以中国 A 股市场为例》，《经济与管理研究》2011 年第 5 期。

张淑敏、刘军：《委托代理理论与中国国有企业改革模式构建》，《财经问题研究》2006 年第 7 期。

张维迎：《从公司治理结构看中国国有企业改革的成效、问题与出路》，《社会科学战线》1997 年第 2 期。

张维迎：《公有制经济中的委托人—代理人关系理论分析和政策含义》，《经济研究》1995 年第 4 期。

张维迎：《制度企业家与儒家社会规范》，《北京大学学报》（哲学社会科学版）2013 年第 1 期。

张祥建、郭丽虹、徐龙炳：《中国国有企业混合所有制改革与企业投资效率——基于留存国有股控制和高管政治关联的分析》,《经济管理》2015 年第 9 期。

张跃平、刘荆敏:《委托 - 代理激励理论实证研究综述》,《经济学动态》2003 年第 6 期。

赵岩、苑卉:《中国上市公司企业家激励约束机制与企业业绩关系再研究——国有控股与非国有控股公司的比较视角》,《经济管理》2014 年第 12 期。

赵震宇、杨之曙、白重恩:《影响中国上市公司高管层变更的因素分析与实证检验》,《金融研究》2007 年第 8 期。

郑纯选:《国有企业经营者激励约束机制研究》,《财经研究》1998 年第 5 期。

周明、何炼成:《企业家人力资本组织契约激励约束机制分析》,《西北大学学报》2003 年第 1 期。

周其仁:《公有制企业的性质》,《经济研究》2000 年第 11 期。

周其仁:《市场里的企业:一个人力资本与非人力资本的特别合约》,《经济研究》1996 年第 6 期。

周权雄、朱卫平:《国企锦标赛激励效应与制约因素研究》,《经济学》(季刊)2010 年第 2 期。

周新城:《怎样理解混合所有制》,《红旗文稿》2014 年第 7 期。

朱富强:《现代经济学中人性假设的心理学基础及其问题——"经济人"假设与"为己利他"行为机理的比较》,《经济学家》2011 年第 3 期。

朱光华:《大力发展混合所有制:新定位、新亮点》,《南开学报》2004 年第 1 期。

朱田庆:《对国有企业经营者试行年薪制的几点认识》,《经济与管理》1997 年第 6 期。

朱焱、翟会静:《管理层权力、高管人力资本激励与企业绩效》,《财经理论与实践》2014 年第 6 期。

祝岩松、张晓文:《我国国有企业的功能定位分析》,《中国经贸导刊》2011 年第 24 期。

宗文龙、王玉涛、魏紫:《股权激励能留住高管吗?——基于中国证券市场的经验证据》,《会计研究》2013年第9期。

邹颖、汪平、张丽敏:《股权激励、控股股东与股权资本成本》,《经济管理》2015年第6期。

中译著作

[美]彼得·德鲁克:《管理的实践》,齐若兰译,机械工业出版社2009年版。

[美]丹尼尔·雷恩:《管理思想史》(第五版),孙健敏等译,中国人民大学出版社2009年版。

[美]丹尼斯·朗:《权力论》,陆震纶等译,中国社会科学出版社2001年版。

[美]吉尔特·霍夫斯泰德、格特·扬·霍夫斯泰德,《文化与组织——心理软件的力量》,李原等译,中国人民大学出版社2010年版。

[美]马斯洛:《动机与人格(第3版)》,许金声等译,中国人民大学出版社2007年版。

[美]切斯特·巴纳德:《经理人员的职能》,王永贵译,机械工业出版社2007年版。

[美]斯蒂芬·罗宾斯:《组织行为学》(第10版),孙健敏等译,中国人民大学出版社2005年版。

[美]约翰·奈斯比特:《定见》,魏平译,中信出版社2007年版。

[美]詹姆斯·范德赞登、托马斯·克兰德尔、科琳·克兰德尔:《人类发展》,余国良等译,中国人民大学出版社2011年版。

[美]小艾尔弗雷德·钱德勒:《看得见的手——美国企业的管理革命》,重武译,商务印书馆1987年版。

[日]稻盛和夫:《阿米巴经营》,陈忠译,中国大百科全书出版社2009年版。

英文文献

Albanese, R., M. T. Dacin, I. C. Harris, "Agents as Stewards",

Academy of Management Review, No. 3, 1997.

Alchain, A. and H. Demsetz, "Production, Information Costs, and Economic Organization", *American Economic Review*, Vol. 62, No. 5, 1972.

Barro J. R., R. J. Barro, "Pay, Performance, and Turnover of Bank CEOs", *National Bureau of Economic Research*, 1990.

Bebchuk, L. A., K. J. M. Cremers, "Peyer U C. The CEO Pay Slice", *Journal of Financial Economics*, No. 1, 2011.

Bryman, A., *Research Methods and Organization Studies*, London: Allen & Unwin, 1989.

Cao Jerry, Michael Lemmon, Xiaofei Pan, et al., "Political Promotion, CEO Incentives and the Relationship between Pay and Performance", *Research Collection Lee Kong Chian School of Business (Open Access)*, Paper, No. 1816.

Chang, Y. Y., S. Dasgupta, H. Gilles, "CEO Ability, Pay and Firm Performance", *Management Science*, Vol. 56, No. 10, 2010.

Core J. E., R. W. Holthausen and D. F. Larcker, "Corporate Governance, Chief Executive Officer Compensation, and Firm Performance", *Journal of Financial Ecouomics*, Vol. 51, 1999.

David Yermack, "Do Corporations Award CEO Stock Options Effectively?", *Journal of Financial Economics*, No. 39, 1995.

Eisenhart, K. M., M. E. Graebner, "Theory Building From Cases: Opportunities and challenges", *Academy of Management Journal*, No. 50, 2007.

Engellandt, A., T. R. Riphahn, "Evidence on Incentive Effects of Subjective Performance Evaluations", *Industrial and Labor Relations Review*, Vol. 64, No. 2, 2011.

Fama, E. F., "Agency Problems and the Theory of the Firm", *Journal of Political Economy*, Vol. 88, No. 2, 1980.

Gabaix, X. and A. Landier, "Why has CEO Pay Increased so Much?", *Working Paper*, 2007.

Gneezy, U., S. Meier, P. Rey – Biel, "When and Why Incentives (Don't) Work to Modify Behavior", *Journal of Economic Perspectives*, Vol. 25,

No. 4, 2011.

Hall, B. J. and K. J. Murphy, "The Trouble with Stock Options", *The Journal of Economic Perspectives*, No. 17, 2003.

Hart, O., "Corporate Governance: Some Theory and Implications", *Economic Journal*, Vol. 105, 1995.

Jensen, Michael C. and Meckling, et al., "Theory of the Firm: Managerial Behavior, Agency Costs and Ownership Structure", *Journal of Financial Economics*, Vol. 3, No. 4, 1976.

Kale, J. R., E. Reis, A. Venkateswaran, "Rank – order Tournaments and Incentive Alignment: The Effect on Firm Performance", *The Journal of Finance*, Vol. 64, No. 3, 2009.

Kim, J., "Endogenous Leadership in Incentive Contracts", *Journal of Economic Behavior and Organization*, Vol. 82, No. 1, 2012.

Konstantinos Tzioumis, "Why do Firms Adopt CEO Stock Options? Evidence from the United States", *Journal of Economic Behavior and Organization*, No. 68, 2008.

Lambert, R. A. and D. F. Larcker, "An Analysis of the Use of Accounting and Market Measures of Performance in Executive Compensation Contracts", *Journal of Accounting Research*, Vol. 25, 1987.

Lamia Chourou, Ezzeddine Abaoubb, Samir Saadi, "The Economic Determinants of CEO Stock Option Compensation", *Journal of multinational financial management*, No. 18, 2008.

Lee, K. W., B. Lev, G. H. H. Yeo, "Executive Pay Dispersion, Corporate Governance, and Firm Performance", *Review of Quantitative Finance and Accounting*, Vol. 30, No3, 2008.

Manso, G., "Motivating Innovation", *Journal of Finance*, Vol. 66, No. 5, 2011.

Mehran, H., "Executive Compensation Structure, Wwnership, and Firm Performance" *Journal of financial economics*, Vol. 38, No. 2. 1995.

Miner, J. B., *Theories of Organizational Behavior*, Hinsdale, IL: Dryden Press, 1980.

Murphy, K. J., "Corporate Performance and Managerial Remuneration: An Empirical Analysis", *Journal of Accounting and Economics*, No. 7, 1985.

Neuendorf, Kimberly, *The Content Analysis Guidebook*. Thousand Oaks, CA: Sage, 2002.

Rajan, Raghuram, G. and Zingales, et al., "Power in a Theory of the Firm", *The Quarterly Journal of Economics*, No. 5, 1998.

Randolph, S., S. Jocp, "The Interaction between Explicit and Relational Incentives: An Experiment", *Games and Economic Behavior*, Vol. 73, No. 2, 2011.

Sherwin Rosen, *Human Capital*, The New Palgrave, A Dictionary of Economic, 1987.

Singh, M. and W. N. Davidson, "Agency Costs, Ownership Structure and Corporate Governance Mechanisms", *Journal of Banking and Finance*, No. 5, 2003.

Stigle, G, and C. Fridman, "The Literature of Economics, The Case of Berle and Means", *Journal of Law and Economics*, Vol. 26, 1983.

Whetten, D. A., "Constructing Cross-context Scholarly Conversation", In A. S. Tsui & C. M. Lau (Eds), *The Management of Enterprises in the People's Republic of China*, Boston: Kluwer., 2002.

Yin, R. K., *Case Study Research: Design and Methods* (2ed.). Beverly Hills, CA: Sage Publication, 1994.